T0258431

La rueda de la vida

La rueda de la vida

Elisabeth Kübler-Ross

Traducción de
Amelia Brito

VERGARA

Penguin
Random House
Grupo Editorial

Título original: *The Wheel of Life*

Primera edición en esta colección: julio de 2018
Primera reimpresión: octubre de 2019

© 1997, Elisabeth Kübler-Ross
© 2018, Penguin Random House Grupo Editorial, S. A. U.
Travessera de Gràcia, 47-49. 08021 Barcelona
© 1997, Amelia Brito, por la traducción

Impreso en Colombia - *Printed in Colombia*

ISBN: 978-84-16076-32-1
Depósito legal: B-10.671-2018

Compuesto en Infillibres S. L.

Dedico este libro a mis hijos,
Kenneth y Barbara.

AGRADECIMIENTOS

Deseo aprovechar esta ocasión para dar las gracias a todos mis amigos, pero sobre todo a aquellos que me han apoyado tanto en las épocas buenas como en las difíciles.

A David Richie, a quien conocí en los «viejos tiempos» de Polonia y de Bélgica y que pese a su avanzada edad continúa comunicándose conmigo y visitándome.

A Ruth Olivier, que siempre me ha demostrado un afecto incondicional.

A Francis Lutchy, que me fue de gran ayuda durante mi estancia en Virginia.

Asimismo, quiero expresar mi agradecimiento a Gregg Furth, Rick Hurst, Rita Feild, Ira Sapin, Steven Levine y Gladys McGarrey por muchos, muchos años de amistad.

A Cheryh, Paul y su hijo (mi ahijado), E.T. Joseph, por sus frecuentes visitas.

Al doctor y la doctora Durrer por su ininterrumpida amistad.

A Peggy y Alison Marengo por haber adoptado a siete bebés enfermos de sida y por haber sido una fuente de inspiración para todos nosotros.

A mi ahijada, Lucy.

Y, naturalmente, a mis dos hermanas, Erika y Eva, así como a Peter Bacher, el marido de Eva.

Cuando hemos realizado la tarea que hemos venido a hacer en la Tierra, se nos permite abandonar nuestro cuerpo, que aprisiona nuestra alma al igual que el capullo de seda encierra a la futura mariposa.

Llegado el momento, podemos marcharnos y vernos libres del dolor, de los temores y preocupaciones; libres como una bellísima mariposa, y regresamos a nuestro hogar, a Dios.

De una carta a un niño
enfermo de cáncer

LA RUEDA DE LA VIDA

«EL RATÓN»
(infancia)

*Al ratón le gusta meterse por todas partes,
es animado y juguetón,
y va siempre por delante de los demás.*

«EL OSO»
(edad madura, primeros años)

*El oso es muy comodón y le encanta
hibernar. Al recordar su mocedad, se ríe de
las correrías del ratón.*

«EL BÚFALO»
(edad madura, últimos años)

*Al búfalo le gusta recorrer las praderas.
Confortablemente instalado, repasa su vida
y anhela desprenderse de su pesada carga
para convertirse en águila.*

«EL ÁGUILA»
(años finales)

*Al águila le entusiasma sobrevolar el mundo
desde las alturas, no a fin de contemplar con
desprecio a la gente, sino para animarla a
que mire hacia lo alto.*

1

LA CASUALIDAD NO EXISTE

Tal vez esta introducción sea de utilidad. Durante años me ha perseguido la mala reputación. La verdad es que me han acosado personas que me consideran la Señora de la Muerte y del Morir. Creen que el haber dedicado más de tres decenios a investigar la muerte y la vida después de la muerte me convierte en experta en el tema. Yo creo que se equivocan.

La única realidad incontrovertible de mi trabajo es la importancia de la vida.

Siempre digo que la muerte puede ser una de las más grandiosas experiencias de la vida. Si se vive bien cada día, entonces no hay nada que temer.

Tal vez éste, que sin duda será mi último libro, aclare esta idea. Es posible que plantee nuevas preguntas e incluso proporcione las respuestas.

Desde donde estoy sentada en estos momentos, en la sala de estar llena de flores de mi casa en Scottsdale (Arizona), contemplo mis 70 años de vida y los considero extraordinarios. Cuando era niña, en Suiza, jamás, ni en mis sueños más locos —y eran realmente muy locos—, habría pronosticado que llegaría a ser la famosa autora de *Sobre la muerte y los moribundos*, una obra cuya exploración del último tránsito de la vida me situó en el centro de una polémica médica y teológica. Jamás me habría imaginado que después me pasaría el resto de la vida explicando que la muerte no existe.

Según la idea de mis padres, yo tendría que haber sido una simpática y devota ama de casa suiza. Pero acabé siendo una tozuda psiquiatra, escritora y conferenciante del suroeste de Estados Unidos, que se comunica con espíritus de un mundo que creo es mucho más acogedor, amable y perfecto que el nuestro. Creo que la medicina moderna se ha convertido en una especie de profeta que ofrece una vida sin dolor. Eso es una tontería. Lo único que a mi juicio sana verdaderamente es el amor incondicional.

Algunas de mis opiniones son muy poco ortodoxas. Por ejemplo, durante los últimos años he sufrido varias embolias, entre ellas una de poca importancia justo después de la Navidad de 1996. Mis médicos me aconsejaron, y después me suplicaron, que dejara el tabaco, el café y los chocolates. Pero yo continúo dándome esos pequeños gustos. ¿Por qué no? Es mi vida.

Así es como siempre he vivido. Si soy tozuda e independiente, si estoy apegada a mis costumbres, si estoy un poco desequilibrada, ¿qué más da? Así soy yo.

De hecho, las piezas que componen mi existencia no parecen ensamblarse bien. Pero mis experiencias me han enseñado que no existen las casualidades en la vida. Las cosas que me ocurrieron tenían que ocurrir.

Estaba destinada a trabajar con enfermos moribundos. Tuve que hacerlo cuando me encontré con mi primer paciente de sida. Me sentí llamada a viajar unos 200.000 kilómetros al año para dirigir seminarios que ayudaban a las personas a hacer frente a los aspectos más dolorosos de la vida, la muerte y la transición entre ambas. Más adelante me sentí impulsada a comprar una granja de 120 hectáreas en Virginia, donde construí mi propio centro de curación e hice planes para adoptar a bebés infectados por el sida. Aunque todavía me duele reconocerlo, comprendo que estaba destinada a ser arrancada de ese lugar idílico.

En 1985, después de anunciar mi intención de adoptar a bebés infectados por el sida, me convertí en la persona más despreciada de todo el valle Shenandoah, y aunque pronto renuncié a mis planes, un grupo de hombres estuvo haciendo todo lo posible, excepto matarme, para obligarme a marcharme. Disparaban hacia las ventanas de mi casa y mataban a tiros a mis animales. Me enviaban mensajes amenazadores que me hicieron desagradable y peligrosa la vida en ese precioso paraje. Pero aquél era mi hogar, y obstinadamente me negué a hacer las maletas.

Viví casi diez años en la granja de Head Waters en Virginia. La granja era justo lo que había soñado, y para hacerla realidad invertí en ella todo el dinero ganado con los libros y conferencias. Construí mi casa, una cabaña cercana y una alquería. Construí también un centro de curación donde daba seminarios, reduciendo así el tiempo dedicado a mi ajetreado programa de viajes. Tenía el proyecto de adoptar a bebés infectados por el sida, para que disfrutaran de los años de vida que les quedaran, los que fueran, en plena naturaleza.

La vida sencilla de la granja lo era todo para mí. Nada me relajaba más después de un largo trayecto en avión que llegar al serpenteante camino que subía hasta mi casa. El silencio de la noche era más sedante que un somnífero. Por la mañana me despertaba la sinfonía que componían vacas, caballos, pollos, cerdos, asnos, hablando cada uno en su lengua. Su bullicio era la forma de darme la bienvenida. Los campos se extendían hasta donde alcanzaba mi vista, brillantes con el rocío recién caído. Los viejos árboles me ofrecían su silenciosa sabiduría.

Allí se trabajaba de verdad. El contacto con la tierra, el agua y el sol, que son la materia de la vida, me dejó las manos mugrientas.

Mi vida.

Mi alma estaba allí.

Entonces, el 6 de octubre de 1994 me incendiaron la casa.

Se quemó toda entera, hasta el suelo, y fue una pérdida total para mí. El fuego destruyó todos mis papeles. Todo lo que poseía se transformó en cenizas.

Atravesaba a toda prisa el aeropuerto de Baltimore a fin de coger un avión para llegar a casa cuando me enteré de que ésta estaba en llamas. El amigo que me lo dijo me suplicó que no fuera allí todavía. Pero toda mi vida me habían dicho que no estudiara medicina, que no hablara con pacientes moribundos, que no creara un hospital para enfermos de sida en la cárcel, y cada vez, obstinadamente, yo había hecho lo que me parecía correcto y no lo que se esperaba que hiciera. Esa vez no sería diferente.

Todo el mundo sufre contratiempos en la vida. Cuanto más numerosos son más aprendemos y maduramos.

El viaje en avión fue rápido. Muy pronto ya estaba en el asiento de atrás del coche de un amigo que conducía a toda velocidad por los oscuros caminos rurales. Desde varios kilómetros de distancia distinguí nubes de humo y lenguas de fuego que se perfilaban contra un cielo totalmente negro. Era evidente que se trataba de un gran incendio. Cuando ya estábamos más cerca, la casa, o lo que quedaba de ella, casi no se veía entre las llamas. Aquélla era una escena digna del infierno. Los bomberos dijeron que jamás habían visto algo semejante. Debido al intenso calor no pudieron acercarse a la casa hasta la mañana siguiente.

Esa primera noche busqué refugio en la alquería, que no se hallaba lejos de la casa y estaba habilitada para acoger a mis invitados. Me preparé una taza de café, encendí un cigarrillo y me puse a pensar en la tremenda pérdida que representaban para mí los objetos carbonizados en ese horno ardiente que en otro tiempo fuera mi casa. Era algo aniquilador, pasmoso, incomprensible. Entre lo que había perdido estaban los diarios que llevaba mi padre desde que yo era niña, mis papeles y diarios personales, unos 20.000 historiales de casos relativos a mis estudios sobre la vida después de la muerte, mi colección de objetos de arte de los indios norteamericanos, fotografías, ropa, todo.

Durante 24 horas permanecí en estado de conmoción. No sabía cómo reaccionar, si llorar, gritar, levantar los puños contra Dios, o simplemente quedarme con la boca abierta ante la férrea intromisión del destino.

La adversidad sólo nos hace más fuertes.

Siempre me preguntan cómo es la muerte. Contesto que es maravillosa. Es lo más fácil que vamos a hacer jamás.

La vida es ardua. La vida es una lucha.

La vida es como ir a la escuela; recibimos muchas lecciones. Cuanto más aprendemos, más difíciles se ponen las lecciones.

Aquélla era una de esas ocasiones, una de las lecciones. Dado que no servía de nada negar la pérdida, la acepté. ¿Qué otra cosa podía hacer? En todo caso, era sólo un montón de objetos materiales, y por muy importante o sentimental que fuera su significado, no eran nada comparados con el valor de la vida. Yo estaba ilesa, mis dos hijos, Kenneth y Barbara, ambos adultos, estaban vivos. Unos estúpidos habían logrado quemarme la casa y todo lo que había dentro, pero no podían destruirme a mí.

Cuando se aprende la lección, el dolor desaparece.

Esta vida mía, que comenzara a muchos miles de kilómetros, ha sido muchas cosas, pero jamás fácil. Esto es una realidad, no una queja. He aprendido que no hay dicha sin contratiempos. No hay placer sin dolor. ¿Conoceríamos el goce de la paz sin la angustia de la guerra?

Si no fuera por el sida, ¿nos daríamos cuenta de que el mundo está en peligro? Si no fuera por la muerte, ¿valoraríamos la vida? Si no fuera por el odio, ¿sabríamos que el objetivo último es el amor?

Me gusta decir que «Si cubriéramos los desfiladeros para protegerlos de los vendavales, jamás veríamos la belleza de sus formas».

Reconozco que esa noche de octubre de hace dos años fue una de esas ocasiones en que es difícil encontrar la belleza. Pero en el transcurso de mi vida había estado en encrucijadas similares, escudriñando el horizonte en busca de algo casi imposible de ver. En esos momentos uno puede quedarse en la negatividad y buscar a quién culpar, o puede elegir sanar y continuar amando. Puesto que creo que la única finalidad de la existencia es madurar, no me costó escoger la alternativa.

Así pues, a los pocos días del incendio fui a la ciudad, me compré una muda de ropa y me preparé para afrontar cualquier cosa que pudiera ocurrir a continuación.

En cierto modo, ésa es la historia de mi vida.

PRIMERA PARTE

«EL RATÓN»

2

EL CAPULLO

Durante toda la vida se nos ofrecen pistas que nos recuerdan la dirección que debemos seguir. Si no prestamos atención, tomamos malas decisiones y acabamos con una vida desgraciada. Si ponemos atención aprendemos las lecciones y llevamos una vida plena y feliz, que incluye una buena muerte.

El mayor regalo que nos ha hecho Dios es el libre albedrío, que coloca sobre nuestros hombros la responsabilidad de adoptar las mejores resoluciones posibles.

La primera decisión importante la tomé yo sola cuando estaba en el sexto año de enseñanza básica. Hacia el final del semestre la profesora nos dio una tarea; teníamos que escribir una redacción en la que explicáramos qué queríamos ser cuando fuéramos mayores. En Suiza, el trabajo en cuestión era un acontecimiento importantísimo, pues servía para determinar nuestra instrucción futura. O bien te encaminabas a la formación profesional, o bien seguías durante años rigurosos estudios universitarios.

Yo cogí lápiz y papel con un entusiasmo poco común. Pero por mucho que creyera que estaba forjando mi destino, la realidad era muy otra. No todo dependía de la decisión de los hijos.

Sólo tenía que pensar en la noche anterior. Después

de la cena, mi padre hizo a un lado su plato y nos miró detenidamente antes de hacer una importante declaración.

Ernst Kübler era un hombre fuerte, recio, con opiniones a juego. Años atrás había enviado a mi hermano mayor, Ernst, a un estricto internado universitario. En ese momento estaba a punto de revelar el futuro de sus hijas trillizas.

Yo me sentí impresionadísima cuando le dijo a Erika, la más frágil de las tres, que haría una carrera universitaria. Después le dijo a Eva, la menos motivada, que recibiría formación general en un colegio para señoritas. Finalmente fijó los ojos en mí y yo rogué para mis adentros que me concediera mi sueño de ser médica.

Seguro que él lo sabía.

Pero no olvidaré jamás el momento siguiente.

—Elisabeth, tú vas a trabajar en mi oficina —me dijo—. Necesito una secretaria eficiente e inteligente. Ése será el lugar perfecto para ti.

Me sentí terriblemente abatida. Al ser una de las tres trillizas idénticas, toda mi vida había luchado por tener mi propia identidad. Y en ese momento, de nuevo, se me negaban los pensamientos y sentimientos que me hacían única.

Me imaginé trabajando en su oficina, sentada todo el día ante un escritorio, escribiendo cifras. Mis jornadas serían tan uniformes como las líneas de un papel cuadriculado.

Eso no era para mí. Desde muy pequeña había sentido una inmensa curiosidad por la vida. Contemplaba el mundo maravillada y reverente. Soñaba con ser médica rural o, mejor aún, con ejercer la medicina entre los pobres de India, del mismo modo en que mi héroe Albert Schweitzer lo hacía en África. No sabía de dónde había sacado esas ideas, pero sí sabía que no estaba hecha para trabajar en la oficina de mi padre.

—¡No, gracias! —repliqué.

En aquel tiempo una respuesta así de un hijo no era aceptable, sobre todo en mi casa. Mi padre se puso rojo de indignación, se le hincharon las venas de las sienes. Entonces explotó:

—Si no quieres trabajar en mi oficina, puedes pasarte el resto de tu vida de empleada doméstica —gritó, y se fue furioso a encerrarse en su estudio.

—Prefiero eso —contesté al instante.

Y lo decía en serio. Prefería trabajar de empleada del hogar y conservar mi independencia que permitir que alguien, aunque fuera mi padre, me condenara a una vida de contable o secretaria. Eso habría sido para mí como ir a la cárcel.

Todo eso me aceleró el corazón y la pluma cuando, a la mañana siguiente en la escuela, llegó el momento de escribir la redacción.

En la mía no apareció ni la más mínima alusión a un trabajo de oficina. Entusiasmada, escribí sobre seguir los pasos de Schweitzer en la selva e investigar las muchas y variadas formas de la vida. «Deseo descubrir la finalidad de la existencia.»

Desafiando a mi padre, afirmé también que aspiraba a ejercer la medicina. No me importaba que él leyera mi trabajo y volviera a enfurecerse. Nadie me podía robar los sueños. «Apuesto a que algún día podré hacerlo sola —me dije—. Siempre hemos de aspirar a la estrella más alta.»

Las preguntas de mi infancia eran: ¿por qué nací trilliza sin una clara identidad propia? ¿Por qué era tan duro mi padre? ¿Por qué mi madre era tan cariñosa?

Tenían que ser así. Eso formaba parte del plan.

Creo que toda persona tiene un espíritu o ángel guardián. Ellos nos ayudan en la transición entre la vida y la muerte y también a elegir a nuestros padres antes de nacer.

Mis padres eran una típica pareja conservadora de clase media alta de Zúrich. Sus personalidades demostraban la verdad del viejo axioma de que los polos opuestos se atraen. Mi padre, director adjunto de la empresa de suministros de oficinas más importante de la ciudad, era un hombre fornido, serio, responsable y ahorrador. Sus ojos castaño oscuro sólo veían dos posibilidades en la vida: su idea y la idea equivocada.

Pero también tenía un enorme entusiasmo por la vida. Nos dirigía en los cantos alrededor del piano familiar y le encantaba explorar las maravillas del paisaje suizo. Miembro del prestigioso Club de Esquí de Zúrich, era el hombre más feliz del mundo cuando iba de excursión, escalaba o esquiaba en las montañas. Ese amor a la naturaleza se lo transmitió a sus hijos.

Mi madre era esbelta, bronceada y de aspecto sano, aunque no participaba en las actividades al aire libre con el mismo entusiasmo de mi padre. Menuda y atractiva, era un ama de casa práctica y orgullosa de sus habilidades. Era una excelente cocinera. Ella misma confeccionaba gran parte de su ropa, tejía mullidos suéters, tenía la casa ordenada y limpia, y cuidaba de un jardín que atraía a muchos admiradores. Era valiosísima para el negocio de mi padre. Después de que naciera mi hermano, se consagró a ser una buena madre.

Pero deseaba tener una preciosa hijita para completar el cuadro. Sin ninguna dificultad quedó embarazada por segunda vez.

Cuando el 8 de julio de 1926 le comenzaron los dolores del parto, oró a Dios pidiéndole una chiquitina regordeta a la cual pudiera vestir con ropa para muñecas. La doctora B., tocóloga de edad avanzada, la asistió durante los dolores y contracciones. Mi padre, que estaba en la oficina cuando le comunicaron el estado de mi madre, llegó al hospital en el momento en que culminaba la espera de nueve meses. La doctora se agachó y cogió a un bebé pequeñísimo, el recién nacido más diminuto que los presentes en la sala de partos habían visto venir al mundo con vida.

Ésa fue mi llegada; pesé 900 gramos. La doctora se sorprendió ante mi tamaño, o mejor dicho ante mi falta de tamaño; parecía un ratoncito. Nadie supuso que sobreviviría. Pero en cuanto mi padre oyó mi primer vagido, se precipitó al pasillo a llamar a su madre, Frieda, para informarle de que tenía otro nieto. Cuando volvió a entrar en la habitación, le sacaron de su error.

—En realidad Frau Kübler ha dado a luz a una hija —le dijo la enfermera.

Le explicaron que muchas veces resulta difícil establecer el sexo de los bebés tan pequeñitos. Así pues, volvió a correr hacia el teléfono para decir a su madre que había nacido su primera nieta.

—La vamos a llamar Elisabeth —le anunció orgulloso.

Cuando volvió a entrar en la sala de partos para confortar a mi madre se encontró con otra sorpresa. Acababa de nacer una segunda hija, tan frágil como yo, de 900 gramos. Después de dar la otra buena noticia a mi abuela, mi padre vio que mi madre continuaba con muchos dolores. Ella juraba que aún no había terminado, que iba a dar a luz otro bebé. Para mi padre aquella afirmación era fruto del agotamiento y, un poco a regañadientes, la anciana y experimentada doctora le dio la razón.

Pero de pronto mi madre empezó a tener más contracciones. Comenzó a empujar y al cabo de unos momentos nació una tercera hija. Ésta era grande, pesaba 2,900 kilos, triplicaba el peso de cada una de las otras dos, y tenía la cabecita llena de rizos. Mi agotada madre estaba emocionadísima. Por fin tenía a la niñita con la que había soñado esos nueve meses.

La anciana doctora B. se creía clarividente. Nosotras

éramos las primeras trillizas cuyo nacimiento le había tocado asistir.

Nos miró detenidamente las caras y le hizo a mi madre los vaticinios para cada una. Le dijo que Eva, la última en nacer, siempre sería la que estaría «más cerca del corazón de su madre», mientras que Erika, la segunda, siempre «elegiría el camino del medio». Después la doctora B. hizo un gesto hacia mí, comentó que yo les había mostrado el camino a las otras dos y añadió:

—Jamás tendrá que preocuparse por ésta.

Al día siguiente todos los diarios locales publicaban la emocionante noticia del nacimiento de las trillizas Kübler. Mientras no vio los titulares, mi abuela creyó que mi padre había querido gastarle una broma tonta. La celebración duró varios días. Sólo mi hermano no participó del entusiasmo: sus días de principito encantado habían acabado bruscamente. Se vio sumergido bajo un alud de pañales. Muy pronto estaría empujando un pesado coche por las colinas u observando a sus tres hermanitas sentadas en orinales idénticos. Estoy segurísima de que la falta de atención que sufrió explica su posterior distanciamiento de la familia.

Para mí era una pesadilla ser trilliza. No se lo desearía ni a mi peor enemigo. Éramos iguales, recibíamos los mismos regalos, las profesoras nos ponían las mismas notas; en los paseos por el parque los transeúntes preguntaban cuál era cuál, y a veces mi madre reconocía que ni siquiera ella lo sabía.

Era una carga psíquica pesada de llevar. No sólo nací siendo una pizca de 900 gramos con pocas probabilidades de sobrevivir, sino que además me pasé toda la infancia tratando de saber quién era yo.

Siempre me pareció que tenía que esforzarme diez veces más que todos los demás y hacer diez veces más para demostrar que era digna de... algo, que merecía vivir. Era una tortura diaria.

Sólo cuando llegué a la edad adulta comprendí que en realidad eso me benefició. Yo misma había elegido para mí esas circunstancias antes de venir al mundo. Puede que no hayan sido agradables, puede que no hayan sido las que deseaba, pero fueron las que me dieron el aguante, la determinación y la energía para todo el trabajo que me aguardaba.

3

UN ÁNGEL MORIBUNDO

Después de cuatro años de criar trillizas en un estrecho apartamento de Zúrich en el que no había espacio ni intimidad, mis padres alquilaron una simpática casa de campo de tres plantas en Meilen, pueblo suizo tradicional a la orilla del lago y a media hora de Zúrich en tren. Estaba pintada de verde, lo cual nos impulsó a llamarla «la Casa Verde».

Nuestra nueva vivienda se erguía en una verde colina y desde ella se veía el pueblo. Tenía todo el sabor del tiempo pasado y un pequeño patio cubierto de hierba donde podíamos correr y jugar. Disponíamos de un huerto que nos proporcionaba hortalizas frescas cultivadas por nosotros mismos. Yo rebosaba de energía y al instante me enamoré de la vida al aire libre, como buena hija de mi padre. Me encantaba aspirar el aire fresco matutino y tener lugares para explorar. A veces me pasaba todo el día vagabundeando por los prados y bosques y persiguiendo pájaros y animales.

Tengo dos recuerdos muy tempranos de esta época, ambos muy importantes porque contribuyeron a formar a la persona que llegaría a ser.

El primero es mi descubrimiento de un libro ilustrado sobre la vida en una aldea africana, que despertó mi curiosidad por las diferentes culturas del mundo, una curiosidad que me acompañaría toda la vida. De inmediato me fascinaron los niños de piel morena de las fotos. Con el fin de entenderlos mejor me inventé un mundo de ficción en el que podía hacer exploraciones, e incluso un lenguaje secreto que sólo compartía con mis hermanas. No paré de importunar a mis padres pidiéndoles una muñeca con la cara negra, cosa imposible de encontrar en Suiza. Incluso renuncié a mi colección de muñecas mientras no tuviera algunas con la cara negra.

Un día me enteré de que en el zoológico de Zúrich se había inaugurado una exposición africana y decidí ir a verla con mis propios ojos. Cogí el tren, algo que había hecho en muchas ocasiones con mis padres, y no tuve ninguna dificultad para encontrar el zoo. Allí presencié la actuación de los tambores africanos, que tocaban unos ritmos de lo más hermosos y exóticos. Mientras tanto, toda la ciudad de Meiden se había echado a la calle buscando a la traviesa fugitiva Kübler. Nada sabía yo de la inquietud que había creado cuando esa noche entré en mi casa. Pero recibí el conveniente castigo.

Por esa época, recuerdo también haber asistido a una carrera de caballos con mi padre. Como era tan pequeña, me hizo ponerme delante de los adultos para que tuviera una mejor vista. Estuve toda la tarde sentada en la húmeda hierba de primavera. Pese a que sentía un poco de frío, continué allí instalada para disfrutar de la cercanía de esos hermosos caballos.

Poco después cogí un resfriado. Lo siguiente que recuerdo es que una noche desperté totalmente desorientada, caminando por el sótano. Allí me encontró mi madre, que me llevó al cuarto de invitados, donde podría vigilarme. Estaba delirando de fiebre. El resfriado se convirtió rápidamente en pleuresía y después en neumonía. Yo sabía que mi madre estaba resentida con mi padre por haberse marchado a esquiar unos días, dejándola sola con su agotador trío de niñas y su hijo todavía pequeño.

A las cuatro de la mañana se me disparó aún más la fiebre y mi madre decidió actuar. Llamó a una vecina para que cuidara de mi hermano y hermanas y le pidió al señor H., uno de los pocos vecinos que tenía coche, que nos llevara al hospital. Me envolvió en mantas y me sostuvo en brazos en el asiento de atrás mientras el señor H. conducía a gran velocidad hasta el hospital para niños de Zúrich.

Ésa fue mi introducción a la medicina hospitalaria, que lamentablemente se me grabó en la memoria por su carácter desagradable. La sala de reconocimiento estaba fría, nadie me dijo una sola palabra, ni siquiera un saludo, un «hola, cómo estás», nada. Una doctora apartó las mantas de mi cuerpo tembloroso y procedió a desvestirme rápidamente. Le pidió a mi madre que saliera de la sala. Entonces me pesaron, me examinaron, me punzaron, me exploraron, me pidieron que tosiera; buscando la causa de mi problema me trataron como a un objeto, no como a una niña pequeña.

Lo siguiente que recuerdo es haber despertado en una habitación desconocida. En realidad, se parecía más a una jaula de cristal, o a una pecera. No había ventanas, el silencio era absoluto. La luz del techo permanecía encendida las veinticuatro horas del día. Durante las semanas siguientes una serie de personas en bata de laboratorio estuvo entrando y saliendo sin decir ni una palabra ni dirigirme una sonrisa amistosa.

Había otra cama en la pecera. La ocupaba una niña unos dos años mayor que yo. Se veía muy frágil y tenía la piel tan blanca que parecía translúcida. Me hacía pensar en un ángel sin alas, un pequeño ángel de porcelana. Nadie la iba a visitar jamás.

La niña alternaba momentos de consciencia e inconsciencia, así que nunca llegamos a hablar. Pero nos sentíamos muy a gusto juntas, relajadas y en confianza; nos mirábamos a los ojos durante períodos de tiempo inconmensurables. Era nuestra manera de comunicarnos; teníamos largas e interesantes conversaciones sin emitir el menor sonido. Constituía una simple transmisión de pensamientos. Lo único que teníamos que hacer era abrir los ojos y comenzar la comunicación. Dios mío, cuánto había que decir.

Un día, poco antes de que mi enfermedad diera un giro drástico, me desperté de un sopor poblado de sueños y al abrir los ojos vi que mi compañera de cuarto me estaba esperando con la vista fija en mí. Entonces tuvimos una conversación muy hermosa, conmovedora y osada. Mi amiguita de porcelana me dijo que esa noche, de madrugada, se marcharía. Yo me preocupé.

—No pasa nada —me dijo—. Hay ángeles esperándome.

Esa noche noté que se removía más de lo habitual. Cuando traté de atraer su atención, continuó mirando como sin verme, o tal vez mirando a través de mí.

—Es importante que sigas luchando —me explicó—. Vas a mejorar. Vas a volver a tu casa con tu familia.

Yo me alegré, pero repentinamente me sentí angustiada.

—¿Y tú? —le pregunté.

Me dijo que su verdadera familia estaba «al otro lado», y me aseguró que no había de qué preocuparse. Nos sonreímos y volvimos a dormirnos. Yo no sentía ningún temor por el viaje que mi amiga iba a emprender. Ella tampoco. Me parecía algo tan natural como que el sol se ponga por la noche y sea reemplazado por la luna.

A la mañana siguiente vi que la cama de mi amiga estaba desocupada. Ninguno de los médicos ni enfermeras hizo el menor comentario sobre su partida, pero en mi interior yo sonreí, sabiendo que antes de marcharse había confiado en mí. Tal vez yo sabía más que ellos. Desde luego nunca he olvidado a mi amiguita que aparentemente murió sola pero que, estoy segura, estaba atendida por personas de otra dimensión. Sabía que se había marchado a un lugar mejor.

En cuanto a mí, no estaba tan segura. Odiaba a la doctora. La consideraba culpable por no dejar que mis padres se me acercaran y sólo pudieran mirarme desde el otro lado de los cristales de las ventanas. Me miraban desde fuera y lo que yo necesitaba desesperadamente era un abrazo. Deseaba escuchar sus voces; deseaba sentir la tibia piel de mis padres y oír reír a mis hermanas. Ellos apretaban las caras contra el cristal. Me enseñaban dibujos enviados por mis hermanas, me sonreían y me hacían gestos con las manos. En eso consistieron sus visitas mientras estuve en el hospital.

Mi único placer era quitarme la piel muerta de los labios cubiertos de ampollas. Era agradable, y además enfurecía a la doctora. Cada dos por tres me golpeaba la mano y me amenazaba con atarme los brazos si no dejaba de quitarme la piel de los labios. Desafiante y aburrida yo continué haciéndolo; no podía refrenarme; era la única diversión que tenía. Pero un día, después de que se marcharan mis padres, entró esa cruel doctora en la habitación, me vio la sangre en los labios y me ató los brazos para que no pudiera volver a tocarme la cara.

Entonces utilicé los dientes; los labios no paraban de sangrarme. La doctora me detestaba por ser una niña terca, rebelde y desobediente. Pero yo no era nada de eso; estaba enferma, me sentía sola y ansiaba el calor del contacto humano. Solía frotarme uno con otro los pies y piernas para sentir el consolador contacto de la piel humana. Ésa no era manera de tratar a una niña enferma, y sin duda había niños mucho más enfermos que yo que lo pasarían aún peor.

Una mañana se reunieron varios médicos alrededor

de mi cama y conversaron en murmullos acerca de que necesitaba una transfusión de sangre. Al día siguiente muy temprano entró mi padre en mi desolada habitación y con aspecto ufano y heroico me anunció que iba a recibir un poco de su «buena sangre gitana». De pronto se me iluminó la habitación. Nos hicieron tendernos en dos camillas contiguas y nos insertaron sendos tubos en los brazos. El aparato de succión y bombeo de sangre se accionaba manualmente y parecía un molinillo de café. Mi padre y yo contemplábamos los tubos rojos. Cada vez que movían la palanca salía sangre del tubo de mi padre y entraba en el mío.

—Esto te va a sacar del pozo —me animó—. Pronto podrás irte a casa.

Lógicamente yo creí cada una de sus palabras.

Cuando acabó la transfusión me deprimí al ver que mi padre se levantaba y se marchaba, y volvía a quedarme sola. Pero pasados unos días me bajó la fiebre y se me calmó la tos. Entonces, una mañana volvió a aparecer mi padre, me ordenó que bajara mi flaco cuerpo de la cama y fuera por el pasillo hasta un pequeño vestuario.

—Allí te espera una pequeña sorpresa —me dijo.

Aunque las piernas me temblaban, mi ánimo eufórico me permitió recorrer el pasillo, al final del cual me imaginaba que estarían esperándome mi madre y mis hermanas para darme una sorpresa. Pero al entrar me encontré en un cuarto vacío. Lo único que había era una pequeña maleta de piel. Mi padre asomó la cabeza y me dijo que abriera la maleta y me vistiera rápidamente. Me sentía débil, tenía miedo de caerme y dudaba de tener fuerzas para abrir la maleta. Pero no quería desobedecer a mi padre y tal vez perder la oportunidad de volver a casa con él.

Hice acopio de todas mis fuerzas para abrir la maleta, y allí encontré la mejor sorpresa de mi vida. Estaba mi ropa muy bien dobladita, obra de mi madre, por supuesto, y encima de todo, ¡una muñeca negra! Era el tipo de muñeca negra con que había soñado durante meses. La cogí y me eché a llorar. Jamás antes había tenido una muñeca que fuera sólo mía; nada. No había ni un juguete ni una prenda de ropa que no compartiera con mis hermanas. Pero esa muñeca negra era ciertamente mía, toda mía, claramente distinguible de las muñecas blancas de Eva y de Erika. Me sentí tan feliz que me entraron deseos de bailar, y lo habría hecho si mis piernas me lo hubieran permitido.

Una vez en casa, mi padre me subió en brazos a la habitación y me puso en la cama. Durante las semanas siguientes sólo me aventuraba a salir hasta la cómoda tumbona del balcón, donde me instalaba, con mi preciada muñeca negra en los brazos para calentarme al sol y contemplar admirada los árboles y las flores donde jugaban mis hermanas. Me sentía tan feliz de estar en casa que no me importaba no poder jugar con ellas.

Lamenté perderme el comienzo de las clases, pero un día soleado se presentó en casa mi profesora predilecta, Frau Burkli, con toda la clase. Se reunieron bajo mi balcón y me dieron una serenata entonando mis alegres canciones favoritas. Antes de marcharse, mi profesora me entregó un precioso oso negro lleno de las más deliciosas trufas de chocolate, que devoré a una velocidad récord.

A paso lento pero seguro volví a la normalidad. Como comprendería mucho más adelante, mucho después de haberme convertido en uno de esos médicos de hospital de bata blanca, mi recuperación se debió en gran parte a la mejor medicina del mundo, a los cuidados y el cariño que recibí en casa, y también a no pocos chocolates.

4

MI CONEJITO NEGRO

Mi padre disfrutaba tomando fotos de todos los acontecimientos familiares, y poniéndolas después en álbumes con un orden meticuloso. También llevaba detallados diarios, donde anotaba cuál de nosotras balbucía las primeras palabras, cuál aprendía a gatear o a caminar, cuál decía algo divertido o inteligente, en fin, todos esos preciosos momentos que siempre me hicieron fruncir el ceño hasta que fueron destruidos. Afortunadamente todavía los tengo alojados en la mente.

La época de Navidad era la mejor del año. En Suiza, todos los niños se afanan por confeccionar a mano un regalo para cada miembro de la familia y los parientes cercanos. Durante los días anteriores a Navidad nos sentábamos a tejer forros para los colgadores de ropa, a bordar pañuelos y a pensar en nuevos puntos para manteles y pañitos de adorno. Recuerdo lo orgullosa que me sentí de mi hermano cuando llevó a casa una caja para útiles de lustrar zapatos que había hecho en la escuela durante la clase de carpintería.

Mi madre era la mejor cocinera del mundo, pero siempre se preciaba de preparar platos especiales y nuevos para las fiestas. Escogía con esmero las mejores tiendas donde comprar la carne y las verduras, y no le hacía ascos a caminar kilómetros para adquirir algo especial en un comercio que quedaba al otro lado de la ciudad.

Aunque a nuestros ojos mi padre era ahorrador, siempre traía a casa un hermoso ramo de anémonas, ranúnculos, margaritas y mimosas frescas para Navidad. Aun hoy, en el mes de diciembre, con sólo cerrar los ojos huelo el aroma de esas flores. También nos traía cajas de dátiles, higos y otras exquisiteces que hacían que el adviento fuera una época especial y mística. Mi madre llenaba todos los búcaros con flores y ramas de pino y decoraba con mimo toda la casa. Siempre había un ambiente de expectación y entusiasmo.

El 25 de diciembre mi padre nos llevaba a los niños a dar un largo paseo en busca del Niño Jesús. Con sus excepcionales dotes de narrador, nos hacía creer que cualquier destello brillante en la nieve era una señal de que el Niño Jesús estaba a punto de llegar. Jamás poníamos en duda sus palabras mientras recorríamos bosques y colinas, siempre con la esperanza de verlo con nuestros propios ojos. La excursión solía durar horas, hasta que se hacía de noche y mi padre decía, en tono derrotado, que era hora de volver a casa para que mi madre no se preocupara.

Pero en cuanto llegábamos al jardín, aparecía mi madre envuelta en su grueso abrigo, como si regresara de una compra de última hora. Todos entrábamos en la casa al mismo tiempo y allí descubríamos que por lo visto el Niño Jesús había permanecido todo ese tiempo en nuestra sala de estar, y encendíamos todas las velitas del enorme árbol de Navidad, maravillosamente adornado. Bajo el árbol había paquetes de regalos. Luego celebrábamos un gran banquete mientras las velas brillaban con luz trémula.

Después pasábamos al salón, que era a la vez la sala de música y biblioteca, y entonábamos al unísono las viejas y queridas canciones de Navidad. Mi hermana Eva tocaba el piano y mi hermano el acordeón. Mi padre iniciaba el canto con su hermosa voz de tenor y todos lo seguíamos. A continuación mi padre nos leía algún cuento navideño que sus hijos escuchábamos con embeleso sentados a sus pies. Mientras mi madre servía los postres, nosotros merodeábamos alrededor del árbol tratando de adivinar qué contenían los paquetes. Finalmente, después del postre, abríamos los regalos y nos quedábamos jugando hasta la hora de irnos a la cama.

De costumbre los días laborales mi padre se marchaba por la mañana temprano para coger el tren hacia Zúrich. Regresaba a mediodía y volvía a marcharse después de la comida principal del día. Eso le dejaba muy poco tiempo a mi madre para hacer las camas, limpiar la casa y preparar la comida, que normalmente constaba de cuatro platos. Todos teníamos que estar en la mesa, donde mi estricto padre nos fulminaba con sus «miradas de águila» si hacíamos demasiado ruido o no dejábamos limpio el plato. Rara vez tenía que levantar la voz, de modo que cuando lo hacía, todos nos apresurábamos a portarnos bien. Si no, nos invitaba a pasar a su estudio, y sabíamos muy bien lo que eso significaba.

No recuerdo ninguna ocasión en que mi padre se hubiera enfadado con Eva o con Erika. Erika era una niña extraordinariamente buena y callada. Eva era la predilecta de mi madre. Así pues, los blancos de las reprimendas solíamos ser Ernst y yo. Mi padre nos había puesto sobrenombres a las tres niñas. A Erika la llamaba Augedaechli, que significa «la tapita que cubre el ojo», nombre simbólico que expresaba lo unido que se sentía a ella, y tal vez el hecho de que siempre la veía medio dormida, soñadora, con los ojos casi cerrados. A mí me llamaba Meisli, «gorrioncillo», debido a que siempre iba saltando de rama en rama, y a veces Museli, «ratoncita», porque nunca estaba quieta en la silla. A Eva la llamaba Leu, que significa «león», posiblemente por sus abundantes y preciosos cabellos, y también por su voraz apetito. Ernst era el único al que llamaba por su verdadero nombre.

Por la noche, mucho después de que volviéramos de la escuela y mi padre del trabajo, nos reuníamos todos en la sala de música a cantar. Mi padre, muy solicitado animador en el prestigioso Club de Esquí de Zúrich, procuraba que aprendiéramos cientos de baladas y canciones populares. Con el tiempo se hizo evidente que Erika y yo no estábamos dotadas para el canto y estropeábamos el coro con nuestras voces desentonadas. En consecuencia, mi padre nos relegó a la cocina a fregar los platos. Casi diariamente, mientras los otros cantaban, Erika y yo lavábamos los platos cantando por nuestra cuenta. Pero no nos importaba. Cuando acabábamos, en lugar de ir a reunirnos con los demás, nos sentábamos en el tablero de la cocina a cantar las dos solas y desde allí pedíamos a los demás que entonaran nuestras canciones favoritas, por ejemplo el *Ave Maria, Das alte Lied* y *Always*. Ésos fueron los tiempos más felices.

Llegada la hora de dormir, las tres niñas nos acostábamos en camas idénticas, con sábanas idénticas, y dejábamos preparadas nuestras ropas idénticas en sillas idénticas para el día siguiente. Desde las muñecas a los libros, todas teníamos cosas iguales. Era enloquecedor. Recuerdo que cuando éramos pequeñas, a mi hermano lo ponían de vigilante en nuestras sesiones sentadas en el orinal. Su tarea consistía en evitar que yo me levantara antes de que mis hermanas hubieran terminado. A mí me fastidiaba muchísimo ese trato, era como estar con camisa de fuerza. Todo eso ahogaba mi propia identidad.

En la escuela yo destacaba mucho más que mis hermanas. Era una alumna excelente, sobre todo en matemáticas y lengua, pero era más famosa por defender de los matones a los niños débiles, indefensos o discapacitados. Aporreaba las espaldas de los matones con tanta frecuencia que mi madre ya estaba acostumbrada a que, después de clases, pasara el niño de la carnicería, el chismoso del pueblo, y dijera: «Betli va a llegar tarde hoy. Está zurrando a uno de los chicos.»

Mis padres nunca se enfadaban por eso, ya que sabían que lo único que yo hacía era proteger a los niños que no podían defenderse solos.

A diferencia de mis hermanas, también me gustaban mucho los animalitos domésticos. Cuando terminaba el parvulario, un amigo de la familia que regresó de África me regaló un monito al que le puse Chicito. Rápidamente nos hicimos muy buenos amigos. También recogía todo tipo de animales y en el sótano había improvisado una especie de hospital donde curaba a pajaritos, ranas y culebras lesionados. Una vez cuidé a un grajo herido hasta que recuperó la salud y fue capaz de volver a volar. Me imagino que los animales sabían instintivamente en quién podían confiar.

Eso lo veía claro en los varios conejitos que teníamos en un pequeño corral en el jardín. Yo era la encargada de limpiarles la jaula, darles la comida y jugar con ellos. Cada pocos meses mi madre preparaba guiso de conejo para la cena. Yo evitaba convenientemente pensar de qué modo llegaban los conejos a la olla, pero sí observaba que los conejos sólo se asomaban a la puerta cuando me acercaba yo, jamás cuando se acercaba otra persona de mi familia. Lógicamente eso me estimulaba a mimarlos más aún. Por lo menos me distinguían de mis hermanas.

Cuando comenzaron a multiplicarse los conejos, mi padre decidió reducir su número a determinado mínimo. No entiendo por qué hizo eso. No costaba nada alimentarlos, ya que comían hojas de diente de león y hierbas, y en el patio no había escasez de ninguna de esas cosas. Pero tal vez se imaginaba que así ahorraba dinero. Una mañana le pidió a mi madre que preparara conejo asado; y a mí me dijo:

—De camino a la escuela lleva uno de tus conejos al carnicero; y a mediodía lo traes para que tu madre tenga tiempo de prepararlo para la cena.

Aunque lo que me pedía me dejó sin habla, obedecí. Esa noche observé a mi familia comerse «mi» conejito. Casi me atraganté cuando mi padre me dijo que probara un bocado.

—Un muslo tal vez —me dijo.

Yo me negué rotundamente y me las arreglé para evitar una «invitación» al estudio de mi padre.

Este drama se repitió durante meses, hasta que el único conejo que quedaba era Blackie, mi favorito. Estaba gordo, parecía una gran bola peludita. Me encantaba acunarlo y contarle todos mis secretos. Era un oyente maravilloso, un psiquiatra fabuloso. Yo estaba convencida de que era el único ser en todo el mundo que me amaba incondicionalmente. Pero llegó el día temido. Después del desayuno mi padre me ordenó que llevara a Blackie al carnicero.

Salí al patio temblorosa y con un nudo en la garganta. Cuando lo cogí, le expliqué lo que me habían ordenado hacer. Blackie me miró moviendo su naricita rosa.

—No puedo hacerlo —le dije y lo coloqué en el suelo—. Huye, escapa —le supliqué—. Vete.

Pero él no se movió.

Finalmente se me hizo tarde, las clases ya estaban a punto de comenzar. Cogí a Blackie y corrí hasta la carnicería, con la cara bañada en lágrimas. Tengo que pensar que el pobre Blackie presintió que iba a suceder algo terrible; quiero decir que el corazón le latía tan rápido como el mío cuando lo entregué al carnicero y salí corriendo hacia la escuela sin despedirme.

Me pasé el resto del día pensando en Blackie, preguntándome si ya lo habrían matado, si sabría que yo lo quería y que siempre lo echaría de menos. Lamenté no haberme despedido de él. Todas esas preguntas que me hice, y no digamos mi actitud, sembraron la semilla para mi trabajo futuro. Odié mi sufrimiento y culpé a mi padre.

Después de las clases entré lentamente en el pueblo. El carnicero estaba esperando en la puerta. Me entregó la bolsa tibia que contenía a Blackie y comentó:

—Es una pena que hayas traído a esta coneja. Dentro de uno o dos días habría tenido conejitos.

Para empezar, yo no sabía que mi Blackie era coneja. Creía que sería imposible sentirme peor, pero me sentí peor. Deposité la bolsa en el mostrador.

Más tarde, sentada a la mesa, contemplé a mi familia comerse mi conejito. No lloré, no quería que mis padres supieran lo mucho que me hacían sufrir.

Mi razonamiento fue que era evidente que no me querían, por lo tanto tenía que aprender a ser fuerte y dura. Más fuerte que nadie.

Cuando mi padre felicitó a mi madre por aquel delicioso guiso, me dije: «Si eres capaz de aguantar esto, puedes aguantar cualquier cosa en la vida.»

Cuando tenía diez años nos mudamos a una casa de tamaño mucho mayor, a la que llamamos «la Casa Grande», situada a más altura sobre las colinas que dominaban el pueblo. Teníamos seis dormitorios, pero mis padres resolvieron que sus tres hijas continuaran compartiendo la misma habitación. Sin embargo, para entonces el único espacio que a mí me importaba era el del aire libre. Teníamos un jardín espectacular, de casi una hectárea, cubierto de césped y flores, lo que ciertamente fue el origen de mi interés por cultivar cualquier cosa que brote y dé flores. También estábamos rodeados por granjas y viñedos, tan bonitos que parecían una ilustración de libro, y al fondo se veían las escarpadas montañas coronadas de nieve.

Vagabundeaba por el campo en busca de animalitos heridos, para llevarlos a «mi hospital» del sótano. Para mis pacientes menos afortunados, que no sanaban, hice un cementerio a la sombra de un sauce y me encargaba de que siempre estuviera decorado con flores.

Mis padres no me protegían de las realidades de la vida y de la muerte que ocurrían de modo natural, lo cual me permitió asimilar sus diferentes circunstancias así como las reacciones de las personas. Cuando estaba en tercer año llegó a mi clase una nueva alumna llamada Susy. Su padre, un médico joven, acababa de instalarse en Meilen con su familia. No es fácil comenzar a ejercer la medicina en un pueblo pequeño, así que le costó muchísimo atraerse pacientes. Pero todo el mundo encontraba adorables a Susy y su hermanita.

Al cabo de unos meses Susy dejó de asistir a la escuela. Pronto se corrió la voz de que estaba gravemente enferma. Todo el pueblo culpaba al padre por no mejorarla. Por lo tanto no debe de ser buen médico, razonaban. Pero ni siquiera los mejores médicos del mundo podrían haberla curado. Resultó que Susy había contraído la meningitis.

Todo el pueblo, incluidos los niños de la escuela, seguimos el proceso de su enfermedad: primero padeció parálisis, después sordera y finalmente perdió la vista. Los habitantes del pueblo, aunque lo sentían por la familia, eran como la mayoría de los vecinos de las ciudades pequeñas: tenían miedo de que esa horrible enfermedad entrara en sus casas si se acercaban demasiado. En consecuencia, la nueva familia fue prácticamente rechazada y quedó sola en momentos de gran necesidad afectiva.

Me perturba pensar en eso ahora, aun cuando yo era de las compañeras de Susy que continuamos comunicándonos con ella. Le entregaba notas, dibujos y flores silvestres a su hermana para que se las llevara. «Dile a

Susy que pensamos mucho en ella. Dile que la echo mucho de menos», le decía.

Nunca olvidaré que el día en que murió Susy, las cortinas de su dormitorio estaban corridas. Recuerdo cuánto me entristeció que estuviera aislada del sol, de los pájaros, los árboles y todos los hermosos sonidos y paisajes de la naturaleza. Eso no me parecía bien, como tampoco estimé razonables las manifestaciones de tristeza y aflicción que siguieron a su muerte, puesto que pensaba que la mayoría de los residentes de Meilen se sentían aliviados de que por fin hubiera acabado todo. La familia de Susy, desprovista de motivos para quedarse, se marchó del pueblo.

Me impresionó mucho más la muerte de uno de los amigos de mis padres. Era un granjero, más o menos cincuentón, justamente el que nos llevó al hospital a mi madre y a mí cuando tuve neumonía. La muerte le sobrevino después de caerse de un manzano y fracturarse el cuello, aunque no murió inmediatamente.

En el hospital los médicos le dijeron que no había nada que hacer, por lo que él insistió en que lo llevaran a casa para morir allí. Sus familiares y amigos tuvieron mucho tiempo para despedirse. El día que fuimos a verlo estaba rodeado por su familia y sus hijos. Tenía la habitación llena a rebosar de flores silvestres, y le habían colocado la cama de modo que pudiera mirar por la ventana sus campos y árboles frutales, los frutos de su trabajo que sobrevivirían al paso del tiempo. La dignidad, el amor y la paz que vi allí me dejaron una impresión imborrable.

Al día siguiente de su muerte volvimos a su casa por la tarde para dar el último adiós a su cadáver. Yo no iba de muy buena gana, pues no me apetecía la experiencia de ver un cuerpo sin vida. Venticuatro horas antes, ese hombre, cuyos hijos iban a la escuela conmigo, había pronunciado mi nombre, con dificultad pero con cariño: «pequeña Betli». Pero la visita resultó ser una experiencia fascinante. Al mirar su cuerpo comprendí que él ya no estaba allí. Cualesquiera que fueran la fuerza y la energía que le habían dado vida, fuera lo que fuera aquello cuya pérdida lamentábamos, ya no estaba allí.

Mentalmente comparé su muerte con la de Susy. Fuera lo que fuese lo que le sucedió a Susy, se desarrolló en la oscuridad, detrás de cortinas cerradas que impidieron que los rayos del sol la iluminaran durante sus últimos momentos. En cambio el granjero había tenido lo que yo ahora llamo una buena muerte: falleció en su casa, rodeado de amor, de respeto, dignidad y afecto. Sus familiares le dijeron todo lo que tenían que decirle y le lloraron sin tener que lamentar haber dejado ningún asunto inconcluso.

A través de esas pocas experiencias, comprendí que la muerte es algo que no siempre se puede controlar. Pero bien mirado, eso me pareció bien.

5

FE, ESPERANZA Y AMOR

Tuve suerte en la escuela. Mi interés por las matemáticas y la literatura me convirtió en uno de esos escasos niños a los que les gusta ir a la escuela. Pero no reaccioné así frente a las clases obligatorias y semanales de religión. Fue una pena, porque ciertamente sentía inclinación por lo espiritual. Pero el pastor R., que era el ministro protestante del pueblo, enseñaba las Sagradas Escrituras los domingos de un modo que sólo inspiraba miedo y culpabilidad, y yo no me identificaba con «su» Dios.

Era un hombre insensible, brutal y rudo. Sus cinco hijos, que sabían lo poco cristiano que era en realidad, llegaban a la escuela hambrientos y con el cuerpo cubierto de cardenales. Los pobres se veían cansados y macilentos. Nosotros les guardábamos bocadillos para que desayunaran en el recreo, y les poníamos suéteres y cojines en los bancos de madera del patio para que pudieran aguantar sentados. Finalmente sus secretos familiares se filtraron hasta el patio de la escuela: cada mañana su muy reverendo padre les propinaba una paliza con lo primero que encontraba a mano.

En lugar de echarle en cara su comportamiento cruel y abusivo, los adultos admiraban sus sermones elocuentes y teatrales, pero todos los niños que estábamos sometidos a su tiránico modo de enseñar lo conocíamos mejor. Un suspiro durante su charla, o un ligero movimiento de la cabeza y ¡zas!, te caía la regla sobre el brazo, la cabeza, la oreja, o recibías un castigo.

Perdió totalmente mi aprecio, como la religión en general, el día en que le pidió a mi hermana Eva que recitara un salmo. La semana anterior habíamos memorizado el salmo, y Eva lo sabía muy bien; pero antes de que hubiera terminado de recitarlo, la niña que estaba al lado de ella tosió, y el pastor R. pensó que le había susurrado al oído el salmo. Sin hacer ninguna pregunta, las cogió por las trenzas a las dos e hizo entrechocar las cabezas de ambas. Sonó un crujido de huesos que nos hizo temblar a toda la clase.

Encontré que eso era demasiado y estallé. Lancé mi libro negro de salmos a la cara del pastor; le dio en la boca. Se quedó atónito y me miró fijamente, pero yo estaba demasiado furiosa para sentir miedo. Le grité que no practicaba lo que predicaba.

—No es usted un ejemplo de pastor bueno, compasivo, comprensivo y afectuoso —le chillé—. No quiero formar parte de ninguna religión que usted enseñe.

Dicho eso me marché de la escuela jurando que no volvería jamás.

Cuando iba de camino a casa me sentía nerviosa y asustada. Aunque sabía que lo que había hecho estaba justificado, temía las consecuencias. Me imaginé que me expulsarían de la escuela. Pero la mayor incógnita era mi padre. Ni siquiera quería pensar de qué modo me castigaría. Pero por otro lado, mi padre no era admirador del pastor R. Hacía poco el pastor había elegido a nuestros vecinos como a la familia más ejemplar del pueblo, y sin embargo todas las noches oíamos cómo los padres se peleaban, gritaban y golpeaban a sus hijos. Los domingos se mostraban como una familia encantadora. Mi padre se preguntaba cómo podía estar tan ciego el pastor R.

Antes de llegar a casa me detuve a descansar a la

sombra de uno de los frondosos árboles que bordeaban un viñedo. Ésa era mi iglesia. El campo abierto, los árboles, los pájaros, la luz del sol. No tenía la menor duda respecto a la santidad de la Madre Naturaleza y a la reverencia que inspiraba. La Naturaleza era eterna y digna de confianza; hermosa y benévola en su trato a los demás; era clemente. En ella me cobijaba cuando tenía problemas, en ella me refugiaba para sentirme a salvo de los adultos farsantes. Ella llevaba la impronta de la mano de Dios.

Mi padre lo entendería. Era él quien me había enseñado a venerar el generoso esplendor de la naturaleza llevándonos a hacer largas excursiones por las montañas, donde explorábamos los páramos y praderas, nos bañábamos en el agua limpia y fresca de los riachuelos y nos abríamos camino por la espesura de los bosques. Nos llevaba a agradables caminatas en primavera y también a peligrosas expediciones por la nieve. Nos contagiaba su entusiasmo por las elevadas montañas, una edelweiss medio escondida en una roca o la fugaz visión de una rara flor alpina. Saboreábamos la belleza de la puesta de sol. También respetábamos el peligro, como aquella vez que me caí en una grieta de un glaciar, caída que habría sido fatal si no hubiera llevado atada una cuerda con la que me rescató.

Esos recorridos quedaron impresos para siempre en nuestras almas.

En lugar de dirigirme a casa, donde con toda seguridad ya habría llegado la noticia de mi encontronazo con el pastor R., me metí a gatas en un lugar secreto que había descubierto en los campos de detrás de casa. Para mí ése era el lugar más sagrado del mundo. En el centro de un matorral tan espeso que, aparte de mí, ningún otro ser humano había penetrado allí jamás, se alzaba una enorme roca, de un metro y medio de altura más o menos, cubierta de musgo, líquenes, salamandras y horripilantes insectos. Era el único sitio donde podía fundirme con la naturaleza y donde ningún ser humano podría encontrarme. Trepé hasta lo alto de la roca. El sol se filtraba por entre las ramas de los árboles como por las vidrieras de una iglesia; levanté los brazos al cielo como un indio y entoné una oración inventada por mí dando gracias a Dios por toda la vida y por todo cuanto vive. Me sentí más cerca del Todopoderoso de lo que jamás me podrían haber acercado los sermones del pastor R.

De vuelta al mundo real, mi relación con el espíritu fue sometida a debate. En casa mis padres no me hicieron ninguna pregunta respecto al incidente con el pastor R.; yo interpreté su silencio como apoyo. Pero tres días después el consejo de la escuela se reunió en una sesión de urgencia para debatir el asunto. En realidad, el debate sólo concernía a la mejor manera de castigarme. No les cabía la menor duda de que yo había actuado mal.

Afortundadamente, mi profesor favorito, el señor Wegmann, convenció al consejo de que me permitieran dar mi versión del incidente. Entré muy nerviosa. Una vez que comencé a hablar miré fijamente al pastor R., que estaba sentado con la cabeza inclinada y las manos entrelazadas, presentando la imagen misma de la piedad. Después me dijeron que volviera a casa y esperara.

Transcurrieron lentísimos varios días, hasta que una noche el señor Wegmann se presentó en casa después de la cena. Informó a mis padres de que se me eximía oficialmente de asistir a las clases del pastor R. Nadie se molestó ni disgustó. La levedad del castigo implicaba que yo no había actuado mal. El señor Wegmann me preguntó qué pensaba. Le contesté que me parecía justo, pero que antes de decirlo oficialmente deseaba que se cumpliera una condición más. Quería que a Eva también se la eximiera de la clase. «Concedido», contestó el señor Wegmann.

Para mí no había nada más semejante a Dios ni más inspirador de fe en algo superior que la vida al aire libre. Los ratos culminantes de mi juventud fueron sin duda los pasados en una pequeña cabaña alpina en Amden. Mi padre, que era un guía inmejorable, nos explicaba algo de cada flor y árbol. En invierno íbamos a esquiar. Todos los veranos nos llevaba a arduas excursiones de dos semanas, en las que aprendíamos el modo de vida espartano y una estricta disciplina. También nos permitía explorar los páramos, las praderas y los riachuelos que discurrían por los bosques.

Pero todos nos preocupamos cuando mi hermana Erika perdió el entusiasmo por esas excursiones. A partir de los doce años se le hizo cada vez más desagradable salir de excursión. Cuando llegó el momento de emprender nuestra excursión escolar anual de tres días, en la que nos acompañaban varios adultos y una profesora, se negó rotundamente a participar. Eso debería haber constituido una indicación de que le ocurría algo grave. Habiendo hecho largas excursiones con mi padre, con muy poco alimento o comodidades, estábamos bien entrenadas para esas acampadas. Ni siquiera Eva ni yo entendíamos cuál podría ser su problema. Mi padre, que no toleraba el comportamiento de «mariquita», sencillamente impuso su ley y la obligó a ir.

Fue un error. Antes de salir para la excursión Erika se quejó de fuertes dolores en la pierna y la cadera. El primer día de excursión cayó enferma y entre un padre y una profesora la llevaron de vuelta a Meilen, donde la hospitalizaron. Ése fue el comienzo de años de sufrimiento a manos de médicos y hospitales. Aunque tenía paralizado un lado y cojeaba con la otra pierna, nadie logró establecer un diagnóstico. Sufría tan fuertes dolores que muchas veces, cuando volvíamos a casa de la escuela, Eva y yo la oíamos gemir en el dormitorio. Naturalmente eso nos hacía andar de puntillas por la casa y mover tristemente la cabeza por la pobre Erika.

Puesto que no lograban diagnosticar su dolencia, muchas personas pensaron que eso era histeria o simplemente una manera de librarse de los deportes y actividades físicas. Muchos años después, la tocóloga que asistiera a mi madre en nuestro nacimiento, se impuso la tarea de descubrir su enfermedad, que finalmente resultó ser una cavidad en el hueso de la cadera. Ahora se sabe que lo que tenía era poliomielitis combinada con osteoartritis. En aquel tiempo eso era difícil de diagnosticar. El doloroso tratamiento a que la sometieron en uno de los hospitales especializados en cirugía ortopédica consistió en obligarla a caminar a largas zancadas por una escalera mecánica. Creían que si hacía suficiente ejercicio dejaría de «fingirse enferma».

A mí me causaba una terrible frustración ver lo que tenía que sufrir. Afortunadamente, una vez que establecieron el diagnóstico y le administraron el tratamiento adecuado, pudo ir a estudiar en un colegio de Zúrich y llevar una vida productiva y libre de dolor. Pero yo siempre pensé que un médico competente, atento y afectuoso habría hecho muchísimo más para sanarla. Incluso le escribí cuando ella estaba en el hospital contándole mi intención de convertirme exactamente en ese tipo de médico.

Lógicamente, el mundo necesitaba curación y pronto la necesitaría aún más. En 1939 la maquinaria bélica nazi estaba comenzando a poner en marcha su fuerza destructora. Nuestro profesor, el señor Wegmann, oficial del ejército suizo, nos preparó para el estallido de la guerra. En casa mi padre recibía a muchos hombres de negocios alemanes que hacían comentarios sobre Hitler y sobre los rumores que corrían acerca de judíos acorralados en Polonia y supuestamente asesinados en campos de concentración, aunque nadie sabía de cierto qué estaba ocurriendo. Pero las conversaciones sobre la guerra nos asustaban e inquietaban.

Una mañana de septiembre mi ahorrativo padre llegó a casa con una radio, un aparato que en nuestro pueblo era un lujo, pero que de pronto se convirtió en necesidad. Todas las noches a las siete y media, después de cenar, nos reuníamos alrededor de la enorme caja de madera a escuchar los informes sobre el avance de los nazis alemanes en Polonia. Yo estaba de parte de los valientes polacos que arriesgaban la vida para defender su patria y lloraba cuando explicaban cómo morían mujeres y niños en Varsovia en la primera línea de batalla. Hervía de rabia cuando oía que los nazis estaban matando judíos. Si hubiera sido hombre habría ido a luchar.

Pero era una niña, no un hombre, así que en lugar de ir a pelear le prometí a Dios que cuando tuviera edad suficiente viajaría a Polonia a ayudar a esas gentes valientes a derrotar a sus opresores. «Tan pronto pueda, tan pronto pueda, iré a Polonia a ayudar», musitaba.

Mientras tanto odiaba a los nazis, y los odié aún más cuando los soldados suizos confirmaron los rumores de la existencia de campos de concentración para judíos. Mi padre y mi hermano vieron a soldados nazis situados a lo largo del Rin ametrallando a un río humano de judíos que trataban de cruzar para encontrar refugio. Pocos llegaron vivos al lado suizo. A algunos los cogieron vivos y los enviaron a campos de concentración. Muchos murieron y quedaron flotando en el río. Las atrocidades eran demasiado grandes y demasiado numerosas para quedar ocultas. Todas las personas que yo conocía estaban horrorizadas.

Cada emisión de noticias de la guerra era para mí un desafío moral. «¡No, jamás nos vamos a rendir! —gritaba mientras escuchaba a Winston Churchill—. ¡Jamás!»

En pleno furor de la guerra aprendimos el significado de la palabra sacrificio. Los refugiados entraban a raudales por las fronteras suizas. Hubo que racionar los alimentos. Mi madre nos enseñó a conservar huevos para que duraran uno o dos años. Nuestro terreno cubierto de césped se convirtió en huerta para cultivar patatas y verduras. En el sótano teníamos tantos alimentos en lata que parecía un supermercado moderno.

Me enorgullecía saber sobrevivir con alimentos cultivados en casa, hacerme el pan, preparar conservas de frutas y verduras y prescindir de los antiguos lujos. Era sólo un pequeño aporte al esfuerzo bélico, pero el hecho de ser autosuficientes me producía una nueva sensación de confianza, y después esas habilidades me resultarían muy provechosas.

Si comparábamos nuestra existencia con las condiciones en que se encontraban los países vecinos, teníamos muchísimo que agradecer. En el plano personal vivíamos relativamente tranquilos. A los dieciséis años mis hermanas se estaban preparando para la confirmación, que era un gran acontecimiento para un niño suizo. Estudiaban en Zúrich con el pastor Zimmermann, famoso pastor protestante. Mi familia lo conocía desde hacía mucho tiempo y existía entre ellos un cariño y un respeto mutuos. Cuando se acercaba la fecha de la ceremonia les dijo a mis padres que había soñado con celebrar la confirmación de las trillizas Kübler, lo cual era una sutil manera de preguntar: «¿Y Elisabeth?»

Yo no tenía la menor intención de pertenecer a la Iglesia, pero el pastor me pidió que le manifestara todas las quejas y críticas que tenía contra ella. Se las dije una por una, desde el pastor R. hasta mi creencia de que ningún Dios, y mucho menos mi concepto de Dios, podía estar contenido bajo ningún techo ni ser definido por ninguna ley o norma creada por el hombre.

—¿Por qué entonces voy a pertenecer a esa Iglesia? —le pregunté en tono interesado.

En lugar de tratar de hacerme cambiar de opinión, el pastor Zimmermann defendió a Dios y la fe alegando que lo que importaba era cómo vivía la gente, no cómo rendía culto.

—Cada día hay que intentar hacer las opciones más elevadas que Dios nos ofrece —me dijo—. Eso es lo que de verdad determina si una persona vive cerca de Dios.

Estuve de acuerdo, de modo que a las pocas semanas de nuestra conversación el sueño del pastor Zimmermann se hizo realidad. Las trillizas Kübler estuvieron en un estrado bellamente decorado dentro de su sencilla iglesia mientras él, gigantesco frente a nosotras, recitaba un versículo de la Epístola de san Pablo a los Corintios: «Ahora permanecen estas tres cosas, la fe, la esperanza y el amor; pero la mayor de ellas es el amor.» Después nos miró, fue poniendo la mano sobre la cabeza de cada una de nosotras al tiempo que pronunciaba una sola palabra, una palabra que nos representaba.

Eva era la fe. Erika la esperanza. Y yo el amor.

En un momento en que el amor parecía ser tan escaso en el mundo, lo acepté como un regalo, un honor y, por encima de todo, una responsabilidad.

6

MI PROPIA BATA

Cuando acabé la enseñanza secundaria en la primavera de 1942, ya era una joven madura y seria. Albergaba pensamientos profundos. En mi opinión, mi futuro estaba en la Facultad de Medicina; mi deseo de ser médica era más fuerte que nunca; me sentía llamada a ejercer esa profesión. ¿Qué mejor que sanar a las personas enfermas, dar esperanza a las desesperadas y consolar a las que sufrían?

Pero mi padre seguía al mando, de modo que la noche en que decidió el futuro de sus tres hijas no se diferenció en nada de aquella tumultuosa noche de hacía tres años. Envió a Eva al colegio de formación general para señoritas y a Erika al *gymnasium* de Zúrich. En cuanto a mí, volvió a asignarme la profesión de secretaria-contable de su empresa. Demostró conocerme muy poco explicándome la maravillosa oportunidad que me ofrecía.

—La puerta está abierta —me dijo.

No traté de ocultar mi desilusión y dejé muy claro que jamás aceptaría semejante condena a prisión. Yo tenía un intelecto creativo y reflexivo y una naturaleza inquieta. Me moriría sentada todo el día ante un escritorio.

Mi padre perdió la paciencia rápidamente. No tenía

el menor interés en discutir, mucho menos con una niña. ¿Qué puede saber una niña?

—Si mi oferta no te parece bien, puedes marcharte y trabajar de empleada doméstica —bufó.

Se hizo un tenso silencio en el comedor. Yo no quería batallar con mi padre, pero todas las fibras de mi cuerpo se negaban a aceptar el porvenir que me había elegido. Consideré la opción que me ofrecía. Ciertamente no quería trabajar de empleada doméstica, pero quería ser yo la que tomara las decisiones respecto a mi futuro.

—Trabajaré de empleada doméstica —dije.

En cuanto hube pronunciado esa frase mi padre se levantó y fue a encerrarse en su estudio dando un portazo.

Al día siguiente mi madre vio un anuncio en el diario. Una mujer francófona, viuda de un adinerado catedrático de Romilly, ciudad junto al lago de Ginebra, necesitaba una empleada que le llevara la casa, cuidara a sus tres hijos, sus animalitos y su jardín. Conseguí el puesto y me marché a la semana siguiente. Mis hermanas estaban tan tristes que no fueron a despedirme. En la estación tuve que arreglármelas para transportar una vieja maleta de cuero que era casi tan grande como yo. Antes de separarnos, mi madre me regaló un sombrero de ala ancha que hacía juego con mi traje de lanilla y me pidió que reconsiderara mi decisión. Aunque yo ya estaba muerta de nostalgia por mi hogar, era demasiado tozuda para cambiar de opinión. Ya había tomado mi decisión.

Lo lamenté tan pronto me bajé del tren y saludé a mi nueva jefa, madame Perret, y a sus tres hijos. Había hablado en suizo alemán. Ella se ofendió inmediatamente.

—Aquí sólo hablamos en francés —me advirtió—. Empieza en este mismo instante.

Madame era una mujer corpulenta, alta y muy antipática. En otro tiempo había sido el ama de llaves del catedrático, y cuando murió la esposa de éste se casó con él. Después murió el catedrático, y ella heredó todo lo suyo, a excepción de su agradable carácter.

Ésa fue mi mala suerte. Trabajaba a diario desde las seis de la mañana hasta la medianoche, y tenía medio día libre dos fines de semana al mes. Comenzaba encerando el suelo, después sacaba brillo a la plata, salía a hacer la compra, cocinaba, servía las comidas y ordenaba las cosas por la noche. Normalmente Madame deseaba tomar té a medianoche. Por fin me daba permiso para retirarme a mi pequeño cuarto. Por lo general me quedaba dormida antes de posar la cabeza en la almohada.

Pero si Madame no oía el ruido de la enceradora a las seis y media, casi me echaba abajo la puerta a golpes. «¡Es hora de empezar!»

En mis cartas a casa jamás decía que pasaba hambre ni que me sentía muy desgraciada, sobre todo cuando comenzó el frío y se aproximaban las fiestas. Al acercarse la Navidad eché terriblemente de menos mi casa. Me entristecía pensando en las agradables melodías que toda mi familia cantaba dichosa alrededor del piano. En mi imaginación veía los dibujos y manualidades que hacíamos mis hermanas y yo para regalarnos mutuamente. Pero Madame sólo me obligó a trabajar más. Continuamente recibía visitas, y además me prohibió que mirara su árbol de Navidad. «Sólo es para la familia», me dijo en un tono despreciativo que imitaban sus hijos, que no eran mucho menores que yo.

Toqué fondo la noche en que Madame dio una cena para los ex colegas de su marido en la universidad. Por orden de ella serví espárragos de entrante. En cuanto oí la campanilla con que ella me anunciaba que sus invitados habían terminado, me apresuré a entrar en el comedor a retirar los platos; pero al ver que en todos los platos todavía estaban los espárragos, volví a marcharme a la cocina. Madame volvió a tocar la campanilla. La escena se repitió, y volvió a repetirse una tercera vez. Me habría parecido cómico si no hubiera pensado que me estaba volviendo loca.

Finalmente Madame entró furiosa en la cocina. ¿Cómo podía ser yo tan imbécil?

—Entra ahí y retira los platos —me ordenó enfurecida—. Las personas educadas sólo se comen las puntas de los espárragos. ¡El resto se deja en el plato!

Así será, pero una vez que hube retirado los platos devoré todos los espárragos y los encontré deliciosos. Cuando acababa de zamparme el último, entró en la cocina uno de los invitados, un catedrático, que me preguntó qué demonios hacía yo allí.

—El motivo de perseverar aquí todo un año es que espero a tener la edad suficiente para entrar en un laboratorio —le dije tratando de contener las lágrimas que inundaban mis cansados ojos—. Quiero formarme como técnica de laboratorio para poder entrar en la Facultad de Medicina.

El catedrático me escuchó comprensivo. Después me entregó su tarjeta y me prometió que me encontraría trabajo en algún laboratorio apropiado. También se ofreció a alojarme temporalmente en su casa de Lausana; me dijo que tan pronto llegara a casa se lo diría a su esposa. A cambio, yo tenía que prometerle que me marcharía de esa horrorosa casa.

Varias semanas más tarde tuve un medio día libre. Fui a Lausana y llamé a la puerta del catedrático. Me abrió su esposa y me dijo entristecida que su marido había muerto hacía unos días. Hablamos largo rato. Me dijo que él me había buscado trabajo pero que ella no sabía dónde. Me fui de allí aún más deprimida.

De vuelta en casa de Madame trabajé más que nunca. Para Nochebuena iba a tener la casa llena de invitados. Yo no paraba de cocinar, planear las comidas, limpiar y hacer la colada. Una noche le supliqué que me dejara ver el árbol de Navidad, sólo cinco minutos; necesitaba recargarme espiritualmente.

—No, todavía no es Navidad —me dijo horrorizada, y reiteró su anterior advertencia—: Además, es sólo para la familia, no para empleadas.

En ese instante decidí marcharme. Cualquier persona que no compartiera su árbol de Navidad no era digna de mi trabajo ni de mis servicios.

Le pedí prestada una maleta de anea a una chica de Vevey y planeé mi escapada. La mañana de Navidad, cuando Madame no oyó funcionar la enceradora entró en mi cuarto y me ordenó comenzar mis tareas. Pero en lugar de obedecer le dije osadamente que ya no volvería a encerar pisos en mi vida. Después cogí mis cosas, las puse en un trineo y me marché a toda prisa para coger el primer tren. Me quedé a pasar la noche en Ginebra en casa de una amiga, que me mimó con un baño de espuma, té, bocadillos y pasteles y me prestó dinero para hacer el resto del trayecto hasta Meilen.

Llegué a casa al día siguiente de Navidad. Deslicé mi huesudo cuerpo por el portillo para la leche y me fui directamente a la cocina. Sabía que mi familia estaría fuera en su tradicional excursión a la montaña, de modo que grande y agradable fue mi sorpresa cuando oí ruidos arriba. Resultó ser mi hermana Erika, que se había quedado en casa debido al problema de su pierna. Ella se sintió igualmente sorprendida y feliz al descubrir que era yo la que hacía ruido abajo. Nos pasamos toda la noche sentadas en su cama conversando, poniéndonos al día de todo lo ocurrido en nuestras vidas.

Al día siguiente repetí las mismas historias a mis padres, que se sintieron indignados al enterarse de que me habían hecho pasar hambre y me habían explotado. No entendían por qué no había vuelto antes. Mi explicación no agradó a mi padre, pero dadas las penalidades que yo había pasado, sofrenó su ira y me dejó disfrutar de una cómoda cama y comidas nutritivas.

Cuando mis hermanas volvieron a sus respectivos colegios me encontré ante el mismo viejo problema de mi futuro. Nuevamente mi padre me ofreció un puesto en su empresa. Pero esta vez añadió otra opción, lo que ponía de manifiesto un enorme crecimiento personal por su parte. Me dijo que si no quería trabajar allí, yo podía buscarme una ocupación que me gustara y me hiciera feliz. Ésa fue la mejor noticia que recibí en mi joven vida y oré para poder encontrar algo.

A los pocos días mi madre se enteró de que acababa de instalarse un nuevo instituto de investigación bioquímica. El laboratorio estaba situado en Feldmeiler, a unos pocos kilómetros de Meilen y me pareció perfecto. Conseguí concertar una entrevista con el propietario del laboratorio y me vestí especialmente para la ocasión, esforzándome por parecer mayor y profesional. Pero el joven doctor Hans Braun, un científico ambicioso, no se dejó impresionar. Me dijo que estaba ocupadísimo y que necesitaba personas inteligentes que se pusieran a trabajar en seguida.

—¿Puede comenzar ahora mismo?

—Sí.

Me contrató como aprendiza.

—Hay un solo requisito —me dijo—. Traiga su bata blanca de laboratorio.

Eso era lo único que yo no tenía. Se me encogió el corazón; creí que la oportunidad se me escapaba de las manos, y supongo que se me notó.

—Si no tiene bata, con mucho gusto le proporcionaré una —me ofreció el doctor Braun.

Yo me sentí extasiada, y más feliz aún cuando me presenté el lunes a las ocho de la mañana y vi tres preciosas batas blancas, con mi nombre bordado, colgadas en la puerta de mi laboratorio.

No había en todo el planeta un ser más feliz que yo.

La mitad del laboratorio se destinaba a fabricar cremas, cosméticos y lociones, mientras que la parte donde yo trabajaba, un enorme invernadero, estaba dedicada a investigar los efectos producidos en las plantas por materias cancerígenas. La teoría del doctor Braun era que no era necesario experimentar los agentes cancerígenos con animales, ya que lo mismo podía hacerse, con precisión y poco gasto, con plantas. Su entusiasmo hacía parecer más que factibles sus conceptos. Pasado un tiempo advertí que a veces llegaba al laboratorio deprimido y escéptico ante todo y todos, y se pasaba todo el día encerrado con llave en su despacho. Después caí en la cuenta de que era maníaco depresivo. Pero sus agudos cambios de humor jamás entorpecieron mi trabajo, que consistía en inyectar a ciertas plantas sustancias nutritivas, cancerígenas a otras, observarlas escrupulosamente y anotar en respectivos cuadernos cuáles se desarrollaban de forma normal, cuáles de forma anormal, excesivamente o muy poco.

Yo me sentía cautivada, no sólo por la importancia del trabajo, que tenía la posibilidad de salvar vidas, sino además porque un simpático técnico de laboratorio me daba lecciones de química y ciencias, complaciendo así mi ilimitado apetito de saber. Pasados unos meses comencé a viajar a Zúrich dos días a la semana para asistir a clases de química, física y matemáticas, en las que superaba a treinta compañeros varones al recibir sobresalientes. La segunda de la clase era otra chica. Pero después de nueve meses de dicha el sueño se me convirtió en pesadilla; el doctor Braun, que había invertido millones en el laboratorio, se arruinó.

Nadie en el trabajo se enteró de la noticia hasta una mañana de agosto cuando nos presentamos a trabajar y encontramos la puerta cerrada. El destino y paradero del doctor Braun eran un misterio. Igual podía estar hospitalizado a causa de una de sus crisis maníacas, que estar en la cárcel. ¿Quién sabe si volveríamos a verlo alguna vez? La respuesta resultó ser «nunca». Los policías que custodiaban la puerta nos informaron de que estábamos despedidos, pero amablemente nos dieron tiempo para sacar las cosas del laboratorio y salvar informes pertinentes. Después de tomar un té con el grupo y de despedirnos con tristeza, me dirigí a casa, de nuevo sin empleo y muy amargada al ver destrozado otro sueño más.

A consecuencia de mi mala suerte encontré la llave para mi profesión futura. Al despertar por la mañana sólo tenía que imaginarme trabajando en la oficina de mi padre para dejar de autocompadecerme y ponerme a buscar trabajo de inmediato. Mi padre me había concedido tres semanas para buscar otro empleo. Si al cabo de ese tiempo no encontraba nada, yo comenzaría a trabajar de contable en su oficina, destino para mí inconcebible después de la felicidad de trabajar en un laboratorio de investigación. Sin pérdida de tiempo cogí el listín de teléfonos de Zúrich y escribí con vehemencia febril a todos los institutos, hospitales y clínicas de investigación. Además de hacer constar mis estudios y notas, de añadir cartas de recomendación y una foto, rogaba pronta contestación.

Era el final del verano, una época nada buena para buscar trabajo. Todos los días corría a mirar el buzón; cada día me parecía un año. Las primeras respuestas no fueron favorables; tampoco las de la segunda semana. En todas expresaban su admiración por mi entusiasmo, amor por el trabajo y buenas notas, pero ya estaban ocupadas todas sus vacantes para aprendices. Me alentaban a volver a enviar la solicitud al año siguiente; entonces tendrían muchísimo gusto en considerar mi petición. Pero entonces sería demasiado tarde.

Durante casi toda la tercera semana esperé junto al buzón, sin tener suerte. Entonces, hacia el final de la semana el cartero trajo la carta por la que tanto había rogado. El Departamento de Dermatología del Hospital Cantonal de Zúrich acababa de perder a uno de sus aprendices de laboratorio y necesitaban cubrir la vacante inmediatamente. Me presenté allí sin pérdida de tiempo. Médicos y enfermeras pasaban a toda prisa por los corredores. Aspiré el inequívoco aroma de medicamentos que impregna el aire de todos los hospitales como si fuera mi primer aliento; me sentí como en mi casa.

El laboratorio de dermatología estaba en el sótano. Lo dirigía el doctor Karl Zehnder, cuyo despacho sin ventana estaba situado en una esquina. Al instante me di cuenta de que el doctor Zehnder trabajaba muchísimo. Tenía el escritorio cubierto de papeles y el laboratorio bullía de actividad. Después de una buena entrevista, el doctor me contrató. Yo no veía la hora de contárselo a mi padre. También sentí una inmensa satisfacción al poder decirle al doctor Zehnder que cuando comenzara el lunes por la mañana llevaría mi propia bata.

7

LA PROMESA

Cada día al entrar en el hospital hacía una honda inspiración para aspirar lo que para mí era el olor más sagrado y bendito del mundo entero, y después bajaba corriendo a mi laboratorio sin ventanas. En ese extraño y caótico tiempo de guerra, cuando escaseaban las cosas más elementales, tales como alimentos y médicos, sabía que no estaría enterrada eternamente en ese sótano. Tenía razón.

Llevaba varias semanas trabajando allí cuando el doctor Zehnder me preguntó si no me interesaría extraer muestras de sangre a enfermos de verdad. Las pacientes a las que iba a sacar muestras de sangre eran prostitutas que se encontraban en las últimas fases sintomáticas de enfermedades venéreas. En aquel tiempo, antes de que se inventara la penicilina, a los que padecían enfermedades venéreas se los trataba como ahora a los enfermos de sida; se les temía y rechazaba, se los dejaba abandonados y aislados. Más tarde el doctor Zehnder me diría que había esperado que yo me negara. Pero me dirigí en seguida al deprimente sector del hospital donde se encontraban las pacientes.

Creo que eso es lo que distingue a las personas que se sienten llamadas a la profesión médica y las que lo hacen por dinero.

El estado de las enfermas era lamentable. Tenían tan infectado el cuerpo que muchas ni siquiera podían sentarse en una silla o echarse en una cama. Estaban suspendidas en hamacas. A primera vista eran unos seres patéticos y dolientes; pero eran seres humanos, y una vez que hablé con ellas descubrí que eran personas tremendamente amables, simpáticas y amorosas, que habían sido rechazadas por sus familias y por la sociedad. No tenían nada, por lo que sentí un deseo aún mayor de servirlas.

Después de extraerles las muestras de sangre me senté en las camas y estuve horas charlando con ellas acerca de sus vidas, las cosas que habían visto y experimentado y la existencia en general. Comprendí que tenían necesidades afectivas tan enormes como sus necesidades físicas. Ansiaban amistad y compasión, cosa que yo podía ofrecerles, y ellas a su vez me abrieron el corazón de par en par. Fue un trueque justo que me preparó para cosas peores.

El 6 de junio de 1944 las tropas aliadas desembarcaron en Normandía, el Día D. Eso cambió el curso de la guerra y muy pronto notamos los efectos de la invasión en masa. Los refugiados entraron a raudales en Suiza. Llegaban en oleadas, día tras día, a cientos. Algunos entraban cojeando, otros arrastrándose y otros eran transportados. Algunos venían de muy lejos, de Francia. Algunos eran hombres ancianos y heridos. La mayoría eran mujeres y niños. Prácticamente de la noche a la mañana el hospital se llenó a rebosar con estas víctimas traumatizadas.

Eran conducidos directamente a la sala dermatológica, donde los metíamos en nuestra enorme bañera, los despiojábamos y desinfectábamos. Sin siquiera pedirle permiso a mi jefe, me puse a trabajar con los niños. Los rociaba con jabón líquido para curarles la sarna y los frotaba con un cepillo suave. Una vez que estaban vestidos con ropa recién lavada, les daba lo que a mi juicio necesitaban más, abrazos y palabras tranquilizadoras: «Todo irá bien.»

Eso continuó sin parar durante tres semanas. Yo me absorbí totalmente en el trabajo y me olvidé de mi bienestar, cuando otros estaban tan mal. De pronto caía en la cuenta de que tenía que comer. ¿Dormir? ¿Quién tenía tiempo? Llegaba a casa pasada la medianoche y al día siguiente volvía a salir al alba. Estaba tan concentrada en los niños sufrientes y asustados, tan alejada de las actividades normales diarias, tan inmersa en responsabilidades distintas a aquellas para las que me habían contratado, que pasaron días sin que me diera cuenta de algo que tendría que haber sido una noticia importantísima: mi jefe, el doctor Zehnder, se había marchado y su puesto estaba ocupado por el doctor Abraham Weitz.

Yo estaba atareadísima tratando de encontrar comida para los refugiados hambrientos. Con la ayuda de otro aprendiz de laboratorio, un pícaro llamado Baldwin al que le encantaba inventar travesuras, ideamos un plan para llenar esos plañideros estómagos. Durante varias noches seguidas pedimos comidas completas a la cocina del hospital, las poníamos en enormes carros y las distribuíamos entre los niños. Si quedaba algo, se lo dábamos a los adultos. Finalmente, cuando niños y adultos por igual estaban limpios, vestidos y comidos, eran trasladados a diversas escuelas de la ciudad y dejados a cargo de la Cruz Roja.

Yo sabía que inevitablemente iban a detectar el desvío de esos preciados alimentos y que en consecuencia tomarían medidas disciplinarias. Por eso, cuando el doctor Weitz me llamó a su oficina, acudí con la esperanza de que el castigo no fuera demasiado severo, pero la verdad es que me imaginaba que me iba a despedir. Además del asunto de la comida, había olvidado totalmente pedir disculpas por no hacer mi trabajo de laboratorio, y ni siquiera me había presentado a saludar a mi jefe. Pero en lugar de despedirme, el doctor Weitz me felicitó. Me dijo que me había observado desde lejos cuando estaba trabajando con los niños y que jamás había visto a nadie tan absorto y feliz con su trabajo.

—Debe cuidar a los niños refugiados —me dijo—. Ése es su destino.

Nada podría haberme aliviado ni estimulado más. Después el doctor me habló de la urgente necesidad de atención médica en su país natal asolado por la guerra, Polonia. Las terribles historias que me contó, sobre todo las de niños en campos de concentración, me conmovieron profundamente, me hicieron llorar. Su familia había sufrido enormemente.

—Necesitamos personas como usted allá. Si puede, si termina su aprendizaje, tiene que prometerme que irá a Polonia y me ayudará a hacer este trabajo allí.

Agradecida por no haber sido despedida, y también animada por sus palabras, se lo prometí.

Pero aún faltaba la otra parte. Esa noche, el administrador jefe del hospital nos llamó a Baldwin y a mí a su despacho. Rendida de cansancio sólo sentí desdén por ese burócrata gordo, mimado y pagado de sí mismo, sentado ante su escritorio de caoba aspirando un puro y mirándonos como si fuéramos ladrones. Nos exigió que pagáramos el precio de los cientos de comidas que les servimos a los niños refugiados o que entregáramos la cantidad equivalente en cupones de racionamiento. «Si no, quedáis despedidos inmediatamente.»

Yo me sentí aniquilada, porque no quería perder mi empleo ni dejar mi aprendizaje, pero no tenía la menor posibilidad de conseguir ese dinero. Cuando bajé al sótano, el doctor Weitz presintió que ocurría algo terrible y me obligó a contárselo. Movió la cabeza disgustado y me dijo que no me preocupara por la burocracia. Al día siguiente fue a ver a los jefes de la comunidad judía de

Zúrich y con su ayuda se pagó rápidamente al hospital las comidas no autorizadas con una enorme cantidad de cartillas de racionamiento. Eso no sólo me permitió conservar el trabajo sino que me reafirmó en la promesa que le hiciera a mi benefactor el doctor Weitz de contribuir a la reconstrucción de Polonia una vez que acabara la guerra. No tenía idea de lo pronto que sería eso.

Durante los años anteriores, en incontables ocasiones había ayudado a mi padre a preparar para los invitados nuestra cabaña de montaña en Amden, pero resultó diferente cuando me pidió que lo acompañara allí a comienzos de enero de 1945. En primer lugar, yo necesitaba ese descanso de fin de semana; y a su vez él me prometió que los invitados eran personas que me iban a encantar; y tenía razón. Nuestros invitados pertenecían al Servicio Internacional de Voluntarios por la Paz; eran veinte en total, en su mayoría jóvenes y procedentes de todas partes de Europa. A mí me parecieron un grupo de idealistas inteligentes. Después de mucho cantar, reír y comer vorazmente, escuché embelesada su explicación de las tareas que realizaba la organización, fundada después de la Primera Guerra Mundial y que posteriormente sirvió de modelo para los Cuerpos de Paz estadounidenses: se dedicaban a crear un mundo de paz y colaboración.

¿Paz mundial? ¿Cooperación entre los países y pueblos? ¿Ayudar a los pueblos asolados de Europa cuando la guerra terminara? Ésos eran mis sueños más ambiciosos. Sus relatos sobre trabajos humanitarios sonaron a mis oídos como música celestial. Cuando descubrí que había una sucursal en Zúrich, no pensé en otra cosa que inscribirme, y en cuanto advertí señales de que la guerra iba a terminar pronto, llené una solicitud y me imaginé abandonando la pacífica isla que era Suiza para ayudar a los supervivientes de los países de Europa devastados por la guerra.

Hablando de música celestial, no hubo sinfonía más maravillosa que la que llenó el aire el 7 de mayo de 1945, el día que acabó la guerra. Yo estaba en el hospital. Como si obedecieran a una señal, pero de forma espontánea, las campanas de las iglesias de toda Suiza comenzaron a tañer al unísono, haciendo vibrar el aire con los repiques jubilosos de la victoria y, por encima de todo, de la paz. Con la ayuda de varios trabajadores del hospital, llevé a los pacientes al terrado, uno a uno, incluso a aquellos que no podían levantarse de la cama, para que pudieran gozar de la celebración.

Fueron momentos que todos compartimos, ancianos, personas débiles y recién nacidos. Algunos de pie, otros sentados, incluso varios en silla de ruedas o tendidos en camillas, algunos sufriendo intensos dolores. Pero en aquel momento eso no importaba. Estábamos unidos por el amor y la esperanza, la esencia de la existencia humana, y para mí fue algo muy hermoso e inolvidable. Lamentablemente, era sólo una ilusión.

Cualquiera que creyera que la vida había vuelto a la normalidad, sólo tenía que entrar en el Servicio de Voluntarios por la Paz. A los pocos días de terminadas las celebraciones, me llamó el jefe de un contingente de unos cincuenta voluntarios que planeaban atravesar la frontera de Francia, recién abierta, para reconstruir Écurcey, una pequeña y antaño pintoresca aldea que había sido destruida casi totalmente por los nazis. Quería que me uniera a ellos. No podía imaginar nada mejor que dejarlo todo e ir, aunque para lograrlo tendría que superar muchos obstáculos.

Como es lógico estaba mi trabajo; pero el doctor Weitz, mi principal respaldo, me concedió de inmediato la excedencia del trabajo en el hospital. En casa la historia fue muy distinta. Cuando saqué el tema durante la cena, más como un hecho que como petición de permiso, mi padre exclamó que estaba loca, y que además era ingenua al no pensar en los peligros que arrostraría allí. Mi madre, tal vez pensando en el porvenir más previsible de mis hermanas, sin duda deseó que me pareciera más a ellas en lugar de exponerme a los peligros de las minas terrestres, la escasez de alimentos y las enfermedades. Pero ninguno comprendió mis deseos. Mi destino, el que fuera, aún estaba muy lejano, en algún lugar del desierto del sufrimiento humano.

Si quería llegar allí, si alguna vez iba a conseguir ayudar a los demás, tenía que ponerme en marcha.

8

EL SENTIDO DE MI VIDA

Parecía una adolescente camino del campamento de vacaciones cuando entré en Écurcey montada en una vieja bicicleta que alguien encontró en la frontera. Ésa era la primera vez que me aventuraba fuera de las seguras fronteras suizas, y allí recibí un curso acelerado sobre las tragedias que la guerra había dejado a su paso. La típica y pintoresca aldea que fuera Écurcey antes de la guerra había sido totalmente arrasada. Por entre las casas derruidas vagaban sin rumbo algunos jóvenes, todos heridos. El resto de la población lo formaba en su mayoría personas ancianas, mujeres y un puñado de niños. Había además un grupo de prisioneros nazis encerrados en el sótano de la escuela.

Nuestra llegada fue un gran acontecimiento. Todo el pueblo salió a recibirnos, entre ellos el propio alcalde, el cual manifestó que en su vida se había sentido tan agradecido.

Yo sentía lo mismo; mi gratitud era inmensa por la oportunidad de servir a personas que necesitaban asistencia. Todo el grupo de voluntarios vibrábamos de vitalidad. Rápidamente puse en práctica todo lo que había aprendido hasta ese momento, desde las elementales técnicas de supervivencia que me había enseñado mi padre en las excursiones por las montañas hasta los rudimentos de medicina que había aprendido en el hospital. El trabajo era tremendamente gratificante. Cada día estaba lleno de sentido.

Las condiciones en que vivíamos eran malísimas, pero yo no podría haberme sentido más feliz. Dormíamos en camastros desvencijados o en el suelo bajo las estrellas. Si llovía nos mojábamos. Nuestras herramientas consistían en picos, hachas y palas. Una mujer sesentona que iba con nosotros nos contaba historias de trabajos similares después de la Primera Guerra Mundial, en 1918. Nos hacía sentir bienaventurados por lo que teníamos, por poco que fuese.

Por ser la más joven de las dos voluntarias, se me encomendó la tarea de cocinar. Puesto que ninguna de las casas que seguían en pie tenía cocina aprovechable, entre varios construimos una al aire libre, con un enorme hornillo de leña. El mayor problema era encontrar alimentos. Las raciones que llevábamos desaparecieron casi en seguida al distribuirlas por toda la aldea; en la tienda de comestibles, que estaba milagrosamente intacta, no quedaba nada, aparte del polvo en las estanterías. Varios voluntarios se pasaban todo el día explorando los bosques y granjas de los alrededores para conseguir alimentos suficientes para una sola comida. En una ocasión sólo dispusimos de un pescado frito para alimentar a cincuenta personas.

Pero compensábamos la falta de carne, patatas y mantequilla con animada camaradería. Por la noche nos reuníamos a contar historias y a entonar canciones, con las que, según descubrí después, disfrutaban los prisioneros alemanes desde el sótano de la escuela. Los días siguientes a nuestra llegada observamos que todas las mañanas sacaban a los prisioneros y los obligaban a caminar por toda la zona. Cuando volvían, a la caída del sol siempre faltaban uno o dos. Haciendo preguntas nos enteramos de que los utilizaban para detectar minas.

Los que no volvían habían saltado en pedazos al pisar una de las minas que ellos mismos habían puesto. Horrorizados, pusimos fin a esa práctica amenazando con ir caminando delante de los alemanes; convencimos a los aldeanos de que era mejor emplear a los nazis en los trabajos de construcción.

A excepción de los habitantes de la aldea, nadie odiaba más a los nazis que yo. Si las atrocidades cometidas en esa aldea no hubieran sido suficientes para atizar mi hostilidad, sólo tenía que pensar en el doctor Weitz preguntándose en el laboratorio si seguirían con vida sus familiares en Polonia. Pero durante las primeras semanas que pasé en Écurcey comprendí que esos soldados eran seres humanos derrotados, desmoralizados, hambrientos y asustados ante la idea de volar en pedazos en sus campos minados, y me dieron lástima.

Dejé de pensar que eran nazis y empecé a considerarlos simplemente hombres necesitados. Por la noche les pasaba pequeñas pastillas de jabón, hojas de papel y lápices a través de los barrotes de hierro de las ventanas del sótano. Ellos a su vez expresaron sus más hondos sentimientos en conmovedoras cartas a la familia. Yo las guardé entre mi ropa para enviarlas a sus parientes cuando estuviera de vuelta en casa. Años después, las familias de esos soldados, la mayoría de los cuales regresó con vida, me hicieron llegar misivas de sincera gratitud. En realidad, el mes que pasé en Écurcey, a pesar de las penurias y a pesar de que sentí tener que abandonar la aldea, no podría haber sido más positivo. Reconstruimos casas, es cierto, pero lo mejor que dimos a esas personas fue amor y esperanza.

Ellos a su vez confirmaron nuestra creencia de que ese trabajo era importante. Cuando nos marchábamos, el alcalde se acercó a mí para despedirme, y un anciano achacoso que se había hecho amigo de los voluntarios y que me llamaba la «cocinerita» me entregó una nota que decía: «Has prestado un maravilloso servicio humanitario. Te escribo porque no tengo familia. Quiero decirte que, tanto si morimos como si continuamos viviendo aquí, jamás te olvidaremos. Acepta por favor la profunda y sincera gratitud y amor de un ser humano a otro.»

En mi búsqueda por descubrir quién era yo y qué deseaba hacer en la vida, este mensaje me sirvió muchísimo. La maldad de la Alemania nazi recibió su merecido durante la guerra y cuando ésta terminó sus atrocidades continuaron siendo juzgadas. Pero comprendí que las heridas infligidas por la guerra, así como el consiguiente sufrimiento y dolor experimentados en casi todos los hogares (al igual que los actuales problemas de violencia, carencia de techo y el sida) no podían curarse a menos que la gente reconociera, como yo y los voluntarios por la paz, el imperativo moral de cooperar y ayudar.

Transformada por esa experiencia, me resultó difícil aceptar la prosperidad y abundancia de mi hogar suizo. Me costó mucho reconciliar las tiendas llenas de alimentos y las empresas prósperas con el sufrimiento y la ruina que había en el resto de Europa. Pero mi familia me necesitaba. Mi padre se había lesionado la cadera, y debido a eso habían puesto en venta la casa y se disponían a mudarse a un apartamento en Zúrich para estar más cerca de su oficina. Como mis hermanas se hallaban estudiando en Europa y mi hermano estaba en la India, yo me ocupé de empacar nuestras pertenencias y de otros detalles.

Tenía sentimientos encontrados. Con tristeza comprendí que había llegado la hora de despedirme de mi juventud, de esos maravillosos paseos por los viñedos, de mis bailes en mi soleada roca secreta. Al mismo tiempo, había madurado bastante y me sentía preparada para pasar a la siguiente fase. En resumen, volví a mi actividad en el laboratorio del hospital. En junio aprobé el examen de aprendizaje y al mes siguiente conseguí un maravilloso trabajo de investigación en el Departamento de Oftalmología de la Universidad de Zúrich. Pero mi jefe, el famoso médico y catedrático Marc Amsler, que me confió responsabilidades extraordinarias, entre ellas asistirlo en las operaciones, sabía que no entraba en mis planes trabajar allí más de un año. No sólo iba a estudiar en la Facultad de Medicina sino que además continuaba pensando en unirme al Servicio de Voluntarios por la Paz.

Y estaba la promesa hecha al doctor Weitz. Sí, Polonia seguía formando parte de mis planes.

—Ay, la golondrina emprende el vuelo otra vez —comentó el doctor Amsler cuando presenté mi dimisión después de que me llamaran del Servicio para encomendarme una nueva tarea.

No se enfadó ni se sintió decepcionado. Durante ese año se había hecho a la idea de mi marcha, ya que solíamos hablar de mi compromiso con el Servicio de Voluntarios. Observé un destello de envidia en sus ojos. En los míos brillaba la certeza de una nueva aventura.

Era primavera. El Servicio de Voluntarios se había comprometido a colaborar en la construcción de un campo de recreo en una contaminada ciudad minera de los alrededores de Mons (Bélgica); el aire allí era viciado y polvoriento, de modo que el campo de recreo se emplazaría en una colina, donde la atmósfera sería más pura. Me enteré de que el proyecto databa de antes de la guerra. El jefe de la oficina de ferrocarril de Zúrich donde compré el billete me dijo que el tren sólo cubría parte del recorrido, pero le aseguré que el resto del camino lo haría por mi cuenta. Me detuve en París, ciudad que no conocía, y continué a pie o en autostop con mi repleta mochila, durmiendo en albergues de juventud, hasta llegar a la sucia ciudad minera.

El lugar era deprimente; el aire estaba impregnado de polvo, que lo cubría todo con una fina capa gris. Debido a los terribles efectos secundarios de la inhalación del polvo de carbón, abundaban las enfermedades pulmonares, de modo que la esperanza de vida allí apenas pasaba de los cuarenta años, un futuro nada prometedor para los encantadores niños del pueblo. Nuestra tarea, y el objetivo soñado por el pueblo, era limpiar una de las colinas eliminando los desechos de las minas, y construir un campo de juegos al aire libre por encima de la atmósfera contaminada. Con palas y picos trabajábamos hasta que nos dolían los músculos por el agotamiento, pero los vecinos del pueblo nos ofrecían tantas empanadillas y pasteles que engordé siete kilos durante las pocas semanas que estuve allí.

También hice importantes contactos. Una noche en que nos reunimos un grupo a cantar canciones populares después de una abundante cena, conocí al único estadounidense de nuestro grupo. Era bastante joven, y pertenecía a la secta de los cuáqueros. Le encantó mi inglés chapurreado y me dijo que se llamaba David Richie. «De Nueva Jersey.» Pero yo ya había oído hablar de él. Richie era uno de los voluntarios más famosos, consagrado en cuerpo y alma a trabajar por la paz. Sus tareas lo habían llevado desde los guetos de Filadelfia a los lugares más asolados por la guerra en Europa. Hacía poco, me explicó, había estado en Polonia, y estaba a punto de volver allí.

¡Dios mío! Ésa era la demostración de que nada ocurre por casualidad.

Polonia.

Aprovechando la ocasión, le conté la promesa que había hecho a mi anterior jefe y le supliqué que me llevara con él. David reconoció que había muchísima necesidad de ayuda allí, pero me dio a entender que llevarme allí sería bastante difícil. Era imposible conseguir medios de transporte seguros y no había dinero para comprar billetes. Aunque yo era pequeña comparada con la mayoría, representaba mucho menos de veinte años y sólo tenía el equivalente a unos quince dólares en el bolsillo, no presté atención a esos obstáculos.

—¡Iré a dedo! —exclamé.

Impresionado, divertido y consciente del valor del entusiasmo, me dijo que intentaría hacerme llegar allí. No me hizo ninguna promesa, sólo dijo que lo intentaría.

Eso casi no importó. La noche anterior a mi salida para mi nueva misión en Suecia me hice una grave quemadura preparando la cena. Una vieja sartén de hierro se rompió en dos derramándome el aceite caliente en la pierna, lo que me produjo quemaduras de tercer grado y ampollas. Muy vendada, me puse en marcha de todos modos, con unas cuantas mudas limpias de ropa interior y una manta de lana por si tenía que dormir al aire libre. Cuando llegué a Hamburgo, me dolía terriblemente la pierna. Me quité las vendas y comprobé que las quemaduras estaban infectadas. Aterrada ante la idea de quedarme clavada en Alemania, que era el último lugar de la Tierra donde quería estar, encontré un médico que me trató la herida con un ungüento, lo que me permitió seguir mi camino.

De todas maneras fue penoso. Pero gracias a un voluntario de la Cruz Roja que me vio angustiada en el tren, llegué cojeando a un hospital bien equipado de Dinamarca. Varios días de tratamiento y deliciosas comidas me permitieron alcanzar en buena forma el campamento del Servicio de Voluntarios en Estocolmo. Pero ser terca tiene también sus inconvenientes. Ya sana y restaurada, me sentí frustrada por mi nueva tarea, que consistía en enseñar a un grupo de jóvenes alemanes a organizar sus propios campamentos de Servicio de Voluntarios por la Paz. El trabajo no era nada emocionante. Además, la mayoría de esos jóvenes me causaron repugnancia al reconocer que habían preferido apoyar a los nazis de Hitler en lugar de oponerse a ellos por razones éticas, que era lo que, según alegaba yo, deberían haber hecho. Sospeché que eran unos oportunistas que querían aprovecharse de las tres comidas al día en Suecia.

Pero había otras personas fantásticas. Un anciano emigrado ruso de noventa y tres años se enamoró de mí. Durante esas semanas estuvo consolándome cuando sentía nostalgia de mi casa y entreteniéndome con interesantes conversaciones acerca de Rusia y Polonia. Cuando hubo pasado sin pena ni gloria mi vigésimo primer cumpleaños, me alegró la vida cogiendo el diario que yo llevaba y escribiendo: «Tus brillantes ojos me recuerdan la luz del sol. Espero que volvamos a encontrarnos y tengamos la oportunidad de saludar juntos al sol. Au revoir.»

Siempre que necesitaba un estímulo, sólo tenía que abrir mi diario en aquella página.

Una vez hecha su impresión, el amable y animado anciano desapareció. La vida estaba dominada por el azar, pensé. Comprendí que lo único que hay que hacer es estar receptiva a su significado. ¿Le habría ocurrido algo? ¿Sabría tal vez que se acababa nuestro tiempo? Tan pronto se marchó llegó un telegrama de mi amigo David Richie. Lo abrí nerviosísima y sentí ese escalofrío de expectación que te recorre cuando todas las esperanzas y sueños se confirman de pronto. «Betli, vente a Polonia lo más pronto posible», escribía. «Se te necesita muchísimo.» Por fin, pensé. Ningún regalo de cumpleaños podría haber sido mejor.

9

TIERRA BENDITA

Llegar a Varsovia fue difícil. Trabajé para un granjero segando el heno y ordeñando vacas para ganar el dinero suficiente para mi viaje. Después me fui a dedo hasta Estocolmo, donde conseguí visado y me gasté casi todo el dinero arduamente ganado en un billete para el barco. Y menudo barco también; tenía todo el casco oxidado, y los incesantes crujidos no inspiraban la confianza de que lograra llegar a Gdansk (Danzig). Mi billete era de tercera. Por la noche me acurruqué en un duro banco de madera y soñé con lujos y comodidades, como por ejemplo una cálida manta y una mullida almohada, y no hice ningún caso de cuatro tíos que merodeaban por la cubierta en la oscuridad. Estaba demasiado agotada para preocuparme.

Resultó que no había de qué preocuparse. Por la mañana se presentaron los cuatro hombres, todos de diferentes países del Este, todos médicos. Venían de regreso de un congreso médico. Afortunadamente para mí, me invitaron a hacer el resto del viaje a Varsovia con ellos. La estación de ferrocarril estaba abarrotada, y el andén donde se detuvo el tren estaba peor aún. La gente no sólo llevaba enormes cantidades de maletas y baúles; algunos llevaban también gallinas y gansos, y otros, cabras y ovejas. Parecía una caótica arca de Noé.

Si hubiera ido sola, jamás podría haberme subido al tren. Cuando el convoy llegó, se armó un tremendo alboroto, pues toda la gente chillaba tratando de embarcar. Uno de los médicos, un húngaro alto y desmadejado, trepó al techo con la agilidad de un mono y desde allí nos ayudó a subir a los demás. Yo me agarré a la chimenea cuando sonó el pito y el tren se puso en marcha. No eran los asientos más seguros del tren, ciertamente, sobre todo cuando entraba en los túneles y teníamos que aplastarnos contra el techo, o cuando de la chimenea salía un humo negro que nos hacía difícil respirar. Pero cuando el tren se desocupó un poco pudimos bajar e instalarnos en un compartimiento. Compartiendo la comida y contándonos nuestras respectivas experiencias, de pronto el viaje nos pareció un verdadero lujo.

Si el viaje a Varsovia fue una aventura, la llegada allí fue algo increíble. Para mis compañeros de viaje era el lugar donde tenían que cambiar de trenes. Yo, por mi parte, sabía que me encontraba en una encrucijada, el lugar donde algo tenía que suceder. Con las caras ennegrecidas como un grupo de deshollinadores, nos despedimos. Después empecé a escudriñar la multitud en busca de señales de mi amigo cuáquero. No había podido comunicar a nadie la fecha de mi llegada. ¿Sabrían cuándo ir a recogerme a la estación? ¿Adónde tenía que acudir?

Pero el destino se parece mucho a la fe; ambas cosas exigen una ferviente confianza en la voluntad de Dios. Miré hacia un lado, miré hacia el otro. No vi a nadie conocido. De pronto, por encima de un mar humano vi ondear una inmensa bandera suiza. Entonces vi a Richie y a varios otros. Era un milagro que estuvieran allí. ¡El abrazo que le di! Sus amigos me ofrecieron té caliente y sopa. Jamás alimento alguno me había sabido tan bien como ése. Tampoco me habría venido mal un largo sueño en una buena cama. Pero nos subimos en la caja descubierta de un camión y pasamos el resto del día viajando por caminos de tierra, bombardeados y llenos de baches, en dirección al campamento del Servicio de Voluntarios instalado en la fértil región de Lucima.

El trayecto me puso de manifiesto la urgencia con que nos necesitaban allí. Habían transcurrido casi dos años desde el final de la guerra y Varsovia continuaba en ruinas. Bloques enteros de edificios estaban convertidos en montañas de escombros. Sus habitantes, alrededor de 300.000 personas, vivían ocultos en refugios subterráneos; los únicos signos de vida humana se veían por la noche, cuando se elevaba el humo de las hogueras al aire libre que encendían para cocinar y calentarse. Los pueblos de los alrededores, destruidos por alemanes y rusos, también estaban arrasados. Familias enteras vivían simplemente en trincheras, como animales en sus madrigueras. En el campo los árboles estaban talados y el suelo lleno de grandes hoyos hechos por las bombas.

Cuando llegamos a Lucima, me sentí privilegiada por contarme entre las personas lo bastante fuertes para asistir a los muchos habitantes del pueblo que necesitaban urgente atención médica. ¿Era posible sentirse de otra manera? No, no cuando no hay hospital ni servicios médicos y uno se encuentra entre personas aquejadas de tifoidea y tuberculosis. Los más afortunados simplemente padecían viejas heridas infectadas causadas por metralla. Los niños morían de enfermedades tan comunes como el sarampión. Pero a pesar de sus problemas, eran personas maravillosas y generosas.

No hacía falta ser una experta en socorrismo para darse cuenta de que la única manera de abordar una situación así era arremangarse y comenzar a trabajar. El campamento del Servicio de Voluntarios consistía en tres enormes tiendas. La mayoría de las noches yo dormía al aire libre, bajo la manta militar de lana que me mantuvo abrigada en mis viajes a través de Europa. Nuevamente me asignaron el trabajo de cocinera. Nada me hacía más feliz que convertir latas de plátanos desecados, gansos que nos regalaban, harina, huevos y cualquier otro ingrediente que hubiera, en sabrosas comidas que fueran del agrado de los voluntarios llegados de todas partes del mundo y unidos por un único fin.

Cuando llegué ya se habían reconstruido bastantes casas y se estaba construyendo una escuela nueva. Allí trabajé de albañil, poniendo ladrillos y tejas. Chapurreaba muy mal el polaco, pero cada mañana, mientras lavaba mi ropa en el río, me daba clases una joven delgadísima que estaba muriendo de leucemia. Habiendo visto tanto sufrimiento y desgracia en su corta vida, no pensaba que su situación fuera el peor desastre del mundo. Lejos de ello, en cierto modo aceptaba su destino sin amargura ni rencor. Para ella eso era sencillamente su vida, o al menos parte de ella. No es necesario decir que me enseñó muchas más cosas que un nuevo idioma.

Cada día había que ser un factótum. Una vez contribuí a apaciguar al alcalde y a un grupo de personalidades del pueblo que protestaban porque habíamos construido sin los permisos oficiales, es decir, sin haberles «untado» a ellos. Otra vez ayudé a parir a la vaca de un granjero.

Los trabajos eran de lo más heterogéneo. Una tarde estaba colocando ladrillos en una pared de la escuela cuando un hombre se cayó y se hizo una buena herida en la pierna. En circunstancias normales la herida habría necesitado varios puntos. Pero allí sólo estábamos yo y una polaca que se apresuró a coger un puñado de tierra y se lo aplicó a la herida. Yo salté del techo gritando «¡No, que se le va a infectar!»

Pero esas mujeres eran como chamanes. Practicaban una medicina popular antiquísima y terrenal, como la homeopatía, y sabían exactamente lo que hacían.

De todos modos se quedaron admiradas cuando yo le até la pierna para detener la hemorragia. Desde entonces comenzaron a llamarme «doctora Pani». Yo intenté explicar que no era médico, pero nadie logró convencerlas, ni yo misma.

Hasta ese momento todas las necesidades médicas eran atendidas por dos mujeres, Hanka y Danka. Eran personas enérgicas y francas, fabulosas, a quienes llamaban *Feldschers*. Las dos habían colaborado con la resistencia polaca en el frente ruso, donde habían aprendido los rudimentos de la medicina de campo y habían visto todos los tipos posibles de heridas, lesiones, enfermedades y horrores. Para qué decir que no se arredraban ante nada.

Cuando se enteraron de que yo había detenido la hemorragia en la pierna del hombre, me hicieron preguntas acerca de mi formación. En cuanto oyeron la palabra «hospital», me acogieron como a una de ellas. Desde entonces llevaban a los enfermos y lesionados al edificio que estábamos construyendo para que yo los examinara.

Me veía ante todo tipo de males, desde infecciones a extremidades que había que amputar. Yo hacía todo lo que podía, aunque muchas veces no era más que un buen abrazo lleno de cariño.

Un día me hicieron un regalo increíble. Era una cabaña de troncos con dos habitaciones. La habían limpiado, habían instalado una cocina de leña y unos cuantos estantes, y decidieron que ésa sería una clínica donde las tres podríamos tratar a los pacientes. Y ahí acabó mi trabajo en la construcción.

No sé si lo que hice a continuación fue ejercer la medicina o rezar pidiendo milagros. Todas las mañanas se formaba una cola de veinticinco a treinta personas fuera de la clínica. Algunas habían caminado durante días para llegar allí. Con frecuencia tenían que esperar horas. Si estaba lloviendo, se les permitía aguardar en la habitación que normalmente reservábamos para los gansos, pollos, cabras y otras aportaciones que hacía la gente a nuestro campamento en lugar de dinero. La otra habitación la usábamos para intervenciones quirúrgicas. Teníamos poco instrumental, pocos remedios y nada de anestesia. Sin embargo, he de decir que realizamos muchas operaciones osadas y complicadas. Amputábamos extremidades, extraíamos metralla, asistíamos a parturientas. Un día se presentó una mujer embarazada a la que se le había formado un tumor del tamaño de un pomelo. Se lo abrimos, sacamos el pus y nos esmeramos en eliminar el quiste. Cuando la hubimos tranquilizado diciéndole que el bebé estaba muy bien, se levantó y se fue a casa.

La resistencia de aquella gente no tenía límites. Su valentía y voluntad de vivir me causaron una profunda impresión. A veces atribuía el elevado índice de recuperación a esa sola determinación. Comprendí que la esencia de su existencia, y de la existencia de toda criatura humana, era simplemente continuar viviendo, sobrevivir.

Para alguien que en otro tiempo había escrito que su objetivo era descubrir el sentido de la vida, ésa fue una profunda lección.

La prueba más difícil se me presentó una noche cuando Hanka y Danka estaban fuera; habían ido a atender unas urgencias en pueblos cercanos y yo estaba a cargo de la clínica.

Era mi primer vuelo a solas. Y en qué circunstancias: se nos habían agotado todas las provisiones médicas. Si ocurría algo, tendría que improvisar. Por suerte el día estuvo tranquilo y la noche se presentaba seductoramente agradable. Me enrollé en mi manta pensando:

«Ah, nada me va a despertar esta noche. Por una vez voy a disfrutar de una buena noche de sueño.»

Pero pensar eso me trajo mala suerte. Alrededor de la medianoche oí algo que me pareció el llanto de un niño pequeño. Me negué a abrir los ojos, tal vez era un sueño. Y si no era un sueño, ¿qué? Los pacientes solían llegar a cualquier hora, incluso por la noche. Si los atendía a todos, jamás habría dormido ni un momento, así que fingí que dormía.

Pero volví a oírlo. Era el lloro de un niño pequeño, un gemido suplicante, impotente, que no cesaba; después una inspiración ronca, una dolorosa inspiración de aire.

Reprendiéndome por ser tan blanda, abrí los ojos. Tal como lo temía, no estaba soñando. Iluminada por la suave luz de la luna llena, había una campesina sentada a mi lado. Se había envuelto en una manta. Ciertamente los gemidos no provenían de ella. Cuando me incorporé, volví a oír el ronco vagido y vi que acunaba a un niño pequeño en los brazos. Lo observé lo mejor que pude mientras trataba de mantener los ojos abiertos; sí, era un niño. Después miré a la madre. Ella me pidió disculpas por despertarme a aquellas horas, pero me explicó que había caminado desde su pueblo tan pronto como se enteró de que había unas señoras doctoras que ponían bien a las personas enfermas.

Le toqué la frente al pequeño, que tendría unos tres años. Ardía de fiebre. Observé ampollas alrededor de la boca y en la lengua, y señales de deshidratación. Síntomas de una cosa: fiebre tifoidea. Desgraciadamente era muy poco lo que yo podía hacer. No teníamos medicamentos. Se lo expliqué con un encogimiento de hombros.

—Nada —le dije—. Lo único que puedo hacer es invitarla a la clínica y preparar una taza de té caliente.

Agradecida, me acompañó al interior de la clínica. Mientras su hijo se esforzaba por respirar, me miró fijamente como sólo una madre sabe mirar. Callada, triste, suplicante, con unos ojos negros que reflejaban profundidades inimaginables de aflicción.

—Tiene que salvarlo —me dijo con naturalidad.

Yo negué con la cabeza, en actitud resignada.

—No, tiene que salvar a mi último hijo —insistió. Entonces, sin el menor estremecimiento de emoción, explicó—: Es el último de mis trece hijos. Todos los otros murieron en Maidanek, el campo de concentración. Pero éste nació allí. No quiero que muera, ahora que hemos salido de allí.

Aun en el caso de que esa pequeña clínica hubiera sido un hospital totalmente equipado, había pocas probabilidades de salvar al niño. Pero no quise parecer una idiota impotente. Esa mujer ya había soportado suficientes crueldades. Si de alguna manera había logrado aferrarse a una esperanza mientras toda su familia era asesinada en las cámaras de gas, entonces yo también tenía que apelar a todas mis fuerzas.

Así pues, me devané los sesos durante un rato e ideé un plan. Había un hospital en Lublin, una ciudad que estaba a unos 30 kilómetros de distancia. Aunque el campamento no podía proporcionar medios de transporte, podíamos caminar. Si el niño sobrevivía al trayecto, tal vez podríamos convencer al personal del hospital de que lo admitieran.

El plan era arriesgado. Pero la mujer, sabiendo que era la única opción, cogió al niño en sus brazos y me dijo:

—De acuerdo, vamos.

Durante 30 kilómetros hablamos y nos turnamos para llevar al niño, que no estaba nada bien. A la salida del sol llegamos a las altas puertas de hierro del enorme hospital de piedra. Estaban cerradas con llave, y un guardia nos dijo que no admitían a más pacientes. ¿Habíamos caminado los 30 kilómetros para nada? Miré al niño que por momentos perdía y recuperaba el conocimiento. No, ese esfuerzo no sería en vano. Tan pronto divisé a alguien que parecía ser médico, moví los brazos para llamarle la atención. De mala gana el médico tocó al niño, le tomó el pulso y llegó a la conclusión de que no había esperanzas.

—Ya tenemos enfermos en camas puestas en los cuartos de baño —explicó—. Puesto que este niño no va a poder salvarse, no tiene sentido admitirlo.

Repentinamente me convertí en una mujer agresiva y furiosa.

—Soy suiza —le dije moviendo el índice bajo su nariz—, caminé e hice autostop para venir a Polonia a ayudar al pueblo polaco. Atiendo yo sola a cincuenta pacientes diarios en una diminuta clínica en Lucima. Ahora he hecho todo este trayecto para salvar a este niño. Si no lo admite, volveré a Suiza y le diré a todo el mundo que los polacos son la gente más insensible del mundo, que no sienten amor ni compasión, y que un médico polaco no se apiadó de una mujer cuyo hijo, el último de trece, sobrevivió a un campo de concentración.

Eso dio resultado. A regañadientes, el médico estiró los brazos para coger al pequeño y accedió a admitirlo, pero con una condición: la madre y yo teníamos que dejarlo allí durante tres semanas.

—Pasadas tres semanas el niño o bien va a estar enterrado o estará lo suficientemente recuperado para que se lo lleven —dijo.

Sin detenerse a pensar, la madre bendijo a su hijo y se lo entregó al médico. Había hecho todo lo que era humanamente posible, y yo noté su alivio cuando el médico y el niño entraron en el hospital. Cuando los perdimos de vista, le pregunté:

—¿Qué desea hacer ahora?

—Volver con usted a ayudarla —contestó.

Se convirtió en la mejor ayudante que he tenido en mi vida. Hervía mis tres preciadas jeringas en un pequeño cazo, lavaba las vendas y las ponía a secar al sol, barría la clínica, ayudaba a preparar las comidas e incluso sujetaba a los pacientes cuando había que practicarles alguna incisión. De intérprete a enfermera o cocinera, no había función que no desempeñara.

Una mañana al despertar comprobé que había desaparecido.

Al parecer, durante la noche se había ido a hurtadillas sin dejar ni una nota ni despedirse. Me sentí al mismo tiempo desconcertada y desilusionada. Pero varios días después comprendí lo sucedido. Habían transcurrido las tres semanas desde que lleváramos al niño al hospital de Lublin. Inmersa como estaba en el trabajo diario, yo no había llevado la cuenta, pero ella había contado cada día.

Pasada una semana, al despertar después de una noche bajo las estrellas, encontré un pañuelo en el suelo junto a mi cabeza. Estaba lleno de tierra.

Imaginándome que se trataría de una de esas cosas supersticiosas que ocurrían todo el tiempo, lo coloqué en un estante de la clínica y lo olvidé, hasta que una de las mujeres del pueblo me instó a soltar los nudos y mirar dentro. Claro, junto con la tierra encontré una nota dirigida a la «doctora Pani». La nota decía: «De la señora W., cuyo último de sus trece hijos usted ha salvado, tierra polaca bendita.»

Ah, o sea que el niño estaba vivo.

Una gran sonrisa me iluminó la cara.

Volví a leer la última línea de la nota: «Tierra polaca bendita.» Entonces lo comprendí todo. Después de marcharse a medianoche, esa mujer había caminado los 30 kilómetros hasta el hospital y recogido a su hijo, vivo y recuperado. Desde Lublin lo llevó a su pueblo, recogió un puñado de tierra de su casa y buscó a un sacerdote para que la bendijera. Dado que los nazis habían exterminado a la mayoría de los sacerdotes, estoy segura de que tuvo que caminar bastante para encontrar uno. Ahora esa tierra era especial, bendecida por Dios. Después de dejarme su regalo se volvió a casa. Cuando comprendí todo esto, esa pequeña bolsita se convirtió en el más preciado regalo que había recibido en mi vida.

Y aunque en esos momentos no tenía forma de saberlo, pronto me salvaría también la vida.

10

LAS MARIPOSAS

Yo hablo de amor y compasión, pero la mayor enseñanza sobre el sentido de la vida la recibí en mi visita a un sitio donde se cometieron las peores atrocidades contra la humanidad.

Antes de marcharme de Polonia asistí a la ceremonia de inauguración de la escuela que habíamos construido. Desde allí viajé a Maidanek, uno de los infames laboratorios de muerte de Hitler. Algo me impulsó a ir a ver con mis propios ojos uno de esos campos de concentración; tenía la impresión de que verlo me serviría para entenderlo.

Ya conocía de oídas ese lugar. Allí fue donde mi amiga polaca perdió a su marido y a doce de sus trece hijos. Sí, sabía muy bien lo que era.

Pero verlo personalmente fue diferente.

Las puertas de entrada a ese enorme recinto estaban derribadas, pero aún quedaban escalofriantes restos de su ominoso pasado donde murieron más de 300.000 personas. Vi las alambradas de púa, las torres de vigilancia y las muchas hileras de barracas donde hombres, mujeres y niños pasaron sus últimos días y horas. También había varios vagones de ferrocarril. Me asomé a mirar; la visión era horrorosa. Algunos estaban llenos de cabellos de mujer, que habrían sido enviados a Alemania para convertirlos en ropa de invierno. En otros había gafas, joyas, anillos de boda y esas chucherías que la gente lleva por motivos sentimentales. En el último vagón que miré había ropas de niño, zapatitos de bebé y juguetes.

Bajé de allí estremecida. ¿Puede ser tan cruel la vida?

El hedor procedente de las cámaras de gas, el inequívoco olor de la muerte que impregnaba el aire, me proporcionó la respuesta.

Pero ¿por qué?

¿Cómo era posible eso?

Me resultaba inconcebible. Caminé por el recinto, llena de incredulidad. Me preguntaba: «¿Cómo es posible que los hombres y mujeres puedan hacerse esto entre ellos?» Llegué a las barracas. «¿Cómo estas personas, sobre todo las madres e hijos, pudieron sobrevivir a las semanas y días anteriores a su muerte segura?» Dentro de las barracas vi camastros de madera, casi pegados unos con otros en cinco hileras a lo largo de la barraca. En las paredes estaban grabados nombres, iniciales y dibujos. ¿Qué instrumentos utilizaron para hacerlos? ¿Piedras? ¿Las uñas? Los observé más detenidamente y noté que había una imagen que se repetía una y otra vez.

Mariposas.

Había dibujos de mariposas dondequiera que mirara. Algunos eran bastante toscos, otros más detallados. Me era imposible imaginarme mariposas en lugares tan horrorosos como Maidanek, Buchenwald o Dachau. Sin embargo, las barracas estaban llenas de mariposas. En cada barraca que entraba, mariposas. «¿Por qué? ¿Por qué mariposas?»

Seguro que debían de tener un significado especial, pero ¿cuál? Durante los veinticinco años siguientes me hice esa pregunta y me odié por no encontrar una respuesta.

Salí de allí impresionada por el horror de ese lugar.

No entendía entonces que esa visita era una preparación para el trabajo de mi vida. En esos momentos sólo me interesaba comprender cómo es posible que los seres humanos puedan actuar tan sanguinariamente contra otros seres humanos, sobre todo con niños inocentes.

De pronto una voz interrumpió mis pensamientos, la voz clara, tranquila y reposada de una joven que me dio una respuesta. Se llamaba Golda.

—Tú también serías capaz de hacer eso —me dijo.

Sentí deseos de protestar, pero estaba tan sorprendida que no se me ocurrió qué decir.

—Si hubieras sido criada en la Alemania nazi —añadió después.

«¡Yo no!», deseé gritar. Yo era pacifista, me había criado en una familia honorable y en un país pacífico. Jamás había conocido la pobreza, ni el hambre ni la discriminación. Golda leyó todo eso en mis ojos.

—Te sorprendería ver todo lo que eres capaz de hacer —me contestó—. Si hubieras sido criada en la Alemania nazi, fácilmente podrías haberte convertido en el tipo de persona capaz de hacer eso. Hay un Hitler en todos nosotros.

Yo deseaba comprender, no discutir, de modo que, como era la hora de comer, invité a Golda a compartir mi bocadillo. Tenía más o menos mi misma edad y era bellísima. En otro ambiente podríamos haber sido amigas, compañeras de colegio o de trabajo. Mientras comíamos me explicó cómo había llegado a formarse esa opinión.

Alemana de nacimiento, tenía doce años cuando la Gestapo se presentó en la empresa de su padre y se lo llevó. Jamás volvieron a verlo. Tan pronto como se declaró la guerra, el resto de su familia, con ella y sus abuelos, fueron deportados a Maidanek. Un día los guardias les ordenaron a todos ponerse en fila, tal como ellos habían visto hacer a tanta gente que jamás había vuelto.

Los hicieron desnudarse y los metieron en la cámara de gas. La gente gritaba, lloraba, suplicaba y oraba, pero en vano; allí no había oportunidad de sobrevivir, ni esperanza ni dignidad. Los empujaron a una muerte peor que la de cualquier animal en el matadero.

Golda, esta preciosa jovencita, fue la última que trataron de empujar al interior de la atiborrada cámara antes de cerrar la puerta y dar el gas. Por un milagro, por alguna intervención divina, no pudieron cerrar la puerta porque no cabía nadie más. Había demasiada gente. Para cumplir la cuota diaria de muertos, los guardias simplemente la sacaron y la empujaron al aire libre. Puesto que ya estaba en la lista de muertos, supusieron que había sucumbido y jamás volvieron a llamarla para incorporarla a las siguientes filas. Gracias a ese excepcional descuido, salvó la vida.

Después tuvo poco tiempo para llorar la pérdida de su familia; la mayor parte de su energía la consumía en la tarea básica de continuar viva. Con dificultad se las arregló para sobrevivir al invierno polaco, encontrar suficiente alimento y evitar enfermedades como el tifus o incluso un simple resfriado; si enfermaba no iba a ser capaz de cavar pozos o quitar la nieve con palas, a consecuencia de lo cual la enviarían nuevamente a la cámara de gas.

Para animarse se imaginaba que el campo iba a ser liberado. Dios la había escogido, pensaba, para sobrevivir y contarle a las generaciones futuras las barbaridades que había visto allí.

Eso fue suficiente, me explicó, para sostenerla durante la parte más ardua del frío invierno. Cuando se sentía desfallecer, cerraba los ojos y se imaginaba los gritos de sus amigas que habían sido usadas de cobayas en experimentos realizados por los médicos del campo, violadas por los guardias y con frecuencia ambas cosas, y entonces se decía: «Debo vivir para contárselo al mundo. Debo vivir para contar los horrores que ha cometido esta gente.» Y así alimentaba su odio y resolución de continuar viva hasta que llegaran los Aliados.

Después, cuando el campo fue liberado y se abrieron las puertas, se sintió paralizada por la rabia y amargura que la atenazaba. No logró verse dedicando el resto de su valiosa vida a vomitar odio.

—Como Hitler —me dijo—. Si dedicara mi vida, que me fue perdonada, a sembrar las semillas del odio, no me diferenciaría en nada de él. Sería simplemente otra víctima más que intenta propagar más y más odio. La única manera como podemos encontrar la paz es dejar que el pasado sea el pasado.

A su modo contestaba así a todas las preguntas que me habían pasado por la cabeza al estar en Maidanek. Hasta ese momento no me había dado cuenta de la capacidad del hombre para el salvajismo. Pero sólo había que ver ese vagón con zapatitos de bebé o sentir el hedor de la muerte que se cernía en el aire como un fantasmal paño mortuorio para comprender la inhumanidad de que es capaz el hombre. Pero claro, ¿cómo explicarse que Golda, una persona que había experimentado esa crueldad, eligiera perdonar y amar?

Ella lo explicó diciendo:

—Si yo logro que una sola persona cambie los sentimientos de odio y venganza por los de amor y compasión, entonces he sido digna de sobrevivir.

Lo comprendí y me marché de Maidanek transformada para siempre. Me sentí como si mi vida hubiera comenzado de nuevo.

Todavía deseaba estudiar en la Facultad de Medicina, pero decidí que la finalidad de mi vida era procurar que las generaciones futuras no crearan a otro Hitler.

Lógicamente, primero tenía que volver a casa.

El regreso a Suiza fue tan peligroso como todo lo que había hecho los meses anteriores. En lugar de volver inmediatamente, decidí conocer algo de Rusia. Viajé sola. Sin dinero ni visado, metí en mi mochila la manta, las pocas ropas que tenía y mi bolsita con tierra polaca y emprendí el camino en dirección a Bialystok. Al caer la noche ya había atravesado kilómetros de campo sin ver un alma ni señales del temido ejército ruso, que era lo único que me preocupaba; me dispuse a acampar en una verde colina. Jamás me había sentido tan sola, como un puntito en el planeta contemplando los miles de millones de estrellas.

Pero eso sólo duró un momento. Antes de que me envolviera en la manta se me acercó una anciana ataviada con un vestido de colores muy vistosos y muchos faldones. Apareció como salida de la nada. Me llamaron la atención las bufandas y joyas que llevaba, me parecieron fuera de lugar. Pero claro, ése era territorio rural ruso, un lugar misterioso, místico y lleno de secretos. En ruso, que poco entendí, se ofreció a leerme las cartas, al parecer interesada en hacerse con algún dinero. Indiferente a las fantasías que sin duda me diría, yo traté de explicarle, con palabras rusas y polacas acompañadas por gestos, que lo que de verdad necesitaba era compañía humana y algún lugar seguro donde pasar la noche, si ella me podía ayudar.

Sonriendo me dio la única respuesta posible: «el campamento gitano».

Fueron cuatro días extraordinarios de cantos, bailes y compañerismo. Antes de ponerme en marcha nuevamente, les enseñé una canción popular suiza. Me la cantaron de despedida mientras yo me sujetaba la mochila y me alejaba para desandar el camino hacia Polonia. Durante el trayecto fui reflexionando sobre la increíble experiencia de encontrarme con personas totalmente desconocidas a media noche, personas que no tenían otro lenguaje en común conmigo que el amor y la música en el corazón, capaces de comunicarse con tanta profundidad y sentirse como hermanos en tan poco tiempo. Me marché de allí con la sensación de esperanza de que el mundo podría recomponerse por sí solo después de la guerra.

Cuando llegué a Varsovia, los cuáqueros me consiguieron una plaza en un avión militar estadounidense que llevaba a personajes importantes a Berlín. Desde allí pensaba coger un tren a Zúrich. Envié un telegrama a mi familia diciéndole cuándo llegaría a casa. «A tiempo para la cena», escribí entusiasmada, saboreando anticipadamente una de las exquisitas comidas de mi madre y una buena noche de sueño en mi mullida cama.

Pero los peligros aumentaron en Berlín. Los soldados rusos no permitían que nadie que no tuviera sus credenciales en regla pasara de su sector de la ciudad (el que después sería de Alemania Oriental) al ocupado por los británicos. Por la noche, la gente desaparecía de las calles con la esperanza de escapar, al menos temporalmente, del miedo y la tensión que eran tremendamente palpables. Ayudada por desconocidos conseguí llegar al puesto de control fronterizo, donde estuve horas, cansada, hambrienta y con el estómago descompuesto. Cuando comprendí que me sería imposible pasar sola, me acerqué a un oficial británico que conducía un camión y lo convencí de que me llevara oculta dentro de una caja de madera de 60 por 90 centímetros hasta una región más segura cerca de Hildesheim.

Durante las ocho horas siguientes viajé encogida en posición fetal, concentrada en la perentoria advertencia que el oficial me hizo antes de cerrar la tapa con clavos: «Por favor, no hagas el menor ruido. Ni una tos, ni un suspiro, ni una respiración fuerte, nada, hasta que vuelva a quitar esta tapa.»

En cada parada retenía el aliento, pensando aterrada que si movía un dedo sería mi último movimiento. Recuerdo cómo me cegó la luz cuando por fin se levantó la tapa. Jamás había visto una luz más brillante. El alivio y la gratitud que sentí cuando le vi la cara al oficial británico fueron acompañados por oleadas de náuseas y de debilidad que me recorrieron todo el cuerpo después de que él me ayudara a salir de mi escondite.

Decliné su amable invitación a compartir con él una buena comida en el casino de oficiales y emprendí el camino rumbo a casa. Por la noche dormí envuelta en la manta en un cementerio y a la mañana siguiente desperté aún más descompuesta que antes. No tenía alimentos ni medicamentos. En la mochila encontré mi envoltorio con tierra polaca, lo único que no me habían robado aparte de la manta, y supe que de algún modo conseguiría salir de ésa.

Me las arreglé para levantarme, terriblemente dolorida, y me fui cojeando por el camino de gravilla. No sé cómo conseguí caminar durante varias horas. Finalmente, me desplomé en una pradera en las lindes de un espeso bosque. Sabía que estaba muy enferma, pero lo único que podía hacer era rezar. Muerta de hambre y sudando de fiebre se me nubló el entendimiento. En mi delirio me pasaban por la mente imágenes y visiones de mis últimas experiencias, la clínica de Lucima, las mariposas de Maidanek y la chica Golda.

Ay, Golda, tan hermosa, tan fuerte.

Una vez, cuando abrí los ojos, me pareció ver a una niña que iba en bicicleta comiendo un bocadillo. Se me retorció el estómago de hambre. Por un instante contemplé la idea de arrebatarle el bocadillo de las manos. Ignoro si la niñita era real o no, pero en cuanto tuve aquella ocurrencia oí las palabras de Golda: «Hay un Hitler en todos nosotros.» En ese momento lo comprendí; sólo depende de las circunstancias.

En este caso las circunstancias estuvieron de mi parte. Una anciana pobre me vio durmiendo cuando salió a recoger leña para el fuego. No sé cómo me llevó en carreta hasta un hospital alemán cerca de Hildesheim. Durante varios días estuve medio inconsciente; a ratos recuperaba el conocimiento. Durante uno de esos períodos de claridad oí hablar de una epidemia de tifus que estaba diezmando a las mujeres. Imaginándome que estaba entre ese malhadado grupo, pedí papel y lápiz para escribir a mi familia, por si no volvía a verlos jamás.

Pero estaba demasiado débil para escribir. Les pedí ayuda a mi compañera de habitación y a la enfermera, pero las dos se negaron. Las muy fanáticas creían que yo era polaca. Era el mismo tipo de prejuicio que vería cuarenta años más tarde con los enfermos de sida. «Que se muera la cerda polaca», decían con repugnancia.

Ese prejuicio casi me mató. Esa noche sufrí un espasmo cardíaco y nadie quiso atender a la chica «polaca»; mi pobre cuerpo, que sólo pesaba cuarenta kilos, ya no tenía fuerzas para luchar más. Acurrucada en la cama, fui decayendo rápidamente. Por fortuna, el médico de turno de esa noche se tomaba en serio su juramento hipocrático. Antes de que fuera demasiado tarde me puso una inyección de estrofantina, el tónico cardíaco. Por la mañana ya me sentí casi tan bien como cuando saliera de Lucima. Me había vuelto el color a las mejillas. Me pude sentar y tomar el desayuno.

—¿Cómo está mi niña suiza esta mañana? —me preguntó el doctor cuando se marchaba.

¡Suiza! En cuanto las enfermeras y mi compañera de habitación oyeron que era suiza y no polaca cambiaron su actitud. De pronto se desvivieron por atenderme. Lo que son los prejuicios, ¡demonios!

Pasadas varias semanas, después de disfrutar de un muy necesario descanso y de alimentarme bien, me marché. Pero antes de irme les conté a mi compañera de habitación y a la enfermera la historia del envoltorio con tierra polaca que llevaba en la mochila.

—¿Lo entendéis? —les expliqué—. No hay ninguna diferencia entre la madre de un niño polaco y la madre de un niño alemán.

El trayecto en tren hasta Zúrich me dio tiempo para reflexionar sobre las increíbles enseñanzas que había recibido durante los ocho meses pasados. Ciertamente volvía a casa más sabia y más conocedora del mundo. Mientras el tren traqueteaba sobre los raíles, ya me imaginaba contándoles todo a mi familia, lo de las mariposas y la niña judía polaca que me descubrió que había un Hitler en todos nosotros; lo de los gitanos rusos que me demostraron que el amor y la fraternidad trascienden el idioma y la nacionalidad; lo de los desconocidos, como la anciana pobre que había salido a recoger leña y se tomó la molestia de llevarme a tiempo al hospital.

Muy pronto estuve sentada ante la mesa cenando con mis padres, contándoles todos los horrores que había visto, y todos los motivos, mucho más numerosos, que teníamos para albergar esperanza.

SEGUNDA PARTE

«EL OSO»

11

EN CASA PARA CENAR

Afortunadamente existen jefes como el catedrático Amsler. Era un excelente cirujano oftalmólogo, pero esa pericia se veía superada por los rasgos que lo convertían en un admirable ser humano: la comprensión y la compasión. Yo aún no llevaba cumplido un año trabajando en el hospital de la universidad cuando me permitió marcharme para colaborar en otras tareas como voluntaria, y cuando volví a aparecer me acogió en mi antiguo puesto. «Debe de haber llegado el invierno, porque la golondrina ha vuelto a casa», comentó cuando llegué.

Mi viejo laboratorio en el sótano me pareció un paraíso. Reanudé el mismo trabajo y la investigación. Pero pronto el doctor Amsler se dio cuenta de que yo había cambiado y que era capaz de hacer frente a más responsabilidades. Me destinó al sector de niños. Allí hacía pruebas a los niños que estaban perdiendo la vista para detectar si se trataba de oftalmía simpática o de un tumor maligno. Mi método para tratarlos era diferente del de sus padres y médicos. Hablaba francamente con ellos, los escuchaba expresar su temor de quedar ciegos y observaba con qué franqueza reaccionaban. También allí estaba adquiriendo saberes que me serían útiles después.

Me encantaba mi trabajo en el laboratorio del sótano

con esas personas que padecían afecciones oculares. El trabajo llevaba horas; había muchas mediciones y pruebas que hacer. Nos exigía pasar largos períodos juntos en la oscuridad, lo que era perfecto para conversar. Incluso los más reservados, desconfiados y tímidos se sinceraban conmigo en ese ambiente íntimo. Yo sólo era una técnica de laboratorio de veintitrés años, pero aprendí a escuchar como una psiquiatra mayor y más experimentada.

Todo lo que hacía reforzaba mis deseos de estudiar medicina. No veía el momento de aprobar el Matura, el difícil examen de admisión a la universidad; hice planes para asistir a clases vespertinas a fin de preparar las asignaturas que tenía pendientes, tales como literatura alemana, francesa e inglesa, geometría, trigonometría, y la más temida de todas, latín.

Pero llegó el verano y su cálida brisa me trajo noticias del Servicio de Voluntarios por la Paz. Un grupo de voluntarios estaba construyendo un camino de acceso a un hospital de Recco, en Italia. Necesitaban urgentemente una cocinera. Ni siquiera tuvieron que preguntarme si me interesaba, porque varios días después ya estaba trabajando con un pico durante el día y cantando alrededor de una hoguera por la noche en la Riviera italiana. Nada habría sido para mí más satisfactorio. Mi encantador profesor Amsler me había garantizado que podía volver a mi trabajo, y mis padres habían dado su aprobación. Ya se habían acostumbrado a mi modo de ser.

Sólo se me impuso una condición. Cuando estaba a punto de marcharme, mi padre me prohibió viajar al otro lado del Telón de Acero. Lo consideraba peligroso y se imaginaba que yo podía desaparecer.

—Si cruzas el Telón de Acero dejarás de ser hija mía —me advirtió, con la intención de impedírmelo imponiéndome el peor de los castigos.

—Sí, señor —contesté.

Qué tontería, pensaba yo. ¿Para qué preocuparse tanto si yo iba a pasar el verano en Italia?

Pero había buenos motivos. Nos consagramos con tanto denuedo a construir aquel camino que estuvo terminado en un periquete, y a continuación en el Servicio de Voluntarios me eligieron a mí para la urgente tarea de reunir a dos niños con sus padres que estaban en Polonia. La madre era suiza y el padre polaco, y no podían salir del país. Mi trabajo anterior allí me convertía en la mejor candidata para la misión; conocía el idioma, sabía cómo arreglármelas allí y no tenía aspecto sospechoso. Yo acababa de recorrer a dedo todas las principales ciudades italianas para admirar sus increíbles obras de arte. Una aventura más antes de que acabara el verano me sentaba de maravilla; y la oportunidad de volver a ver Polonia. Era un regalo del cielo.

Los niños, un chico de ocho años y una chica de seis, me esperaban en Zúrich. Antes de recogerlos pasé por mi casa para descansar un poco, tomar un refrigerio y coger nuevas mudas de ropa. Si hubiera estado mi madre, tal vez me habría evitado problemas posteriores, pero no había nadie en casa. Olvidando la prohibición de mi padre dejé una nota con un breve saludo y una explicación de mis planes.

En la estación, el jefe del Servicio de Voluntarios de Zúrich añadiría una nueva tarea a mi misión; me pidió que fuera a Praga a comprobar las condiciones en que se encontraba un orfanato. A pesar del riesgo, acepté. Y cualquier temor que hubiera sentido acerca de los posibles peligros se desvaneció durante el viaje tranquilo y sin incidentes hasta Varsovia. Una vez allí, y pese al dominio comunista, entregué los niños a sus padres y después me dediqué a curiosear por la ciudad hasta avanzada la noche. Me sorprendió agradablemente ver caras sonrientes, flores en los mercados y muchos más alimentos que los que había visto allí hacía dos años.

Praga presentaba una imagen muy diferente. Antes de atravesar las barreras levantadas en las afueras de la ciudad uno debía someterse a un minucioso y humillante registro; tuve que desnudarme, como si fuera una delincuente. Los desagradables guardias incluso me robaron el paraguas y otras pertenencias. Fue la primera vez en todos mis viajes que pasé miedo. En cuanto a la ciudad, guardo un mal sabor de negatividad y desconfianza de todos los lugares que visité. Tiendas vacías, caras tristes y ni una sola flor a la vista. Habían ahogado todo el espíritu.

El orfanato resultó ser una pesadilla. Se me partió el corazón de pena por los niños que vivían allí. Su situación era repugnante; sucios, mal alimentados y, lo peor de todo, desprovistos por completo de cariño. En todo caso, yo no podía hacer nada. Los policías no se apartaron de mí durante toda la visita, y por último me dijeron claramente que no era bienvenida allí.

Aunque me sentí furiosa, no era ninguna tonta. No había manera de combatir contra el potente ejército checo y ganar. Pero tampoco no iba a huir derrotada. Antes de salir del orfanato vacié mi mochila y regalé toda mi ropa, zapatos, mantas y todo lo demás que llevaba. Durante el corto viaje de regreso a Zúrich pensé que ojalá hubiera podido hacer más en Praga, pero me consolé con la vislumbre de esperanza que quedaba en Varsovia.

«Jejdje Polsak nie ginewa», entoné en voz baja. «Polonia aún no está perdida. No, Polonia aún no está perdida.»

Como todos los hijos, siempre me emocionaba volver a casa después de un viaje, particularmente de ése. Cuando llegué a la puerta del apartamento, que no era capaz de contener los exquisitos efluvios de las deliciosas comidas de mi madre, oí una animada conversación en medio del ruido de platos y fuentes. La voz más alta, que hacía muchísimo tiempo que no oía, me hizo brincar de alegría; era la de mi hermano. Ernst llevaba años viviendo en Paquistán y la India. Nuestra comunicación había sido por correo y muy superficial, lo que convertía su excepcional visita en algo muy especial. Pensé que tendríamos muchísimo tiempo para charlar y ponernos al día y para ser una familia completa como en los viejos tiempos.

Pero mis pensamientos resultaron ser sólo ilusiones. Mientras permanecía allí preguntándome cómo estaría Ernst después de tanto tiempo, repentinamente se abrió la puerta. Allí estaba mi padre, que me había visto por la ventana, impidiéndome el paso. Estaba furioso.

—¿Quién es usted? —me preguntó muy serio—. No la conocemos.

Supuse que iba a sonreír y decirme que era una broma, pero me cerró bruscamente la puerta en las narices. Comprendí que había descubierto dónde había estado. No recordaba la nota escrita a toda prisa, pero entendí que me castigaba por ser desobediente. Oí alejarse sus pasos por el parqué y después, silencio. Dentro de casa se reanudó la conversación, aunque menos animada que antes, y ni mi madre ni mis hermanas acudieron a rescatarme. Conociendo a mi padre, me imaginé que les había prohibido acercarse a la puerta.

Si ése era el precio que tenía que pagar por hacer lo que me parecía correcto y no lo que se esperaba de mí, entonces no tenía otra opción que ser tan dura o más que mi padre. Pasados unos momentos de angustia, finalmente me fui caminando sin rumbo por la Klosbachstrasse hasta llegar a la pequeña cafetería de la estación de tranvías, donde había un lavabo y podría comer algo. Pensé que podría dormir en mi laboratorio, pero el problema era que no llevaba ninguna muda de ropa; la había regalado toda en Praga.

Entré en la cafetería y pedí algo para comer. No me cabía duda de que mi madre estaría dolida con mi padre, pero le sería imposible hacerle cambiar de opinión. Ciertamente mis hermanas podían haberme ayudado, pero las dos tenían su propia vida. Erika se había casado, y Eva estaba prometida con Seppli Bucher, campeón de esquí y poeta. Era evidente que yo estaba sola y todo era un lío. Pero no sentí ningún pesar. Muy a tiempo recordé un poema que tenía colgado mi abuela encima de la cama para huéspedes, donde había pasado muchas noches cuando era niña. Más o menos traducido, decía:

Cuando crees que ya no puedes más
siempre aparece
(como salida de la nada)
una lucecita.

Esta lucecita
renovará tus fuerzas
y te dará la energía
para dar un paso más.

Estaba tan agotada que empecé a quedarme dormida apoyada en la mesa. De pronto desperté sobresaltada al oír mi nombre; levanté la vista y vi a mi amiga Cilly Hofmeyr que me hacía señas desde el otro lado de la cafetería. Vino a sentarse a mi mesa. Cilly era una prometedora logoterapeuta que se graduó en el hospital cantonal; coincidió al mismo tiempo que yo obtenía el título de técnica de laboratorio. Desde entonces no nos habíamos visto, pero ella seguía siendo la misma chica simpática y atractiva que yo recordaba. En seguida me contó lo mucho que deseaba mudarse del apartamento de su madre e independizarse.

Resultó que llevaba semanas buscando apartamento y sólo había encontrado uno asequible para sus medios.

Era un ático sin ascensor, al que se ascendía por una escalera de noventa y siete peldaños, pero daba al lago de Zúrich y la vista era maravillosa; además tenía agua corriente y estaba muy bien situado en cuanto a medios de transporte. La única pega era que el dueño sólo lo alquilaba si el arrendatario accedía a alquilar también una habitación que estaba separada del resto por el pasillo.

Eso la decepcionaba, pero a mí me pareció perfecto.

—¡Cojámoslo! —exclamé, incluso antes de explicarle la situación en que me encontraba.

Al día siguiente firmamos el contrato de alquiler y nos mudamos. A excepción de un precioso y enorme escritorio antiguo, mis muebles procedían del Ejército de Salvación. Cilly, que se dedicaba a la música con mucho talento, logró meter, no sé cómo, en su apartamento un piano de media cola. Esa tarde fui a casa aprovechando que no estaba mi padre, y le expliqué a mi madre dónde estaba viviendo, sin olvidar contarle lo de la preciosa vista que tenía desde mi ventanuca. También me llevé ropa y la invité a visitarme con mis hermanas.

Aunque mis cortinas eran unas sábanas viejas, mi nuevo hogar era un nido acogedor. Cilly y yo teníamos invitados casi todas las noches. Sus amigos de la orquesta de cámara de la localidad nos proveían de música maravillosa, y mi colección de universitarios extranjeros, nostálgicos de su hogar, nos proveían de conversación intelectual. Un estudiante de arquitectura turco nos llevaba su propia cafetera de cobre y *halva* para postre. Mis hermanas me visitaban con frecuencia. No era una casa preciosa, como la de mis padres, pero yo no la habría cambiado por nada del mundo.

En otoño de 1950 me dispuse a hacer lo necesario para entrar en la Facultad de Medicina. Me pasé todo el año siguiente trabajando durante el día en el laboratorio con el profesor Amsler y estudiando por la noche para el Matura. El programa de estudios incluía desde trigonometría y Shakespeare hasta geografía y física. Lo normal eran tres años de preparación, pero con mi acelerado ritmo de trabajo estuve preparada en sólo doce meses.

Cuando llegó el momento, llené la solicitud, pero no tenía los 500 francos suizos para la matrícula. Mi madre no podía ayudarme, porque habría tenido que pedirle ese dinero a mi padre. Por un momento mi situación pareció no tener solución. Pero entonces mi hermana Erika y su marido Ernst me prestaron el dinero que habían ahorrado para una nueva cocina: exactamente 500 francos.

Las pruebas para el Matura tuvieron lugar durante los primeros días de septiembre de 1951. Fueron cinco días completos de exámenes intensivos, entre los cuales había también trabajos escritos. Para aprobar, el promedio de la suma de todas las notas tenía que superar un cierto mínimo. No tuve dificultad en los exámenes de física, matemáticas, biología, zoología y botánica, pero el de latín fue un desastre. Lo había hecho tan bien en todos los demás que el catedrático de latín se mostró muy apenado cuando tuvo que suspenderme. Afortunadamente yo había tomado en cuenta eso cuando preparé mi estrategia de estudios. No tenía la menor duda de que había aprobado.

La notificación oficial me llegó por correo la víspera del cumpleaños de mi padre. Aunque todavía no habíamos hablado, le preparé un regalo especial, un calendario en el cual escribí en las respectivas fechas: «Feliz cumpleaños» y «Aprobé el Matura». Se lo dejé en casa esa tarde, y al día siguiente lo esperé fuera de su oficina para ver su reacción. Sabía que se sentiría orgulloso.

No me equivoqué en mi corazonada. Aunque al principio no pareció alegrarse de verme, su mueca de desagrado se convirtió en una sonrisa. No era lo que se dice una disculpa, pero era la primera muestra de afecto que recibía de él en más de un año. Eso me bastó. El hielo continuó derritiéndose. Esa noche al volver del laboratorio, mis hermanas se presentaron en mi apartamento con un mensaje: «Padre quiere que vayas a cenar a casa.»

Ante una deliciosa comida, mi padre brindó por mi éxito. Lo principal era que todos estábamos nuevamente reunidos y por lo tanto celebramos muchas más cosas que mis resultados en el examen.

12

LA FACULTAD DE MEDICINA

El psiquiatra que más influyó en mi trabajo con la muerte y los moribundos fue C. G. Jung. Cuando estudiaba primer año de medicina solía ver al legendario psiquiatra suizo dando largos paseos por Zúrich. Ese personaje, al parecer siempre sumido en profundas reflexiones, era una figura conocida en las aceras y los alrededores del lago. Yo sentía una misteriosa conexión con él, una familiaridad que me decía que nos habríamos entendido fabulosamente bien. Pero por desgracia jamás me presenté a él; de hecho, hacía lo imposible por evitar al gran hombre. En cuanto lo divisaba, me cambiaba de acera o tomaba otra dirección. Ahora lo lamento. Pero en ese tiempo pensaba que si hablaba con él me haría psiquiatra, y eso estaba muy al final de mi lista.

Desde el momento en que entré en la Facultad de Medicina, comencé a hacer planes para ser médica rural. En Suiza eso es lo normal, forma parte del trato. Los médicos recién titulados comienzan a ejercer la profesión en el campo. Es como un aprendizaje que introduce a los nuevos galenos en la medicina general antes de que se decidan por alguna especialidad como cirugía u ortopedia. Si les gusta la medicina rural, continúan ejerciéndola en el campo, que era lo que yo me veía haciendo dentro de siete años.

En todo caso, ese sistema era muy eficiente. Producía buenos médicos, cuya primera consideración era el enfermo, muy por delante de la paga.

Tuve un buen comienzo en la facultad; avanzaba como una bala en las materias básicas: ciencias naturales, química, bioquímica y fisiología. Pero mi primer encuentro con la anatomía casi me cuesta la expulsión de la facultad. El primer día observé que todos los alumnos que me rodeaban hablaban un idioma para mí desconocido. Creyendo que me había equivocado de sala me levanté para marcharme. El catedrático, profesor desconsiderado y apegado a la disciplina, interrumpió su disertación y me reprendió por perturbar la clase. Yo traté de explicárselo.

—No se ha confundido —me dijo—. Las mujeres deberían estar en casa cocinando y cosiendo en lugar de estudiar medicina.

Me sentí humillada. Más adelante me di cuenta de que un tercio de la clase eran alumnos procedentes de Israel, que estaban allí gracias a un acuerdo entre los dos gobiernos, y que el idioma extranjero que había oído era hebreo. Después tendría otro encontronazo con el mismo catedrático de anatomía. Cuando se enteró de que varios alumnos de primer año, entre los cuales estaba yo, en lugar de estudiar nos dedicábamos a reunir fondos para ayudar a un estudiante israelí que estaba en muy mala situación económica, expulsó al alumno que organizó la colecta y a mí me dijo que me fuera a mi casa y estudiara para modista.

Fue una lección dura, pero pensé que ese profesor había olvidado otra lección fundamental y decidí soltárselo, arriesgando así mi carrera futura:

—Sólo queríamos ayudar a un compañero en desgracia —le dije—. ¿No juró usted hacer lo mismo cuando recibió el título de médico?

Encajó bien mi argumento. Volvieron a admitir al

compañero que había sido expulsado y yo continué ayudando a otros, generalmente a algún extranjero. Me hice amiga de varios alumnos indios. Uno tenía un amigo que había quedado parcialmente ciego a consecuencia de una mordedura de rata. Estaba hospitalizado en el departamento del doctor Amsler, donde yo continuaba trabajando cinco noches a la semana. Ese chico, que era de una aldea próxima al Himalaya, tenía miedo, estaba deprimido, y llevaba días sin comer.

Yo sabía por experiencia lo terrible que es estar enfermo lejos de casa. Así pues, conseguí que le prepararan alguna comida india condimentada con curry. También conseguí permiso para que alguno de sus amigos indios lo acompañara en su habitación fuera de las horas de visita mientras lo preparaban para operarlo. Pequeños detalles. Pero recuperó rápidamente las fuerzas.

En agradecimiento, recibí una invitación del entonces primer ministro Nehru a una recepción oficial en el consulado de la India en Berna. Fue una fiesta muy elegante celebrada al aire libre, en el jardín. Me puse un precioso sari que me habían regalado mis amigos indios. La hija de Nehru, Indira Gandhi, la futura primera ministra, me regaló un ramo de flores acompañado de una mención honrosa, aunque para mí significó muchísimo más su amabilidad personal. Durante la recepción me acerqué a su padre para pedirle que me firmara un ejemplar de su famoso libro *The Unity of India* (La unidad de la India).

—¡Ahora no! —me contestó, molesto.

Avergonzada y dolida, di un salto hacia atrás y literalmente aterricé en los brazos extendidos de su hija, Indira.

—No se asuste —me dijo en tono tranquilizador—. Yo conseguiré que se lo firme.

Dicho y hecho, dos minutos después le pasó el libro. Él lo firmó y se lo devolvió sonriendo como si no hubiera pasado nada. Años después yo me vería solicitada para firmar miles de libros, incluso una vez cuando estaba sentada en los lavabos del aeropuerto internacional John Kennedy de Nueva York. Por mucho que deseara gritar «¡Ahora no!», evitaba molestarme y ser brusca con la persona que había comprado mi libro, pues no olvidaba lo ocurrido con el primer ministro indio.

Los estudios eran absorbentes sin ser pesados. Tal vez estaba acostumbrada a trabajos más arduos que los que hacía la mayoría de la gente; tal vez era más organizada. Estudiaba entre clase y clase. Las noches las pasaba en el laboratorio de oftalmología, con lo que tenía ingresos regulares. No es que necesitara mucho para vivir. La mayoría de los días me llevaba un bocadillo, pero de vez en cuando comía con mis compañeros de clase en la cafetería para alumnos. No recuerdo que haya tenido mucho tiempo para estudiar, a excepción de las mañanas durante el trayecto en tranvía cuando me dirigía a clase.

Afortunadamente, tenía una memoria fotográfica para recordar los trabajos realizados en clase y las charlas. Pero el lado negativo era el aburrimiento, sobre todo en clase de anatomía. Durante una charla de repaso, estaba sentada con una amiga en el anfiteatro, hablando de nuestras vidas pasadas y futuras. En broma ella recorrió toda la enorme sala con la vista y apuntó a un guapo alumno suizo.

—Ése es —exclamó riendo—, ése es mi futuro marido.

Las dos celebramos el chiste.

—Ahora te toca a ti elegir marido —me dijo.

Yo miré a mi alrededor. Al otro lado de la sala, frente a nosotras, había un grupo de alumnos estadounidenses. Tenían pésima reputación por su mala conducta. Continuamente hacían bromas y comentarios de mal gusto sobre los cadáveres, algo que otros alumnos encontraban indignante. Yo los detestaba. Pero pese a mi aversión, mis ojos se posaron en uno de ellos, un chico bien parecido de cabellos oscuros. No sé por qué, pero nunca antes me había fijado en él. Ni siquiera sabía su nombre.

—Ése —dije—, ése es el mío.

Más risas por nuestra pueril impulsividad.

Pero en el fondo ninguna de las dos dudaba de que finalmente nos casaríamos con esos hombres. Todo había que dejarlo al tiempo y a la «coincidencia».

En cuanto a mí, nada iba bien tratándose de la clase de anatomía. Comenzó mal, y después pareció empeorar cuando pasamos de las clases básicas al laboratorio de patología, donde se nos dividió en grupos de cuatro y se nos asignó un solo cadáver por grupo. Juré que el catedrático quería desquitarse de nuestras pasadas desavenencias cuando vi con quiénes me había colocado: con tres de los estadounidenses, entre ellos el guapo joven que yo había elegido por marido.

Mi primera impresión de ese grupo, basándome en su forma de tratar el cadáver, no fue buena. Hicieron chistes acerca del cuerpo del muerto, una comba para saltar con sus intestinos y me gastaron bromas respecto al tamaño de sus testículos. No lo encontré nada divertido. Pensé que eran unos vaqueros insensibles y faltos de respeto. Y aunque no era un modo particularmente romántico ni simpático de conocer a mi futuro novio, expresé abiertamente mi opinión. Ese comportamiento y esos chistes despectivos, dije con severidad, eran motivos de expulsión. Además me distraían impidiéndome aprender todo lo referente a vasos sanguíneos, nervios y músculos.

Ellos me escucharon educadamente, pero sólo uno reaccionó, mi elegido. Cuando yo estaba en el apogeo de mi indignación, me dirigió una sonrisa conciliadora y me tendió la mano:

—Hola, me llamo Ross, Emmanuel Ross.

Con eso me desarmó. Emmanuel Ross; figura atlética, de hombros anchos y mucho más alto que yo. Era de Nueva York, lo detecté en seguida: su acento de Brooklyn lo delataba incluso antes de que se le preguntara de dónde era. Entonces añadió algo más:

—Mis amigos me llaman Manny.

Incluso cuando nos convertimos en compañeros de laboratorio, hasta que pasaron tres meses no me invitó al cine y a comer algo en una cafetería. Yo sabía que tenía muchas y guapas amigas, pero la amistad que se desarrolló rápidamente entre nosotros nos permitía hablar con franqueza. Manny era el menor de tres hermanos y su infancia había sido más difícil que lo normal. Sus padres eran sordomudos; cuando tenía seis años murió su padre, y la familia se fue a vivir en el pequeño apartamento de su tío. Eran muy pobres; el único regalo que recibiera de su padre, un tigre de peluche, se lo quitaron las enfermeras cuando lo operaron de las amígdalas a los cinco años, y jamás lo recuperó, pues lo habían perdido. Aunque de eso hacía muchos años, noté que todavía le dolía esa pérdida. Para consolarlo le conté lo de mi conejito Blackie.

También me enteré de que había trabajado para pagarse los estudios, hecho su servicio militar en la Armada y terminado los cursos preliminares de medicina en la Universidad de Nueva York. Para evitar la aglomeración de ex soldados que trataban de ingresar en las atiborradas facultades de medicina de Estados Unidos, eligió la Universidad de Zúrich, aunque eso entrañara la dificultad de que los catedráticos emplearan el alemán y que en clase los debates se realizaran en un suizo que llamábamos Schweizerdeutsch (suizo-alemán). Manny, que atribuía parte de su éxito a mi ayuda como intérprete o traductora, fue el primero de los chicos con quienes salí que me hizo pensar en el futuro. Antes de las vacaciones de verano le enseñé a esquiar. Cuando volvimos a encontrarnos en el segundo curso, comencé a hacer planes para librarme de sus otras admiradoras.

Durante el segundo año comenzamos a atender personalmente a los enfermos reales. Yo tenía un instinto detectivesco para hacer buenos y rápidos diagnósticos, y una especial afición por la pediatría, afición que a mi juicio tenía algo que ver con el hecho de haber estado gravemente enferma cuando era niña. O tal vez podría estar relacionada con los recuerdos de la época en que mi hermana Erika estuvo hospitalizada allí. Afortunadamente no desperdicié mucha energía en dilucidar ese asunto porque estaba ocupadísima tratando de resolver un problema más gordo en potencia: presentar a Manny a mi familia sin que a mi padre le diera un ataque. Las siguientes fiestas de Navidad me depararían esa oportunidad.

Normalmente la Navidad era una celebración muy especial, reservada sólo para la familia, pero la semana anterior obtuve el permiso de mi madre para invitar a su famosa cena de Navidad a tres compañeros de clase elegidos con mucho esmero, entre ellos Manny. Le conté una historia bastante lacrimógena, que en lo esencial era cierta, sobre estos estudiantes que estaban solos, lejos de su casa, sin medios para pagarse una buena cena, adornándola lo suficiente para que mi madre se pasara días preparando todo tipo de platos y golosinas navideños típicos de Suiza para impresionar a los «americanos». Mientras tanto, poco a poco, fuimos acostumbrando a mi padre a la idea de que en la fiesta de Navidad de ese año estaríamos acompañados por personas ajenas a la familia.

Cuando llegó la gran noche, Manny sorprendió agradablemente a mi madre con un ramo de flores frescas, y los tres chicos se conquistaron su simpatía eterna retirando las cosas de la mesa y fregando los platos, cosa que los suizos jamás hacían por propia iniciativa. Mi padre sirvió un vino excelente y después brandy, y eso naturalmente fue seguido por alegres canciones en torno al piano, que continuaron hasta que se consumieron totalmente las muchas velas que iluminaban con su cálido resplandor la sala de estar. Alrededor de las diez de la noche di la señal convenida para que se marcharan mis amigos. «Van a ser las once», anuncié de modo nada sutil. Si los invitados alargaban demasiado su visita, mi padre se lo hacía saber abriendo de par en par la puerta de la calle y las ventanas, aunque la temperatura exterior fuera de diez grados bajo cero; yo quería evitar eso.

Pero mi padre disfrutó realmente de la velada.

—Son unos chicos muy simpáticos —me dijo después—. Y Manny es el más simpático de los tres. Es el mejor chico que has traído a casa.

Era cierto. Se había llevado muy bien con todos. Pero todavía quedaba un hecho importante que mi padre no sabía, aunque ese agradable comentario me brindó la ocasión para dejar caer la bomba.

—Y piensa que es judío —le dije.

Silencio. Antes de que mi padre, que por lo que yo sabía no sentía ninguna simpatía por la comunidad judía de Zúrich, pudiera contestar, me fui a la cocina a ayudar a mi madre, suponiendo que tarde o temprano tendría que abogar por mi amigo. Por suerte no ocurrió esa noche. Mi padre se fue directamente a la cama sin hacer ningún comentario, reservándolo para la mañana siguiente. Cuando estábamos desayunando dejó caer su bomba.

—Puedes traer a Manny a casa siempre que quieras.

A los pocos meses yo ni siquiera tenía que invitar a Manny. Lo habían aceptado como un miembro más de la familia, así que de vez en cuando iba a cenar aunque yo no estuviera en casa.

Tal como se esperaba, en 1955 se celebró una boda. No, no la mía, aunque por esa época Manny y yo habíamos intimado lo suficiente para comprender que acabaríamos casándonos; pero antes teníamos que terminar los estudios. Los novios fueron mi hermana Eva y su prometido Seppli, que se juraron amor eterno en la pequeña capilla donde mi familia había rendido culto durante generaciones. Desde que su compromiso fue formal, mis padres no cesaron de insinuar sutilmente que Seppli no era el mejor partido para mi hermana. ¿Un médico o abogado?, sí. ¿Un hombre de negocios?, por supuesto. Pero ¿un poeta esquiador?, eso era un problema.

Para mí no. Yo defendía a Seppli siempre que se terciaba. Era un ser sensible e inteligente que apreciaba las montañas, las flores y la luz del sol tanto como yo. Durante los fines de semana que solíamos pasar los tres en nuestra cabaña de montaña en Amden, Seppli siempre mostraba una sonrisa de felicidad cuando esquiábamos, cantábamos o tocábamos la guitarra y el violín. Durante las pocas ocasiones en que nos acompañaba Manny, yo observaba que toleraba dormir en un colchón sin ropa de cama y cocinar en un hornillo de leña, y que se admiraba cuando yo le señalaba los diferentes animales y paisajes, pero siempre se sentía aliviado cuando volvía a la ciudad.

Durante el año siguiente no pudimos hacer ni una sola excursión a la montaña por falta de tiempo. Aunque era el último de mis siete años en la facultad, también fue el más difícil. Para cumplir el equivalente suizo de las prácticas como residente, comencé el año trabajando en un consultorio de medicina general en Niederweningen, reemplazando a un simpático médico joven que tenía que servir tres semanas en un campamento militar. Recién salida de un moderno hospital docente, experimenté un choque cultural cuando a toda prisa me condujo a través de su consulta domiciliaria y me enseñó el laboratorio, el equipo de rayos X y un sistema de archivo muy particular que contenía los nombres de pacientes de siete pueblos agrícolas.

—¿Siete? —exclamé.

—Sí, vas a tener que aprender a conducir una moto —me dijo.

No alcanzamos a tocar el tema de cuándo podría aprender eso. Se marchó casi en seguida, y a las pocas horas recibí la primera llamada de urgencia, de uno de los pueblos circundantes, a unos quince minutos de trayecto. Instalé mi maletín negro con mi instrumental médico en el asiento de atrás de la moto, la puse en marcha tal como me había enseñado y emprendí el primer viaje en moto de mi vida. Ni siquiera tenía permiso de conducir.

El comienzo fue muy bien, pero cuando llevaba un tercio de camino cuesta arriba por la colina sentí que el maletín se deslizaba, y oí un estrépito cuando cayó al suelo y todo su contenido salió desparramado. Volví la cabeza para ver el desastre y al instante comprendí mi error. La moto rebotó sobre un bache, se desvió del camino y después de arrojarme en un terreno pedregoso siguió avanzando sola. Yo me quedé tendida entre el maletín y el lugar donde finalmente fue a parar la moto.

Ésa fue mi introducción al ejercicio de la medicina rural, y también mi presentación en sociedad en el pueblo. Sin que a mí me constara, toda la gente me había visto por las ventanas. Todos sabían que había una nueva doctora, y en cuanto oyeron el ruido de la moto subiendo por la colina corrieron a las ventanas a ver cómo era yo. Me levanté y comprobé que tenía varios rasguños y heridas que sangraban. Unos hombres me ayudaron a poner en pie la moto. Al final logré llegar a la casa, donde atendí a un anciano que temía estar sufriendo un infarto cardíaco. Creo que se sintió mejor tan pronto como vio que mi estado era peor que el de él.

Después de pasar tres semanas en el quinto pino, atendiendo toda clase de males, desde rodillas magulladas a cáncer, volví a mis clases agotada pero más segura de mí misma. Aunque no me interesaban particularmente las asignaturas que me quedaban, no tuve dificultad alguna ni con tocoginecología ni con cardiología. Nos esperaban seis meses de tedio y agobio preparando los exámenes que haríamos ante la Comisión Estatal y que había que superar para recibir el título de médico. Y después ¿qué? Manny insistía en que al salir de la facultad nos fuéramos a Estados Unidos, mientras que yo sentía el deseo de cooperar como voluntaria en la India. Ciertamente teníamos nuestras diferencias, pero mi instinto me decía que lo bueno pesaba más que lo malo.

Fue una época difícil, pero a continuación ocurrió algo que vino a empeorarla todavía más.

13

MEDICINA BUENA

Los exámenes ante la Comisión Estatal duraban varios días y consistían en pruebas orales y escritas que cubrían todo lo que habíamos aprendido en los últimos siete años. No sólo contaban los conocimientos clínicos sino también la personalidad del estudiante. Yo los aprobé sin dificultad, más preocupada por cómo le iba a ir a Manny que por mis notas.

Pero los médicos se ven a veces enfrentados a situaciones que no se enseñan en la Facultad de Medicina. Me encontré ante una de esas pruebas cuando estaba en medio de mis exámenes finales. Comenzó en el apartamento de Eva y Seppli; yo había ido a tomar café y pasteles con ellos para distraerme del agobio de los exámenes. Cuando estábamos conversando, noté que Seppli estaba muy pálido y con aspecto cansado; no era el optimista de siempre, y estaba más delgado de lo normal, lo que me indujo a preguntarle cómo se sentía.

—Un pequeño dolor de estómago —me contestó—. El doctor dice que tengo úlcera.

Conociendo a mi cuñado, mi intuición me dijo que ese hombre de montaña fuerte y relajado no podía tener úlcera; así pues, me puse muy pesada y diariamente le preguntaba sobre su estado, e incluso fui a hablar con su médico. A éste le sentaron mal mis dudas respecto a su diagnóstico. «Todos los estudiantes de medicina sois iguales —se mofó—, creéis que lo sabéis todo.»

Yo pensaba que Seppli estaba gravemente enfermo, y no era la única; Eva sentía temores similares. Angustiada, veía debilitarse la salud de su marido. Para ella fue un gran alivio poder hablar del asunto, incluso cuando yo planteé la posibilidad de que se tratara de cáncer. Llevamos a Seppli al mejor médico que yo conocía, un médico rural de cierta edad que también impartía algunas clases en la universidad, que realmente «escuchaba» a los pacientes y tenía una excelente reputación por sus diagnósticos certeros. Después de un breve reconocimiento, confirmó nuestras peores sospechas y sin pérdida de tiempo programó una operación para la semana siguiente.

Tuve que contestar centenares de preguntas en mis exámenes, pero ninguna se parecía a las que yo tenía en mi cabeza. Eva no era muy fuerte, de modo que yo llevé a su marido al hospital. El cirujano ya me había invitado a estar presente durante la operación. Con Eva habíamos acordado que si el resultado era grave yo la llamaría y le diría «Yo tenía razón». El resto dependería del destino. En cuanto a Seppli, que sólo tenía veintiocho años y llevaba menos de uno casado, afrontaba ese desgraciado giro del destino con la misma elegancia con que practicaba el esquí alpino.

Yo intenté hacer lo mismo cuando entré en el quirófano. Fue terrible el papel de observadora, pero no quité los ojos de Seppli en ningún momento, ni siquiera cuando el cirujano hizo la primera incisión. Una vez abierto el estómago, fue más terrible aún. Primero vimos una pequeña úlcera en la pared interior. Después el cirujano movió la cabeza. Seppli tenía el estómago lleno de densos tumores malignos. No había nada que hacer.

—Lo siento, pero tenías razón en tus corazonadas —comentó el cirujano.

Mi hermana aceptó la noticia en dolorido silencio.

—No se podía hacer nada —le expliqué.

Hablamos de nuestra sensación de impotencia, de nuestra rabia, sobre todo con el primer médico de Seppli que ni siquiera consideró la posibilidad de que fuera algo grave cuando, si se hubiera intervenido a tiempo, quizás hubiera podido salvarle la vida.

Mientras Seppli dormía en la sala de recuperación, me senté en su cama y lo vi en mi imaginación en el hermoso coche antiguo tirado por caballos que los llevó a él y a Eva por la ciudad, hacía menos de doce meses, desde nuestra casa hasta la capilla tradicional para bodas.

En aquella ocasión el mundo parecía estar en orden. Mis dos hermanas estaban casadas, todo el mundo estaba tremendamente feliz y yo esperaba dirigirme al altar en un futuro no muy lejano. Pero al mirar a Seppli comprendí que no se puede contar con el futuro. La vida está en el presente.

Cuando despertó, Seppli aceptó su estado sin hacer ninguna pregunta; escuchó a su médico decirle exactamente lo que necesitaba oír mientras yo le apretaba la mano, como si mi fuerza lo fuera a sanar. Hacerse esas ilusiones es normal, pero no es realista. Al cabo de varias semanas volvió a casa, donde mi hermana le proporcionó cuidados, cariño y comodidad durante los últimos meses de su vida.

Un precioso día de otoño de 1957, los siete años de arduo trabajo dieron su fruto.

—Ha aprobado —me dijo el examinador jefe de la universidad—. Ya es médica.

Mi celebración fue agridulce; estaba deprimida por Seppli, y además me sentía decepcionada porque en el último momento fracasó el proyecto de irme a trabajar seis meses en la India como cirujano; la mala noticia me llegó tan tarde que yo ya había regalado toda mi ropa de invierno. Pero si no hubiera ocurrido eso, probablemente no me habría casado con Manny.

Nos amábamos, pero no éramos la pareja perfecta. Para empezar, él se oponía a mi viaje a la India. Quería que nos fuéramos a Estados Unidos cuando él terminara su último semestre, y mi opinión de Estados Unidos era bastante mala gracias al detestable comportamiento de los estudiantes que había conocido.

Pero cuando se torcieron mis planes, decidí arriesgarme. Elegí a Manny y un futuro en Estados Unidos.

Lo irónico fue que los funcionarios de la embajada de Estados Unidos rechazaron mi solicitud de visado; gracias al lavado de cerebro realizado por el macartismo, suponían que cualquier persona que, como yo, hubiera viajado a Polonia tenía que ser comunista. Pero ese argumento dejó de tener vigencia cuando Manny y yo nos casamos en febrero de 1958. Celebramos una breve ceremonia civil, en gran parte para que Seppli pudiera actuar de padrino antes de que fuera demasiado tarde. Al día siguiente ingresó en el hospital. Tal como fueron las cosas, no habría podido asistir a la boda más espléndida y formal que habíamos pensado celebrar en junio cuando Manny terminara sus estudios.

Mientras tanto acepté un puesto temporal en Lagenthal, donde acababa de morir un médico rural venerado por la población, dejando a su esposa e hijo sin ingresos ni cobertura médica. La mayor parte del dinero que yo ganaba era para ellos, pero tenía todo lo que necesitaba y eso era suficiente. Igual que el médico que me precedió, a mis pacientes sólo les enviaba la factura una vez, y si alguno no podía pagar, no me preocupaba por eso. Casi todos daban algo. Si no podían pagar con dinero, aparecían con cestas a rebosar de frutas y verduras; incluso me llevaron un vestido hecho a mano que me sentó como hecho a medida. El día de la madre recibí tantas flores que mi consulta parecía una sala funeraria.

El día más triste que pasé en Langenthal fue también el más ocupado. Desde el momento en que abrí la puerta por la mañana, la sala de espera estuvo llena. Cuando estaba poniendo puntos de sutura en la herida de la pierna a una niña, recibí una llamada de Seppli; su voz era tan débil que más parecía un susurro. Era casi imposible hablar con él mientras la niñita lloraba sobre la camilla con la pierna a medio coser. Seppli sólo quería pedirme una cosa: que fuera a verlo inmediatamente. Apenada, le expliqué que no podía, ya que la sala de espera estaba atiborrada de pacientes y todavía tenía que cumplir las visitas domiciliarias. Tenía programado ir a verlo dentro de dos días. Tratando de hablar en tono optimista le dije que entonces nos veríamos.

Lamentablemente, no pudo ser así, y estoy segura de que por eso me llamó Seppli, urgiéndome que fuera a verlo una última vez. Como la mayoría de los moribundos que han aceptado la inexorable transición de este mundo al otro, sabía que le quedaba muy poco del precioso tiempo para despedirse. Murió a primera hora de la mañana siguiente.

Después de su funeral, a veces salía a caminar por los ondulantes campos de Langenthal; aspiraba el aire fresco perfumado por las coloridas flores de primavera, mientras pensaba que Seppli estaba en algún lugar por allí cerca. Solía hablar con él hasta sentirme mejor. Pero jamás me perdoné el no haber ido a verlo ese día.

Sabía muy bien que no debe hacerse caso omiso de la sensación de urgencia de un enfermo moribundo. En el campo, la atención a los enfermos era una tarea compartida. Siempre había algún familiar, fuera abuelo, abuela, padre, madre, tía, prima, hijo, o alguna vecina, que ayudaba a cuidar de una persona enferma. Lo mismo ocurría en el caso de enfermos muy graves o moribundos; todo el mundo participaba: amigos, familiares y vecinos. Simplemente se entendía que las personas se ayudan entre sí. De hecho, mis mayores satisfacciones en mi calidad de médico principiante no las recibí en la clínica ni en las visitas domiciliarias sino en las visitas a pacientes que necesitaban una persona amiga, palabras tranquilizadoras o unas pocas horas de compañía.

La medicina tiene sus límites, realidad que no se enseña en la facultad. Otra realidad que no se enseña es que un corazón compasivo puede sanar casi todo. Unos cuantos meses en el campo me convencieron de que ser buen médico no tiene nada que ver con anatomía, cirugía ni con recetar los medicamentos correctos. El mejor servicio que un médico puede prestar a un enfermo es ser una persona amable, atenta, cariñosa y sensible.

14

LA DOCTORA
ELISABETH KÜBLER-ROSS

Era una mujer adulta, una médica en ejercicio y estaba a punto de casarme, pero mi madre me trataba como a una niña pequeña. Me llevó al peluquero a que me arreglaran el cabello, me llevó a una especialista en maquillaje y me obligó a hacer todas esas tonterías femeninas que yo apenas toleraba. También me decía que no me quejara por ir a Estados Unidos, ya que Manny era un hombre inteligente y guapo con el que muchas mujeres desearían casarse. «Probablemente quiere que le ayudes a preparar sus exámenes finales», me decía.

Esa pulla fue una muestra de inseguridad por su parte. Quería que yo apreciara lo que tenía. Pero yo ya me sentía afortunada.

Después de que Manny aprobara los exámenes, y sin mi ayuda, nos casamos. Fue una gran celebración. Mi padre fue el único que no lo pasó en grande. Impedido por la fractura de cadera que había sufrido hacía unos meses, no pudo hacer gala de su agilidad y majestuosidad en la pista de baile, y eso lo deprimió. Pero lo compensó con creces mediante su regalo de bodas, una grabación de algunas de sus canciones favoritas cantadas por él mismo acompañado brillantemente al piano por Eva.

Después de la boda toda la familia fuimos a la Feria

Mundial de Bruselas. Y después mis familiares nos despidieron desde el muelle cuando, junto con varios amigos de Manny que habían asistido a nuestra boda, mi marido y yo subimos a bordo del *Liberté*, el enorme transatlántico que nos llevaría a Estados Unidos. Ni las exquisitas comidas, ni el sol ni el baile en cubierta lograron calmar la tristeza que sentía al dejar Suiza y partir hacia un país por el que no sentía ningún interés. Sin embargo, me dejé llevar sin discutir, y por lo que escribí en mi diario, se ve que pensaba que era un viaje que tenía que hacer.

¿Cómo saben estos gansos cuándo es el momento de volar hacia el sol? ¿Quién les anuncia las estaciones? ¿Cómo sabemos los seres humanos cuándo es el momento de hacer otra cosa? ¿Cómo sabemos cuándo ponernos en marcha? Seguro que a nosotros nos ocurre igual que a las aves migratorias; hay una voz interior, si estamos dispuestos a escucharla, que nos dice con toda certeza cuándo adentrarnos en lo desconocido.

La noche anterior a nuestra llegada a Estados Unidos, en mi sueño me vi vestida de indio cabalgando por el desierto. En el sueño el sol era tan ardiente que desperté con la garganta seca y dolorida. Repentinamente también sentí sed de esa nueva aventura. Le conté a Manny que cuando era niña dibujaba escudos y símbolos indios y bailaba encima de una roca como un guerrero, a pesar de no haber visto nunca nada de la cultura aborigen de Estados Unidos. ¿Era una casualidad mi sueño? No me pareció probable. Curiosamente, eso me tranquilizó. Como una voz interior, me hizo percibir que lo desconocido podía ser en realidad como ir a casa.

Para Manny lo era. Bajo un fuerte aguacero, me señaló la Estatua de la Libertad. Miles de personas esperaban en el muelle para recibir a los pasajeros del barco. Allí estaban la madre de Manny, sordomuda, y su hermana. Durante años había oído hablar muchísimo de ellas. En ese momento sólo tenía muchas preguntas. ¿Cómo serían? ¿Recibirían bien a una extranjera en la familia? ¿A una mujer no judía?

Su madre era una muñeca cuya felicidad al ver a su hijo médico se manifestó en sus ojos con tanta claridad como si lo hubiera dicho con palabras. Su hermana fue otra historia. Cuando nos encontró, estábamos buscando nuestras quince maletas, baúles y cajas. Abrazó con fuerza a Manny; luego, esa mujer de Long Island que tenía una masa de hermosos cabellos muy bien peinados y vestía ropa nueva, me examinó el pelo empapado y la ropa mojada, que me daban el aspecto de haber venido nadando detrás del barco, y miró a su hermano como preguntándole: «¿Esto es lo mejor que lograste encontrar?»

Una vez pasado el control de aduana, donde retuvieron mi maletín médico, fuimos a cenar a casa de la cuñada de Manny. Vivía en Lynbrook, en Long Island. Durante la cena, cometí un pecado no intencionado al pedir un vaso de leche. Lo divertido es que yo jamás bebía leche y habría preferido una copa de brandy, pero creía que en Estados Unidos todos bebían leche; ¿acaso no era «el país de la leche y la miel»? Bueno pues, pedí leche. Mi marido me dio un fuerte pisotón bajo la mesa. Estábamos en una casa *kosher**, me explicó.

—Tendrá que aprender a observar el kosher —comentó en tono sarcástico mi cuñada.

Después de la cena entré en la cocina, con la esperanza de estar un rato sola, y sorprendí a mi cuñada de pie junto al refrigerador mordisqueando un trozo de jamón. Al instante me puse de buen humor.

---

* Kosher: Alimento conforme a la ley judía. Aplicado a persona o cosa legítima, auténtica, fiable, legal. (*N. de la T.*)

—No tengo la menor intención de observar el kosher —le dije—, y supongo que tú tampoco eres muy kosher.

Mi actitud mejoró un tanto cuando a las pocas semanas Manny y yo nos mudamos a nuestro apartamento. Éste era pequeño, pero estaba muy cerca del hospital comunitario Glen Cove, donde los dos trabajábamos de residentes supervisados. Una vez que comenzó el trabajo me sentí notablemente más feliz, aunque el horario era agotador y el salario no nos alcanzaba para tener qué comer hasta fin de mes. Me encontraba muy a gusto al llevar una bata blanca y tener una lista de pacientes para ocupar mis pensamientos y energías.

Mis días comenzaban muy temprano. Preparaba el desayuno para Manny y después los dos trabajábamos hasta bien entrada la noche. Volvíamos a casa juntos, escasamente con las fuerzas suficientes para arrastrarnos hasta la cama. Todos los fines de semana estábamos de guardia en el hospital, atendiendo las 250 camas los dos solos. Mutuamente nos felicitábamos por nuestras fuerzas. Manny era un detective médico meticuloso y lógico; yo era intuitiva y tranquila, capaz de tomar rápidamente las necesarias decisiones en la sala de urgencias.

Rara vez teníamos tiempo para hacer algo que no fuera trabajo, y si lo teníamos, no disponíamos de dinero. Había excepciones, eso sí. Una vez el jefe de Manny nos regaló entradas para el Ballet Bolshoi; fue una salida especial que nos entusiasmó. Nos pusimos nuestras mejores galas y cogimos el tren para Manhattan. Pero tan pronto como apagaron las luces yo me quedé dormida, y sólo desperté cuando bajaron por última vez el telón.

La mayor parte de las dificultades que tuve procedían de mi adaptación a una nueva cultura. Recuerdo a un joven al que admitieron en la sala de urgencias con un grave problema de oído. Estaba en una camilla, sujeto con correas, como es lo habitual. Mientras esperaba que lo viera un otorrinolaringólogo, me preguntó si podía ir al *rest room*, que quiere decir lavabo, pero yo, que jamás había oído esa palabra, creí que era una sala para descansar. Sabiendo que el especialista llegaría en cualquier momento, no podía permitirle ir a ninguna parte. Y antes de volver a salir a hacer mis rondas, añadí:

—Donde mejor va a descansar es quedándose quieto donde está.

La vez siguiente que pasé por ahí, una enfermera estaba desatándole las correas para que pudiera ir al lavabo. Roja de vergüenza escuché la explicación de la enfermera:

—Doctora, tenía la vejiga a punto de estallar.

Pasé un momento aún más humillante cuando estaba de ayudante en el quirófano. Durante la operación, que era de rutina, el cirujano coqueteaba descaradamente con la enfermera, casi sin advertir mi presencia, aunque yo era la que le pasaba los instrumentos que necesitaba. De pronto el paciente comenzó a sangrar.

—*Shit!* —exclamó el cirujano, olvidando sus coqueteos.

Otra palabra desconocida para mí. Miré la bandeja de instrumentos y en un momento de pánico me disculpé diciendo:

—No sé cuál es el *shit*.

Después Manny me explicó por qué todos se habían echado a reír (*shit* significa «mierda»). Pero normalmente él se divertía como todos los demás con lo que él llamaba «mis episodios cómicos». El peor de todos ocurrió la noche en que el jefe de Manny y su esposa nos llevaron a cenar a un restaurante muy elegante. De aperitivo yo pedí un *screwdriver* (destornillador); cuando sirvió el plato principal, el camarero me preguntó si deseaba otra bebida. Tratando de hacer una gracia, pero sin saber lo que decía, le contesté «*No, thanks, I've been screwded enough*». («No gracias, ya me han follado bastante»). El fuerte puntapié que me propinó Manny en la espinilla me dijo que mi salida no había sido ni graciosa ni ingeniosa.

Yo sabía que esas meteduras de pata eran inevitables, formaban parte de mi adaptación a Estados Unidos. Nada me resultó tan duro como no celebrar la Navidad con mi familia. Si no hubiera sido por la bibliotecaria del hospital, mujer de ascendencia danesa, que nos invitó a su casa a cenar, tal vez me habría vuelto a Suiza antes del Año Nuevo. En su casa tenía un árbol de Navidad de verdad, con velitas de verdad, igual que el de mi familia en Suiza. Como les escribí después a mis padres «en la noche más oscura encontré mi velita».

Le agradecí a Dios lo de esa noche, pero ésta no me sirvió para adaptarme mejor que antes. Mis vecinas de Long Island conversaban por encima de las tapias de sus patios haciendo comparaciones entre sus respectivos psicólogos, hablando de las cosas más íntimas como si nada fuese privado. Si eso no era el colmo del mal gusto, encontraba peor todavía lo que veía en las salas infantiles del hospital. Las madres, vestidas como para un desfile de modelos, llegaban a verlos llevándoles juguetes caros que supongo eran para demostrar lo mucho que querían a sus hijos enfermos. Cuanto más grande el juguete, más los querían, ¿verdad? No me extraña que todas necesitaran psicoanalistas.

Un día, a un niño le dio una pataleta colosal cuando su madre olvidó llevarle un juguete. En lugar de decirle «Hola, mamá, me alegro de que hayas venido», la saludó gritándole «¿Dónde está mi regalo?», y la madre salió aterrada, corriendo a la tienda de juguetes. Yo me sentí consternada. ¿Qué pensaban esas madres y esos niños estadounidenses? ¿Es que no tenían valores? ¿De qué servían todos esos regalos cuando lo que realmente necesita un niño enfermo es un padre o una madre que les coja la mano y converse con sinceridad y cariño acerca de la vida?

Tanto rechazo sentía hacia esos niños y sus padres que cuando nos llegó el momento de elegir especialidad, Manny decidió hacer su residencia en patología en el hospital Montefiore del Bronx, mientras que yo resolví postular por lo que llamaba la «minoría depravada», es decir pediatría. La competición por obtener una de las veintitantas vacantes de residencia en el famoso hospital para bebés del Centro Médico Columbia Presbyterian era muy reñida, sobre todo para los extranjeros. Pero el doctor Patrick O'Neal, el liberal y veterano director médico que me entrevistó, jamás había escuchado un motivo como el mío para desear especializarse en pediatría.

—No soporto a estos niños —le confesé—, ni a sus madres.

Sorprendido y confundido, el doctor casi se cayó de la silla. Su expresión exigía que se lo aclarase.

—Si pudiera trabajar con ellos podría comprenderlos mejor —le expliqué—, y tal vez también aprendería a tolerarlos —añadí.

Pese a que no fue muy ortodoxa, la entrevista acabó bien. Al final, el doctor O'Neil, en busca de una respuesta que no fuera un simple sí o no, me explicó que el horario, que exigía guardia de 24 horas en noches alternas, era demasiado agotador para las residentes embarazadas. Sabiendo qué información me pedía, le aseguré que en mis planes no entraba fundar una familia todavía. Al cabo de dos meses encontré en el buzón una carta del Columbia Presbyterian y corrí a abrazar a Manny, que tenía programado comenzar su residencia ese verano. Me habían aceptado, era la primera extranjera admitida como residente pediátrica en ese prestigioso hospital.

Nuestra celebración incluyó la compra de un nuevo Chevrolet Impala color turquesa, derroche que hizo resplandecer de orgullo a Manny. Era como si viera un próspero futuro en su brillante acabado. A eso siguieron más buenas noticias. Después de varias mañanas de desagradables náuseas, descubrí que estaba embarazada. Siempre me había visto como una madre, por lo que me sentí entusiasmada. Por otro lado, el embarazo ponía en peligro mi ambicionada residencia en el hospital. ¿No me había explicado claramente la norma del hospital el doctor O'Neil? Nada de residentes embarazadas. Sí, lo había dicho muy claramente.

Durante unos días acaricié la idea de no decírselo. Estábamos en junio y el embarazo no se notaría hasta dentro de unos tres o cuatro meses. Entonces ya tendría en mi haber tres meses de residencia. Pensé que tal vez si el doctor O'Neil veía lo mucho que yo trabajaba haría una excepción. Pero no podía mentir. Cuando se lo dije me pareció que estaba realmente desilusionado, pero era imposible hacer una excepción a la regla. Lo más que pudo hacer fue prometerme reservarme un puesto al año siguiente.

Ese gesto fue muy simpático, pero no me servía de nada en la situación que me encontraba en esos momentos. Necesitaba un trabajo. A Manny le iban a pagar 105 dólares al mes por su trabajo como residente en el Montefiore, y eso no era suficiente para cubrir nuestros gastos, y mucho menos si teníamos un bebé. No sabía que hacer. Era ya muy tarde, todos los puestos para residentes de la ciudad estarían ya ocupados.

Una noche Manny me contó que acababa de enterarse de que había un puesto libre para residente en el Departamento de Psiquiatría del Hospital Estatal de Manhattan. No me entusiasmó mucho la idea. El Manhattan era un establecimiento para enfermos mentales, un depósito público para las personas menos deseables y más trastornadas. Lo dirigía un psiquiatra suizo medio chiflado que ahuyentaba a todos los residentes. Nadie quería trabajar con él. Y por encima de todo, yo detestaba la psiquiatría. Estaba en el último lugar de mi lista de especialidades.

Pero necesitábamos pagar el alquiler y poner comida sobre la mesa. Yo necesitaba también tener algo que hacer.

Así pues, me entrevisté con el doctor D. Después de charlar como vecinos en nuestro idioma natal, me marché con la promesa de una subvención para investigación y un salario de 400 dólares al mes. Repentinamente nos sentimos ricos. Alquilamos un precioso apartamento de una habitación en la calle 96 Este de Manhattan. En la parte de atrás había un pequeño jardín. Un fin de semana lo preparé para plantar flores y verduras llevando cubos con tierra desde Long Island. Esa noche no hice caso de unas manchitas de sangre. Dos días después me desmayé en el quirófano durante una operación. Desperté en una habitación del Glen Glove, como paciente, después de haber sufrido un aborto espontáneo.

Manny llenó de flores nuestro apartamento a modo de consuelo, pero el único consuelo real que yo tenía era mi fe en un poder superior. Todo lo que ocurre tiene su motivo, la casualidad no existe. La propietaria de la casa, en el papel de madre suplente, me preparó mi plato favorito, filete *mignon*, para cenar. Lo irónico era que su hija había salido ese día del mismo hospital después de dar a luz a una niñita sana mientras yo salía con los brazos vacíos. Esa noche oí el llanto de la recién nacida a través de las paredes del apartamento. Hasta ese momento no me había dado cuenta de lo profunda que era mi pena.

Pero en ello había también otra importante lección: es posible que no obtengamos lo que deseamos, pero Dios siempre nos da lo que necesitamos.

15

EL HOSPITAL ESTATAL
DE MANHATTAN

Unas semanas antes de que Manny y yo comenzáramos nuestros nuevos trabajos, recibí una carta de mi padre. Era un mensaje serio pero teñido de ironía. Acababa de sufrir una embolia pulmonar y, según él, se aproximaba el final. Quería que lo visitáramos por última vez. También quería que lo examinara yo, su médica favorita, la única en quien confiaba. ¡Cuánto habíamos peleado por mi deseo de estudiar medicina!

Después de la pérdida de mi bebé y de la mudanza, Manny y yo estábamos agotadísimos. No teníamos el menor deseo de ir a Suiza. Pero la última petición de Seppli me había enseñado que no hay que hacer caso omiso de los deseos de un moribundo. Cuando desean hablar, no quieren decir mañana, quieren decir de inmediato. Así pues, Manny vendió su Impala nuevo para pagar los billetes de avión, y tres días después entramos en la habitación de mi padre en el hospital. La escena con que nos encontramos no era la que imaginábamos. En lugar de estar en su lecho de muerte, mi padre estaba levantado y con un aspecto muy saludable. Al día siguiente lo llevamos a casa.

Esa reacción exagerada no era propia de mi padre. Tampoco era propio de Manny no decir nada después de haber vendido su coche para nada. Algo pasaba. Más adelante comprendí que cuando estaba en el hospital, mi padre debió de haber sentido la premonición de que necesitábamos reparar nuestra relación antes de que fuera demasiado tarde; y eso fue exactamente lo que ocurrió. Durante el resto de la semana mi padre filosofó conmigo acerca de la vida como jamás había hecho antes. Eso nos unió más que nunca, y creo que Manny comprendió que valía muchísimo más que cualquier coche.

A nuestro regreso a Nueva York comencé mi práctica como residente en el Hospital Estatal de Manhattan, donde no se tenía en mucho aprecio la vida. Fue en julio de 1959, uno de esos calurosos y pegajosos días de verano. Tenía todos los motivos del mundo para sentirme incómoda cuando entré en el hospital. Éste era un imponente y sobrecogedor conjunto de edificios de ladrillo, donde se albergaba a centenares de enfermos mentales muy graves. Eran los peores casos de trastorno mental. Algunos pasaban allí hasta veinte y más años.

Encontré increíble lo que vi allí; en esos edificios estaban hacinadas personas indigentes cuyos rostros contorsionados, gestos espasmódicos y gritos de angustia decían muy claro que estaban sufriendo un infierno en vida. Esa noche en mi diario definí lo visto como un «manicomio de pesadilla». Podría haber sido peor.

El pabellón al que me asignaron estaba en un edificio de una planta en el que vivían cuarenta esquizofrénicas crónicas. Me dijeron que todas estaban desahuciadas, no había remedio para ellas. Observé una sola cosa que podía explicar esa afirmación: la enfermera jefe. Era amiga del director y por lo tanto imponía sus propias reglas, entre las cuales estaba la de permitir circular libremente a sus adorados gatos por todo el pabellón. Éstos orinaban por todos los rincones, y como las ventanas provistas de barrotes se mantenían cerradas, la fetidez era horrorosa. Al instante sentí compasión por mis compañeros de trabajo, el doctor Philippe Trochu, residente, y Grace Miller, asistenta social. Los dos eran personas humanitarias.

No lograba imaginarme cómo podían sobrevivir allí mis compañeros, aunque las pacientes lo tenían mucho peor. Las golpeaban con palos, las castigaban aplicándoles electrochoque y a veces las metían en bañeras con agua caliente hasta el cuello y las dejaban allí hasta 24 horas. A muchas se las usaba de cobayas humanos en experimentos con LSD, psilocibina y mescalina. Si protestaban, y todas lo hacían, las sometían a castigos aún más inhumanos.

En mi calidad de investigadora me encontré en el centro de ese nido de víboras. Mi trabajo oficial consistía en registrar los efectos de esos alucinógenos en las pacientes, pero después de escucharlas explicar las aterradoras visiones que les producían esas drogas, juré poner fin a esa práctica y cambiar la forma de llevar esa institución.

No sería difícil modificar los procedimientos rutinarios del hospital o de las enfermas. La mayoría permanecían arrinconadas en su sala o en la sala de recreación, totalmente ociosas, sin ningún tipo de ocupación, distracción ni estímulo. Por la mañana tenían que formar en fila para recibir los medicamentos que les provocaban un estado de estupor y les producían horrorosos efectos secundarios. El resto del día se las sometía a tratamientos similares. Vi que había motivos para administrar medicamentos como el Thorazine en la terapia para psicóticos, pero la mayoría de esas personas estaba medicada en exceso y eran víctimas de indiferencia y negligencia. En lugar de medicamentos, lo que necesitaban era atención y cariño.

Con la ayuda de mis compañeros de trabajo, cambié esas prácticas por otras que motivaran a las pacientes a ocuparse de sí mismas y cuidarse. Si deseaban Coca-cola y cigarrillos, tenían que ganarse el dinero para pagar esos privilegios. Debían levantarse a la hora, vestirse solas, peinarse y llegar a la fila a tiempo. Las que no podían, o no querían, realizar esas sencillas tareas, tenían que aceptar las consecuencias. El viernes por la noche les entregaba su paga. Algunas se bebían toda su cuota de Coca-cola y se fumaban todos los cigarrillos la primera noche. Pero obtuvimos resultados.

¿Qué sabía yo de psiquiatría? Nada. Pero sí sabía de la vida y abrí mi corazón a la desgracia, la soledad y el miedo que sentían esas mujeres. Si me hablaban, yo les contestaba; si me expresaban sus sentimientos, yo las escuchaba y les contestaba. Ellas lo notaron, y de pronto vieron que no estaban solas y dejaron de sentirse asustadas.

Tuve que batallar más con mi jefe que con las pacientes. Él se oponía a reducir los medicamentos, pero finalmente logré que las pacientes realizaran tareas de poca monta, pero productivas. Llenar cajas con lápices de rímel no era gran cosa, pero era mejor que estar sentadas drogadas en estado de trance. Después incluso comencé a sacar a la calle a las pacientes de mejor conducta. Les enseñé a viajar en metro, a hacer algunas compras y, en ocasiones especiales, incluso las llevé a los almacenes Macy's. Mis pacientes sabían que me importaban y fueron mejorando.

En casa le contaba a Manny todas mis experiencias, todas las historias sobre mis pacientes, entre ellas la de una joven llamada Rachel. Era esquizofrénica catatónica, y estaba clasificada entre las incurables. Durante años se había pasado los días de pie sin moverse de sitio en el patio. Nadie recordaba que alguna vez hubiera dicho una palabra o emitido algún sonido. Cuando pedí que la trasladaran a mi pabellón, todos pensaron que me había vuelto loca.

Pero una vez que estuvo a mi cuidado, la traté como

a las demás. La obligaba a realizar tareas y a ponerse en medio del grupo para las fiestas de celebración, como Navidad y Chanukah, e incluso su propio cumpleaños. Al cabo de casi un año de atención, por fin habló. Ocurrió durante una terapia de actividades artísticas, mientras dibujaba. Un médico se detuvo a mirar lo que estaba dibujando y ella le preguntó: «¿Le gusta?»

Al cabo de poco tiempo Rachel salió del hospital, se buscó una casa para vivir sola y se dedicó a la serigrafía artística.

Yo me alegraba de todos los éxitos, los grandes y los pequeños, como aquel cuando un hombre que siempre estaba de cara a la pared se volvió a mirar al grupo. Pero al final del año me encontré ante una difícil elección. En mayo me invitaron a presentar nuevamente mi solicitud para el programa de pediatría en el Columbia Presbyterian. Me debatí entre seguir mis sueños o continuar con mis pacientes. Me parecía imposible decidirme, pero hacia el final de esa misma semana descubrí que estaba embarazada otra vez. Eso solucionó el problema.

Sin embargo, hacia fines de junio volví a sufrir un aborto espontáneo. Por eso me había negado a entusiasmarme mucho por mi embarazo. No quería volver a pasar por la tristeza y depresión, aunque eso era imposible de evitar. Mi tocólogo me dijo que era una de esas cuyos embarazos no llegan a término. No le creí, porque en mis sueños yo me veía con hijos. Esos abortos los atribuí al destino. Así pues, me quedé otro año en el Manhattan, donde mi objetivo era conseguir el alta de todas las pacientes posibles. Me dediqué a encontrarles trabajo fuera del hospital a la mayor parte de las pacientes funcionales. Salían por la mañana y volvían por la noche; aprendieron a emplear su dinero en comprar cosas más básicas que la Coca-cola y los cigarrillos. Mis superiores advirtieron mi éxito y me preguntaron en qué teoría se basaba mi método. Yo no tenía ninguna.

—Hago cualquier cosa que me parece correcta después de conocer a la paciente —les expliqué—. No se las puede atontar con drogas y luego esperar que mejoren. Hay que tratarlas como a personas. No me refiero a ellas como lo hacéis vosotros, no digo «Ah, la esquizofrénica de la sala tal o cual». Las conozco por sus nombres. Conozco sus hábitos. Y ellas responden.

El mayor éxito resultó ser el de la «casa abierta» que iniciamos entre la asistenta social Grace Miller y yo. Se invitó a las familias del barrio a visitar el hospital y a adoptar pacientes. En otras palabras, queríamos conseguir que personas absolutamente incapaces de establecer cualquier tipo de relación aprendieran a hacerlo. Algunas pacientes respondieron maravillosamente bien. Adquirieron un sentido de responsabilidad y finalidad para sus vidas. Algunas incluso aprendieron a hacer planes para el futuro.

La más maravillosa de todas fue una mujer llamada Alice. Cuando se aproximaba la fecha en que sería dada de alta después de haber pasado veinte años en la sala para enfermas mentales, un día sorprendió a todo el mundo con una petición muy poco común. Deseaba volver a ver a sus hijos. ¿Hijos? Nadie sabía allí que tuviera hijos.

Pero Grace hizo averiguaciones y descubrió que, en efecto, Alice tenía dos hijos. Los dos eran pequeños cuando la internaron en el hospital. Les habían dicho que su madre había muerto.

Mi colega asistenta social encontró a esos hijos, ya adultos, y les explicó el programa de «adopción» del hospital.

Les dijo que había una «señora sola» que necesitaba una familia adoptiva. En memoria de su madre ellos accedieron a adoptarla. A ninguno se le informó de la verdadera identidad de la señora. Pero jamás olvidaré la increíble sonrisa de Alice cuando estuvo ante los hijos que ella creía que la habían abandonado. Por fin, una vez que salió del hospital, los hijos la llevaron a formar nuevamente parte de su familia.

Y hablando de familia, Manny y yo seguíamos intentando comenzar la nuestra. En el otoño de 1959 volví a quedar embarazada. El nacimiento estaba previsto para mediados de junio. Durante nueve meses Manny me trató como si me pudiera romper. No sé por qué, pero yo sabía que no iba a perder ese bebé. En lugar de preocuparme por otro aborto, me imaginaba al bebé, niñito o niñita. Me imaginaba cómo lo mimaría. Pensándolo bien, la vida era difícil, cada día nos presentaba un nuevo reto. Yo me preguntaba cómo es posible que una persona en su sano juicio desee traer otra vida al mundo. Pero entonces pensaba en la belleza del mundo y me reía. ¿Por qué no? Nos mudamos a un apartamento en el Bronx. Era más grande que las dos casas anteriores. Alrededor de una semana antes del parto, mi madre llegó en avión para ayudarme con el bebé. No se molestó en lo más mínimo porque yo me retrasara al ir a recogerla; eso le dio tiempo para visitar Macy's y las otras tiendas. Cuando habían pasado tres semanas de la fecha y no ocurría nada, Manny y yo comenzamos a recorrer en coche las calles adoquinadas de Brooklyn. Buscábamos los baches para pasar por encima. Lo gracioso fue que por fin me comenzaron los dolores del parto cuando estábamos atascados en la carretera de Long Island en medio de una tormenta. Siguiendo nuestro plan, nos dirigimos al hospital Glen Cove. Después de quince horas de parto comencé a hacer progresos, pero ya los médicos habían decidido intervenir con fórceps. Yo era contraria a esos procedimientos, pero en ese momento estaba demasiado agotada para que me importara. Simplemente deseaba estrechar en mis brazos un bebé sano.

Lo único que recuerdo fue mi chillido. Después me colocaron en los brazos un precioso niño sano, con los ojos abiertos, que escudriñaba el nuevo mundo que lo rodeaba. Era el bebé más hermoso que había visto en mi vida. Lo examiné minuciosamente. Era un niño, mi hijo. Pesó cerca de 3,700 kilos; su cabecita estaba coronada por una mata de pelo oscuro y tenía las pestañas más preciosas, largas y oscuras que habíamos visto en un bebé. Manny le puso Kenneth. Ni mi madre ni yo lográbamos pronunciar bien la «th» final de su nombre, pero no nos importó. Estábamos fascinadas por su llegada.

Habíamos acordado dejar que nuestros hijos decidieran por sí mismos en cuestiones de religión cuando tuvieran la edad suficiente, pero de todos modos Manny insistió en que lo circuncidaran. Era por su familia. Pero cuando me enteré de que iba a llegar un rabino, me imaginé una circuncisión y después una Bar Mitzvah* y eso ya me pareció demasiado.

El pediatra de Kenneth me calmó informándome de un problema médico. El bebé tenía dificultades para orinar, tenía cerrado el prepucio. Tendría que practicarle una circuncisión inmediatamente. Aunque medio aturdida todavía, me bajé de la cama de un salto para ayudarle en la operación.

Me era imposible imaginar una felicidad más grande. Podía imaginarme más cansada, pero no más feliz. Muchas veces he pensado maravillada cómo se las arregló mi madre con cuatro hijos, tres de las cuales llegamos de una sola vez. Pero como hacen todas las madres, ella decía que no había nada extraordinario en eso. Lo que no entendía era por qué yo iba a volver al trabajo. En ese tiempo eran muy pocas las mujeres que se las arreglaban para criar hijos y tener una profesión al mismo tiempo. Su-

* Bar Mitzvah: Ceremonia religiosa judía por la cual un chico de trece años entra a formar parte de la comunidad adulta. (N. de la T.)

pongo que yo fui una de esas mujeres que nunca vieron otra opción. Para mí, mi familia era lo más importante del mundo, pero también tenía que cumplir una vocación.

Después de pasar un mes en casa volví al Hospital Estatal de Manhattan, donde terminé mi segundo año de residencia. Entre mis logros allí se cuentan el haber puesto fin a los castigos más sádicos y haber conseguido el alta del noventa y cuatro por ciento de las esquizofrénicas «desahuciadas», que salieron a llevar vidas autosuficientes y productivas fuera del hospital. De todas formas necesitaba otro año más de residencia para ser una psiquiatra hecha y derecha. Todavía no encontraba muy apropiada la especialidad, pero Manny y yo estuvimos de acuerdo en que era demasiado tarde para comenzar de nuevo.

Solicité un puesto en el Montefiore, una institución más perfeccionada y que ofrecía más estímulo que el hospital estatal. Me llamaron para una entrevista, pero ésta no fue bien. Al parecer mi entrevistador, un médico de personalidad fría y displicente, sólo estaba interesado en humillarme. Sus preguntas pusieron en evidencia mi falta de conocimiento (e interés) acerca de los tratamientos para personas neuróticas, alcohólicas, con problemas sexuales y otros tipos de enfermedades no psicóticas, al mismo tiempo que le permitieron a él exhibir lo mucho que sabía. Pero sólo eran conocimientos librescos. En mi opinión, había una gran diferencia entre lo que él sabía por sus lecturas y lo que yo había experimentado en el Manhattan, y aunque eso significaba poner en peligro mi admisión en el Montefiore, decidí decírselo.

—El conocimiento va muy bien —le dije—, pero el conocimiento solo no va a sanar a nadie. Si no se usa la cabeza, el alma y el corazón, no se puede contribuir a sanar ni a un solo ser humano.

Puede ser que eso no respondiera a ninguna de sus preguntas, pero a mí me hizo sentir muchísimo mejor.

16

VIVIR HASTA LA MUERTE

Al poco tiempo de ser aceptada en el Montefiore, donde me pusieron a cargo de la clínica psicofarmacológica y también hacía de consultora de enlace para otros departamentos, entre ellos el de neurología, un neurólogo me pidió que viera a uno de sus pacientes, un joven veinteañero que, según el diagnóstico, sufría de parálisis psicosomática y depresión. Después de hablar con él determiné que se encontraba en las últimas fases de esclerosis lateral amiotrófica, un trastorno incurable y degenerativo. «El paciente se está preparando para morir», informé.

El neurólogo no sólo estuvo en desacuerdo sino que además ridiculizó mi diagnóstico y alegó que el paciente sólo necesitaba tranquilizantes para curar su mórbido estado mental.

Pero a los pocos días murió el paciente.

Mi sinceridad no estaba en consonancia con la forma como se ejercía la medicina en los hospitales. Pasados unos meses observé que muchos médicos evitaban rutinariamente referirse a cualquier cosa que tuviera que ver con la muerte. A los enfermos moribundos se los trataba tan mal como a mis pacientes psiquiátricos del hospital estatal. Se los rechazaba y maltrataba. Nadie era sincero con ellos. Si un enfermo de cáncer preguntaba

«¿Me voy a morir?», el médico le contestaba «¡Oh, no! no diga tonterías».

Yo no podía comportarme así.

Pero claro, no creo que en Montefiore ni en muchos otros hospitales hubieran visto a muchos médicos como yo. Pocos tenían experiencias como las de mis trabajos voluntarios en las aldeas europeas asoladas por la guerra, y menos aún eran madres, como yo lo era de mi hijo Kenneth. Además, mi trabajo con las enfermas esquizofrénicas me había demostrado que existe un poder sanador que trasciende los medicamentos, que trasciende la ciencia, y eso era lo que yo llevaba cada día a las salas del hospital. Durante mis visitas a los enfermos me sentaba en las camas, les cogía las manos y hablaba durante horas con ellos. Así aprendí que no existe ni un solo moribundo que no anhele cariño, contacto o comunicación. Los moribundos no desean ese distanciamiento sin riesgos que practican los médicos. Ansían sinceridad. Incluso a los pacientes cuya depresión los hacía desear el suicidio era posible, aunque no siempre, convencerlos de que su vida todavía tenía sentido. «Cuénteme lo que está sufriendo —les decía—. Eso me servirá para ayudar a otras personas.»

Pero, desgraciadamente, los casos más graves, esas personas que estaban en las últimas fases de la enfermedad, que estaban en el proceso de morir, eran las que recibían el peor trato. Se las ponía en las habitaciones más alejadas de los puestos de las enfermeras; se las obligaba a permanecer acostadas bajo fuertes luces que no podían apagar; no podían recibir visitas fuera de las horas prescritas; se las dejaba morir solas, como si la muerte fuera algo contagioso.

Yo me negué a seguir esas prácticas. Las encontraba injustas y equivocadas. De modo que me quedaba con los moribundos todo el tiempo que hiciera falta, y les decía que lo haría.

Aunque trabajaba por todo el hospital, me sentía atraída hacia las habitaciones de los casos más graves, de los moribundos. Ellos fueron los mejores maestros que he tenido en mi vida. Los observaba debatirse para aceptar su destino; los oía arremeter contra Dios; no sabía qué decir cuando gritaban «¿por qué yo?», y los escuchaba hacer las paces con Él. Me di cuenta de que si había otro ser humano que se preocupara por ellos, llegaban a aceptar su sino. A ese proceso lo llamaría yo después las diferentes fases del morir, aunque puede aplicarse a la forma como enfrentamos cualquier tipo de pérdida.

Escuchando, llegué a saber que todos los moribundos saben que se están muriendo. No es cuestión de preguntarse «¿se lo decimos?» ni «¿lo sabe?».

La única pregunta es: «¿Soy capaz de oírlo?»

En otra parte del mundo mi padre estaba tratando de encontrar a alguien que lo escuchara. En septiembre mi madre llamó para informarnos de que mi padre estaba en el hospital, moribundo. Me aseguró que esta vez no se trataba de una falsa alarma. Manny no tenía tiempo libre, pero yo cogí a Kenneth y al día siguiente partí en el primer avión.

En el hospital vi que se estaba muriendo. Tenía septicemia, una infección mortal causada por una operación chapucera que le habían practicado en el codo. Se hallaba conectado con máquinas que le extraían el pus del abdomen. Estaba muy delgado y padecía muchos dolores. Los remedios ya no le hacían ningún efecto. Lo único que quería era irse a casa. Nadie le hacía caso. Su médico se negaba a dejarlo marchar, y por lo tanto el hospital también.

Pero mi padre amenazó con suicidarse si no le permitían morir en la paz y comodidad de su casa. Mi madre estaba tan cansada y angustiada que también amenazó con suicidarse. Yo conocía la historia de la que nadie hablaba en esos momentos. Mi abuelo, el padre de mi padre, que se había fracturado la columna, murió en un sanatorio. Su último deseo fue que lo llevaran a casa, pero mi padre se negó, prefiriendo hacer caso a los médicos. En esos momentos papá se encontraba en la misma situación.

Nadie en el hospital hizo el menor caso de que yo fuera médico. Me dijeron que podía llevármelo a casa si firmaba un documento que los eximiera de toda responsabilidad.

—El trayecto probablemente lo va a matar —me advirtió su médico.

Yo miré a mi padre, en la cama, impotente, aquejado de dolores y deseoso de irse a casa. La decisión era mía. En ese momento recordé mi caída en una grieta cuando andábamos de excursión por un glaciar. Si no hubiera sido por la cuerda que me lanzó y me enseñó a atarme, habría caído al abismo y no estaría viva. Yo iba a rescatarlo a él esta vez.

Firmé el documento.

Mi tozudo padre, una vez conseguido lo que quería, deseó celebrarlo. Me pidió un vaso de su vino favorito, que yo había metido a hurtadillas en su habitación unos días antes. Mientras le ayudaba a sostener el vaso para que bebiera, vi cómo salía el vino por uno de los tubos que tenía insertados en el cuerpo. Entonces supe que era el momento de dejarlo marchar.

Una vez que el equipamiento médico estuvo instalado en su habitación, lo llevamos a casa. Yo iba sentada a su lado en la ambulancia, observando cómo se le alegraba el ánimo a medida que nos acercábamos a casa. De tanto en tanto me apretaba la mano para expresarme lo mucho que me agradecía todo eso. Cuando los auxiliares de la ambulancia lo llevaron a su dormitorio, vi lo marchito que estaba su cuerpo en otro tiempo tan fuerte y potente. Pero continuó dando órdenes a todo el mundo hasta cuando lo tuvieron instalado en su cama.

—Por fin en casa —musitó.

Durante los dos días siguientes dormitó apaciblemente. Cuando estaba consciente miraba fotografías de sus amadas montañas o sus trofeos de esquí. Mi madre y yo nos turnábamos para velar junto a su cama. Por el motivo que fuera, mis hermanas no pudieron ir a casa, pero llamaban continuamente.

Habíamos contratado a una enfermera, aunque yo asumí la responsabilidad de mantener a mi padre limpio y cómodo. Eso me recordó que ser enfermera es un arduo trabajo.

Cuando se aproximaba el final, mi padre se negó a comer, le dolía demasiado. Pero pedía diferentes botellas de vino de su bodega. Muy propio de él.

La penúltima noche lo observé dormir inquieto, molesto por terribles dolores. En un momento crítico le puse una inyección de morfina. Al día siguiente por la tarde ocurrió algo de lo más extraordinario. Mi padre despertó de su sueño agitado y me pidió que abriera la ventana para poder oír con más claridad las campanas de la iglesia. Estuvimos un rato escuchando las conocidas campanadas de la Kreuzkirche. Después comenzó a hablar con su padre, pidiéndole disculpas por haberlo dejado morir en ese horrible sanatorio. «Tal vez lo he pagado con estos sufrimientos», le dijo, y le prometió que lo vería pronto.

En medio de esa conversación se volvió a mí para pedirme un vaso de agua. Yo me maravillé de que se orientara tan bien y fuera capaz de pasar de una realidad a otra. Lógicamente, no oí ni vi a mi abuelo. Al parecer mi padre arregló muchísimos asuntos pendientes. Esa noche se debilitó considerablemente. Yo me acosté en una cama plegable junto a la suya. Por la mañana comprobé que estaba cómodo, le di un cariñoso beso en la frente, le apreté la mano y salí a prepararme un café en la cocina. Estuve fuera dos minutos. Cuando volví, mi padre estaba muerto.

Durante la media hora siguiente, mi madre y yo estuvimos sentadas junto a él despidiéndonos. Había sido un gran hombre, pero ya no estaba allí. Aquello que había conformado el ser de mi padre, la energía, el espíritu y la mente, ya no estaba. Su alma había salido volando de su cuerpo físico. Yo estaba segura de que su padre lo había guiado directo al cielo, donde ciertamente estaba envuelto en el amor incondicional de Dios. Entonces no tenía yo ningún conocimiento de la vida después de la muerte, pero estaba segura de que mi padre estaba finalmente en paz.

¿Qué hacer a continuación? Notifiqué su fallecimiento al Departamento de Salud de la ciudad, que no sólo se llevarían el cadáver sino que proporcionarían gratis el ataúd y la limusina para el funeral. Inexplicablemente, la enfermera que yo había contratado se marchó en cuanto se enteró de que mi padre había muerto y me transfirió la obligación de prodigar las últimas atenciones al cadáver. Una amiga, la doctora Bridgette Willisau, me prestó su generosa ayuda. Juntas lo lavamos, limpiamos el pus y las heces de su deteriorado cuerpo y lo vestimos con un bonito traje. Trabajamos en una especie de silencio religioso. Agradecida, pensé que mi padre había tenido la oportunidad de ver a Kenneth y que mi hijo había conocido a su abuelo aunque fuera por un breve período de tiempo. Yo nunca conocí a mis abuelos.

Cuando llegaron los dos funcionarios con el ataúd, mi padre estaba vestido sobre la cama en una habitación limpia y ordenada. Después de colocarlo con toda delicadeza dentro del féretro, uno de los hombres me llevó hacia un lado y me preguntó si quería coger algunas flores del jardín para ponérselas entre las manos. ¿Cómo lo sabía? ¿Cómo pude haberlo olvidado? Fue mi padre quien había estimulado mi amor por las flores, quien me había abierto los ojos a la belleza de la naturaleza. Corrí escaleras abajo llevando a Kenneth de la mano, y después de recoger los más hermosos crisantemos que pudimos encontrar los pusimos entre las manos de mi padre.

El funeral se celebró tres días después. En la misma capilla donde se casaron sus hijas, mi padre fue recordado por las personas con quienes había trabajado, por alumnos a los que había enseñado y por sus amigos del Club de Esquí. A excepción de mi hermano, toda la familia asistió al servicio, que acabó con sus himnos favoritos. Nuestro duelo duró algún tiempo más, pero a ninguno nos quedó ningún pesar. Esa noche escribí en mi diario: «Mi padre ha vivido de verdad hasta el momento de su muerte.»

17

MI PRIMERA CONFERENCIA

En 1962 ya me había convertido en una estadounidense; bastaron cuatro años para ello. Masticaba chicle, comía hamburguesas, tomaba cereales azucarados para desayunar y apoyaba a Kennedy contra Nixon. Preparé a mi madre para una de sus visitas con una carta en que le advertía: «No te escandalices demasiado al saber que para salir uso pantalones con tanta frecuencia como faldas.»

Pero continuaba sintiendo una especie de inquietud, una sensación interior de que, a pesar de mi matrimonio y maternidad, aún no estaba establecida en la vida. No me sentía establecida. Traté de comprender eso escribiendo en mi diario: «Todavía no sé por qué estoy en Estados Unidos, pero tiene que haber un motivo. Sé que hay una frontera por allí y que alguna vez voy a internarme en el territorio desconocido.»

No tengo idea de qué me hacía pensar eso, pero ese verano, tal como había pronosticado, viajamos al Oeste. Manny y yo encontramos puestos en la Universidad de Colorado, la única Facultad de Medicina del país que tenía vacantes en neuropatología y psiquiatría. Viajamos a Denver en el descapotable nuevo de Manny. Mi madre nos acompañó y nos ayudó a atender a Kenneth. Encontré maravilloso, majestuoso y amplio el paisaje; se renovó mi entusiasmo y mi pasión por la Madre Naturaleza.

Llegados a Denver nos encontramos con que la casa aún no estaba totalmente lista. No importaba; dejamos aparcada la caravana en el camino de entrada y emprendimos un recorrido turístico. Visitamos al hermano de Manny en Los Ángeles y de ahí nos fuimos a Tijuana, y eso sólo porque mi madre, novata en la lectura de mapas, nos aseguró que estaba «al lado». A la vuelta yo tuve la idea de ir a la zona llamada Cuatro Esquinas, el punto de intersección de Arizona, Utah, Colorado y Nuevo México.

Fue una oportunidad fabulosa de contemplar las grandes mesetas, molas y rocas del valle Monument. Sentí una misteriosa afinidad con ese lugar, sobre todo cuando en la distancia divisé a una india a caballo. La escena me pareció tan familiar como si la hubiera visto antes; entonces sentí un estremecimiento de emoción al recordar mi sueño en el barco la noche anterior a nuestra llegada a Estados Unidos. No les dije nada a mi madre ni a Manny, pero esa noche, sentada en la cama, permití a mi mente hacer todas las preguntas que quisiera, por estrafalarias que parecieran. Después, para no olvidarlo, saqué mi diario y escribí:

Sé muy poco sobre la teoría de la reencarnación; siempre he tenido la tendencia a relacionar la reencarnación con personas de la nueva ola que explican sus vidas anteriores en una habitación llena de incienso. Ése no ha sido mi tipo de educación. Me siento a gusto en los laboratorios. Pero ahora sé que existen misterios de la mente, la psique, y el espíritu que no se pueden investigar al microscopio ni con reacciones químicas. A su tiempo sabré más; con el tiempo lo comprenderé.

En Denver volví a la realidad, en la que buscaba una finalidad para mi vida. Eso fue particularmente cierto en el hospital. Era psiquiatra, pero la psiquiatría normal no estaba hecha para mí. También traté de trabajar con adultos y niños aquejados de problemas. Pero lo que finalmente captó mi interés fue el tipo de psiquiatría intuitiva que había practicado con las esquizofrénicas en el Hospital Estatal de Manhattan, el tipo de interacción personal que sustituye a los medicamentos y las sesiones de grupo. Hablé de ello con mis colegas de la universidad, pero ninguno mostró aprobación ni me infundió aliento.

¿Qué podía hacer? Les pedí consejo a tres distinguidos y famosos psiquiatras; me sugirieron que me analizara en el famoso Instituto Psicoanalítico de Chicago, respuesta tradicional que en esos momentos no consideré práctica para mi vida.

Por aquel entonces asistí a una conferencia del catedrático Sydney Margolin, el respetado jefe del nuevo laboratorio de psicofisiología del departamento psiquiátrico. Desde el estrado, el profesor Margolin captaba poderosamente la atención. Era un hombre mayor, de largos cabellos grises que hablaba con un fuerte acento austríaco. Era un orador fascinante, un excelente actor. Después de unos minutos de escucharlo comprendí que era exactamente lo que necesitaba.

No resultaba sorprendente que sus charlas fueran muy populares. Asistí a varias. Daba la impresión de que se materializaba en el estrado. Los temas de sus charlas eran siempre una sorpresa. Un día me decidí a seguirlo a su despacho y me presenté. Él se mostró muy amable y pronto descubrí que era aún más fascinante al hablar con él personalmente. Conversamos muchísimo rato, en alemán y en inglés. Igual que en algunas de sus charlas, tocamos todos los temas. Aproveché para explicarle mi situación y él me habló de su interés por la tribu india ute.

A diferencia de sus colegas, no me dijo nada de ir a Chicago, sino que me animó a trabajar en su laboratorio. Acepté.

El profesor Margolin era un jefe difícil y exigente, pero el trabajar a sus órdenes en enfermedades psicosomáticas fue lo más gratificante que yo hiciera en Denver. A veces me limitaba a recomponer algún antiguo equipo electrónico desechado por otros departamentos que él aprovechaba. Eso me gustaba. Era un médico heterodoxo. Por ejemplo, en su equipo había un electricista, un hombre que sabía hacer de todo y una fiel secretaria. El laboratorio estaba lleno de instrumentos como polígrafos, electrocardiógrafos, etc. Al profesor Margolin le interesaba medir la relación entre los pensamientos y emociones de un paciente y su patología. Entre sus métodos estaba también la hipnosis, y creía en la reencarnación.

Mi felicidad en el trabajo se reflejaba en mi vida hogareña. Manny también estaba contento con su trabajo; era un importante conferenciante en el departamento de neurología. Nuestro hogar era todo lo que yo había soñado que sería la vida de familia. En el patio construí un jardín rocoso al estilo suizo en el que no faltaba una picea, flores alpinas y mi primera edelweiss norteamericana. Los fines de semana llevábamos a Kenneth al zoológico y hacíamos excursiones por las Rocosas. También pasábamos agradables veladas con el profesor Margolin y su esposa, escuchando música y conversando sobre diversos temas, desde las teorías de Freud hasta las de vidas anteriores.

Las desilusiones fueron pocas, pero importantes para nuestra familia. En 1964, nuestro segundo año en Denver, quedé embarazada dos veces y las dos veces perdí al bebé con un aborto espontáneo. Cada vez se me hacía más difícil soportar la frustración, más que la pérdida. Tanto Manny como yo deseábamos añadir otro hijo a nuestra prole. Yo quería tener dos hijos. Ya tenía a mi hijo. Si Dios era bueno, tendría también una hija. Decidí seguir intentándolo.

El catedrático Margolin viajaba con frecuencia. Un día me llamó a su despacho para anunciarme su próximo viaje a Europa, para una estancia de dos semanas. Yo pensé que sólo quería hablar de ciudades y lugares, como solíamos hacer cuando recordábamos nuestras muy viajadas juventudes. Pero en esta ocasión no se trataba de eso. Imprevisible como siempre, me designó para reemplazarlo en sus charlas en la Facultad de Medicina. Yo tardé un momento en captar su petición, pero cuando la entendí al instante comencé a sudar de nerviosismo.

No sólo lo consideré un honor, también me pareció algo imposible. El profesor Margolin era un orador animado e interesante cuyas conferencias semejaban más bien espectáculos intelectuales de un solo actor. Eran las que atraían mayor número de público en la facultad. ¿Cómo podía yo ponerme en su pellejo? Cuando me veía obligada a hablar delante de un grupo, fuera grande o pequeño, me invadían una timidez y una inseguridad terribles.

—Tiene dos semanas para prepararse —me dijo en tono tranquilizador—. Yo no sigo ningún plan preestablecido. Si quiere, eche una mirada a mis archivos. Elija cualquier tema que le apetezca.

Después del pánico surgió la obligación. Durante la semana siguiente me instalé en la biblioteca y leí libro tras libro tratando de encontrar un tema original. No me entusiasmaba la psiquiatría al uso. Tampoco me gustaba la cantidad de medicamentos que se administraba a los pacientes para hacerlos «manejables». Descarté también todo lo que fuera demasiado especializado, por ejemplo todo lo que tratara de las diferentes psicosis. Al fin y al cabo, la mayoría de los alumnos que asistían a las conferencias estaban interesados en otras especialidades, no en psiquiatría.

Pero tenía que llenar dos horas y necesitaba un tema que aportara los conocimientos de psiquiatría que yo creía necesarios para los futuros médicos. ¿Qué podía interesar a un ortopedista o a un urólogo? Según mi experiencia, la mayoría de los médicos se mostraban demasiado distanciados en su trato con los pacientes. Les hacía mucha falta enfrentarse a los sentimientos, temores y defensas normales que sentían las personas al entrar en el hospital. Necesitaban tratar a los pacientes como a seres humanos iguales que ellos.

Así pues, buscaba algo que tuvieran en común todos, pero por muchos libros que mirara, no se me ocurría nada.

De pronto un día me vino algo a la cabeza: la muerte. Todos los enfermos y médicos pensaban en ella. La mayoría la temían. Tarde o temprano, todos tendrían que enfrentarse a ella; eso era algo que médicos y enfermos tenían en común, y era probablemente el mayor misterio de la medicina. Y el mayor tabú también.

Ése fue mi tema. Busqué libros para investigarlo, pero en la biblioteca no había material, aparte de un difícil tratado psicoanalítico y unos cuantos estudios sociológicos sobre los ritos mortuorios de los budistas, judíos, indios norteamericanos y otros. Yo deseaba un enfoque distinto. Mi tesis era la simple idea de que los médicos se sentirían menos violentos ante la muerte si la entendieran mejor, si sencillamente hablaran de cómo es morir.

Bueno, estaba sola y debía lanzarme. El catedrático Margolin siempre dividía en dos partes sus charlas; dedicaba la primera a los aspectos teóricos, y en la segunda presentaba pruebas empíricas que respaldaran lo que había dicho antes. Trabajé más que nunca preparando la primera hora, y luego vi que tenía que inventar algo para la segunda.

¿Qué?

Durante varios días anduve por el hospital pensando, explorando y deseando que se me ocurriera algo. Un día, cuando hacía mi ronda de visitas, me senté en la cama de una chica de dieciséis años que iba a morir de leucemia. Estábamos hablando de su situación, como habíamos hecho muchas veces antes, cuando de pronto caí en la cuenta de que a Linda no le costaba esfuerzo alguno hablar de su estado con sinceridad y sin rodeos. El trato impersonal que le dispensaba su médico ahogaba las esperanzas que pudiera tener, pero Linda también expresaba libre y elocuentemente su rabia hacia su familia, que había adoptado una actitud errónea ante el hecho de que estuviera moribunda. Hacía poco su madre había hecho pública su situación, pidiendo a la gente que le enviaran tarjetas de felicitación para su cumpleaños, «Felices 16», porque estaba segura de que ése sería su último aniversario.

Ese día había llegado una inmensa saca con felicitaciones de cumpleaños. Todas las tarjetas eran bien intencionadas pero impersonales, escritas por personas totalmente desconocidas. Mientras conversábamos, Linda hizo a un lado las tarjetas con sus brazos delgaduchos y frágiles. Se le colorearon de rabia las pálidas mejillas y me dijo que en lugar de eso prefería visitas cariñosas de sus familiares.

—Ojalá pensaran en cómo me siento —exclamó—. Lo que quiero decir es ¿por qué yo? ¿Por qué Dios me eligió a mí para morir?

Me sentí fascinada por esa niña valiente y en ese momento supe que los alumnos de medicina tenían que oírla.

—Diles todas las cosas que nunca podrías decirle a

tu madre —la insté—. Diles lo que es tener dieciséis años y estar moribunda. Si estás furiosa, expresa tu furia. Emplea las palabras que quieras. Simplemente habla con el alma y el corazón.

El día de la charla subí al estrado delante del enorme anfiteatro y leí mis notas mecanografiadas. Tal vez se debió a mi acento suizo, pero la reacción de los oyentes fue muy distinta de la que suscitaba el profesor Margolin. Los alumnos se comportaron francamente mal; masticaban chicle, hablaban entre ellos y en general se mostraron mal educados y groseros. De todos modos yo continué mi clase, preguntándome si alguno de esos alumnos sería capaz de dar una charla en francés o alemán. También pensé en las facultades de medicina suizas, donde los catedráticos inspiraban el mayor de los respetos a los alumnos. Nadie se atrevería a masticar chicle ni a murmurar durante la clase. Pero me encontraba a miles de kilómetros de mi tierra natal.

También estaba tan absorta en mi disertación que no me fijé en que hacia el final de la primera hora los alumnos estaban más callados y se comportaban mejor. Pero en esos momentos yo ya me sentía tranquila, pensando con ilusión en la sorpresa que les daría en la segunda mitad, al presentarles a una enferma moribunda.

Durante el descanso fui a buscar a mi valiente chica de dieciséis años, que se había puesto un vestido muy bonito y se había peinado, y la llevé en silla de ruedas hasta el estrado en el centro del auditorio. Si yo había estado hecha un manojo de nervios durante la primera hora, los límpidos ojos castaños de Linda y su decidido mentón indicaban que estaba absolutamente tranquila y preparada.

Cuando los alumnos volvieron del descanso, ocuparon sus asientos nerviosos y en silencio, mientras yo presentaba a la chica y les explicaba que se había ofrecido generosamente a responder a sus preguntas sobre lo que es ser un enfermo terminal. Se produjo un ligero e inquieto revuelo al cambiar todos de posición en sus asientos, y después, silencio, un silencio tan profundo que llegaba a ser perturbador. Era evidente que los alumnos se sentían incómodos. Cuando pedí voluntarios, nadie levantó la mano. Finalmente elegí a unos cuantos, los llamé al estrado y les pedí que hicieran preguntas. Las únicas preguntas que se les ocurrieron eran relativas a los recuentos sanguíneos, tamaño del hígado, su reacción a la quimioterapia y otros detalles clínicos.

Cuando estaba claro que no iban a preguntarle nada acerca de sus sentimientos personales, decidí llevar la entrevista en la dirección que yo había imaginado. Pero no tuve necesidad de hacerlo. Linda perdió la paciencia con sus interrogadores y, en un apasionado ataque de rabia, clavó los ojos en ellos y planteó y contestó las preguntas que siempre había deseado le hicieran su médico y el equipo de especialistas. ¿Qué se siente cuando te dan sólo unas cuantas semanas de vida y tienes dieciséis años? ¿Cómo es no poder soñar con el baile de fin de curso al terminar los estudios secundarios? ¿O con salir con un chico? ¿O no tener que elegir una profesión para cuando seas mayor? ¿Qué se hace para vivir cada día? ¿Por qué no me dicen la verdad?

Cuando ya llevábamos cerca de media hora, Linda se cansó y la llevé a su cama; los alumnos se quedaron en un emotivo y atónito silencio casi reverencial. ¡Qué cambio se había producido en ellos! Aunque ya había pasado el tiempo de la charla, ninguno se levantó para marcharse. Querían hablar, pero no sabían qué decir, hasta que yo inicié la conversación. La mayoría reconoció que Linda los había conmovido hasta las lágrimas. Finalmente sugerí que si bien sus reacciones habían sido provocadas por la chica moribunda, se debían en realidad al reconocimiento de su propia mortalidad. Muchos de ellos no habían reflexionado nunca sobre los sentimientos y temores que provoca la posibilidad e inevitabilidad de la propia muerte. No podían dejar de pensar qué sentirían si estuvieran en el lugar de Linda.

—Ahora reaccionáis como seres humanos, no como científicos —comenté.

Silencio.

—Tal vez ahora no sólo vais a saber cómo se siente un moribundo sino también seréis capaces de tratarlos con compasión, con la misma compasión con que desearíais que os trataran a vosotros.

Agotada por la charla, me senté en mi consulta a beber café, y de pronto me puse a pensar en un accidente que sufrí cuando trabajaba en el laboratorio de Zúrich en 1943. Estaba mezclando unas sustancias químicas cuando se me cayó la redoma y estalló en llamas, provocándome quemaduras en las manos, la cara y la cabeza. Pasé dos semanas tremendamente dolorida en el hospital; no podía hablar ni mover las manos, y cada día los médicos me torturaban al quitarme las vendas y de paso arrancándome también la piel sensible; después me desinfectaban las heridas con nitrato de plata y las volvían a vendar. Su pronóstico era que jamás recuperaría la movilidad total de los dedos.

Pero por la noche, y sin que lo supiera mi médico, un técnico de laboratorio amigo entraba subrepticiamente en mi habitación equipado con un artilugio de su invención con el que iba poniendo cada vez más peso en mis dedos para ejercitarlos lentamente. Era nuestro secreto. Una semana antes de que me dieran el alta, el médico llevó a un grupo de estudiantes de medicina para que me vieran. Mientras les explicaba mi caso y por qué me habían quedado inutilizables los dedos, yo reprimía un fuerte deseo de reírme, hasta que de pronto levanté la mano y moví los dedos, flexionándolos y doblándolos. Se quedaron pasmados.

—¿Cómo? —me preguntó el médico.

Le conté mi secreto, y creo que todos aprendieron algo de él. Les cambió para siempre la forma de pensar.

Bueno, hacía sólo unas horas, Linda, de dieciséis años, había hecho lo mismo para un grupo de alumnos de medicina. Les había enseñado algo que yo también estaba aprendiendo: qué resulta valioso y oportuno al final de la vida y qué es un desperdicio de tiempo y energías. La verdad es que todos seguiríamos recordando las lecciones de su corta vida durante muchos años después de que muriera.

Había muchísimo que aprender sobre la vida escuchando a los moribundos.

18

MATERNIDAD

Durante el tiempo en que di esas charlas, en las que también traté otros temas además del de la muerte, trabajé motivada por una finalidad, pero cuando volvió el profesor Margolin, tuve la impresión de que se desvanecía esa motivación. No obstante, la necesitaba tanto que envié una solicitud al Instituto Psicoanalítico de Chicago, aunque la sola idea de pasar cada día varias horas sometida al psicoanálisis era suficiente para odiarme a mí misma, y ese sentimiento se hizo más fuerte cuando a comienzos de 1963 me aceptaron la solicitud. Pero entonces tuve la disculpa para rechazarla: descubrí que estaba embarazada.

Al igual que me ocurriera con Kenneth, presentí que ese bebé iba a llegar a término. Incluso me hice una pequeña operación que según mi tocólogo era necesaria para «mantener al bebé en el horno». Pero durante los nueve meses estuve en perfecto estado de salud tanto en lo físico como en lo emocional. No tuve dificultad para compaginar mi trabajo en el hospital, donde llevaba un pabellón de personas muy perturbadas, con mi vida doméstica. Kenneth, que por entonces tenía tres años y era muy activo y alegre, estaba feliz ante la perspectiva de tener un hermanito o hermanita.

El 5 de diciembre de 1963 rompí aguas, cuando acababa de dar una charla. Era demasiado pronto para que comenzara el parto, pero me senté ante mi escritorio y le pedí a un alumno que llamara a Manny. Puesto que trabajaba en el mismo edificio, éste llegó a los pocos minutos. Aunque yo me sentía perfectamente bien, igual que momentos antes, me llevó a casa y llamó por teléfono al tocólogo. Éste no se preocupó especialmente y me dijo que descansara y fuera a verlo en su consulta el lunes. Simplemente tenía que estar en cama, controlarme la temperatura y evitar hacer esfuerzos, me dijo.

Eso es fácil de decir para un hombre. Si me iban a hospitalizar el lunes, tenía que hacer algunos preparativos. Me pasé el fin de semana cocinando platos para congelar, para Manny y Kenneth, y dejando lista una maleta con ropa. El lunes por la mañana me sentía bien, pero cuando entré en la consulta del tocólogo tenía la pared abdominal tan dura como una piedra. El médico se alarmó y asustó por esa anomalía. Pensó que era peritonitis, una peligrosa infección que se podría haber evitado si me hubiera visitado el día que rompí aguas.

Me llevaron a toda prisa al Hospital Católico, que estaba cerca, y allí las monjas se dispusieron a inducir el parto, mientras mi médico me informaba que era probable que el bebé fuera demasiado pequeño para sobrevivir. Ciertamente no iba a tolerar ningún tipo de analgésico, me dijo. Mientras me decía eso, yo ya estaba experimentando fuertes dolores. Un simple toque en el abdomen me producía un dolor terrible, oleadas tras oleadas de dolor, hasta dejarme extenuada.

Observé que las monjas habían preparado una mesa con un recipiente de agua bendita y todo lo necesario para el bautismo. Sabía lo que significaba eso; suponían que el bebé iba a morir. En lugar de ocuparse de mí y mi salud, querían asegurarse de poder bautizar al recién nacido antes de que muriera.

Durante cuarenta y ocho horas navegué por oleadas

de dolores, perdiendo y recuperando el conocimiento. Manny estaba sentado a mi lado, pero no podía hacer nada para acelerar el parto. Casi dejé de respirar una vez, y varias veces tuve la impresión de que me estaba muriendo. Hacia el final, el médico me puso una inyección espinal a fin de aliviarme el dolor, pero nada dio resultado. Lo que fuera a ocurrir tenía que ocurrir naturalmente. Por fin, después de dos días de dolores, oí el llanto de un recién nacido. «Es una niña», dijo alguien.

Aunque todos esperaban un bebé muerto, Barbara estaba muy viva y luchando por continuar así. Pesó casi 1,400 kilos. Alcancé a mirarle detenidamente la carita antes de que una monja se la llevara para ponerla en la incubadora. Más adelante yo haría notar la similitud con mi nacimiento, cuando era una «cosita de novecientos gramos» que nadie esperaba que sobreviviera. Pero entonces, agotada por los incesantes dolores, apenas tuve energías para sonreír por el nacimiento de la hija que tanto deseaba, y después caí en un sueño profundo y reparador.

Después de pasar tres días en el hospital, volví a casa, pero desgraciadamente no me permitieron llevarme a mi bebé. A la pequeña le costaba ganar peso, por lo cual los médicos consideraron que debía continuar en el hospital hasta que estuviera más fuerte. Durante la semana siguiente iba en coche hasta allí cada tres horas para amamantarla. A los pediatras no les sentó bien que les dijera que podía cuidar mejor de mi hija en casa, pero finalmente, al cabo de siete días, me puse mi bata blanca de laboratorio y yo misma saqué a mi hija del hospital.

Bueno, el cuadro estaba completo. Tenía un hogar, un marido y mis hermosos hijos Kenneth y Barbara. El trabajo en casa se multiplicó, pero recuerdo una noche cuando estaba en la cocina contemplando a Kenneth meciendo a su hermanita sobre las rodillas; Manny estaba sentado en su sillón leyendo. Mi pequeño mundo estaba en orden.

Sin embargo Manny, que era el único neuropatólogo de Denver, comenzó a sentirse inquieto e impaciente; allí no veía satisfechas sus ambiciones y ansiaba más estímulo intelectual. Yo lo comprendí y le dije que buscara otro puesto. Yo iría adondequiera que él encontrara una buena colocación para los dos.

En la primavera de 1965 llevé a los niños a Suiza a pasar unos días, y cuando volvimos Manny ya había encontrado puestos para los dos o bien en Albuquerque (Nuevo México) o en Chicago. No fue difícil hacer la elección.

A comienzos del verano nos trasladamos a Chicago. En realidad encontramos una casa moderna de dos plantas en Marynook, un barrio de clase media en que se practicaba la integración racial. Manny aceptó una buena oferta del Centro Médico de la Universidad Nororiental, y yo entré en el departamento psiquiátrico del Hospital Billings, que estaba asociado con la Universidad de Chicago, y organicé las cosas para someterme a psicoanálisis en el Instituto Psicoanalítico.

El análisis no era algo que me entusiasmara mucho. Lo olvidé convenientemente hasta que un día sonó el teléfono cuando estaba sacando cosas de las cajas de mudanza. Oí una voz masculina autoritaria y arrogante. Eso ya me desmoralizó. Esta persona me llamaba para decirme que mi primera sesión con un analista muy bien seleccionado por el Instituto estaba programada para el lunes siguiente.

Le expliqué que acabábamos de mudarnos y que todavía no tenía a nadie con quien dejar a los niños, de modo que esa hora no me convenía. Pero él no aceptó excusas.

A partir de allí todo fue de mal en peor. Para la primera sesión me hicieron esperar cuarenta y cinco minutos. Cuando el analista me hizo entrar en su consulta, me senté y esperé sus instrucciones. No ocurrió nada.

Transcurrió el tiempo en un terrible y rígido silencio. El analista se limitaba a mirarme tristemente. Me sentí como si me estuvieran torturando.

—¿Piensa seguir sentada ahí en silencio? —me preguntó finalmente.

Creí que ésa era la señal para que empezara a hablar, de modo que me esforcé por contarle cosas de mi vida cotidiana y de las dificultades que había supuesto para mí el hecho de ser trilliza. Pero a los pocos minutos me interrumpió. Me dijo que no entendía una sílaba de lo que decía y que mi problema era evidente. Tenía un impedimento en el habla.

—No sé cómo el Instituto la ha elegido para adiestrarse en psicoanálisis. Ni siquiera sabe hablar.

Consideré que eso ya era suficiente. Me levanté y salí dando un portazo. Esa noche me llamó a casa para pedirme que volviera para otra sesión, aunque sólo fuera para poner término a nuestra aversión mutua. No sé qué loco motivo me indujo a aceptar. Pero la segunda sesión duró aún menos tiempo que la anterior. Llegué a la conclusión de que simplemente no nos caíamos bien y que no tenía ningún sentido tratar de averiguar por qué.

De todas formas no renuncié al análisis. Después de pedir recomendaciones, al fin programé con el doctor Helmut Baum una serie de sesiones que continuaron durante treinta y nueve meses. Finalmente comprendí que el análisis tenía cierto valor. Me sirvió para conocer con más profundidad mi personalidad, para explicarme por qué era tan testaruda e independiente.

Todavía no me había convertido en entusiasta de la psiquiatría clásica, ni de los muy publicitados descubrimientos farmacéuticos de mi departamento. Encontraba que se confiaba demasiado a menudo en los medicamentos. Pensaba que no se tomaban suficientemente en cuenta las condiciones sociales, culturales y familiares del paciente. Tampoco me gustaba la insistencia en que había que publicar artículos científicos ni el relieve que se les daba. En mi opinión, se daba más importancia a los académicos que escribían esos trabajos que al trato a los pacientes y sus problemas.

Sin duda por ese motivo lo que me gustaba por encima de todo era trabajar con estudiantes de medicina. A ellos les interesaba discutir nuevas ideas, opiniones, actitudes y proyectos de investigación. Leían con avidez los estudios de casos clínicos. Deseaban tener experiencias propias. En poco tiempo mi despacho se convirtió en un imán para esos alumnos, que propagaron el rumor de que en el campus existía un lugar donde se podían airear las opiniones y problemas ante una oyente paciente y comprensiva. Allí escuché todo tipo de preguntas imaginables. Y entonces ocurrió algo que me demostró por qué no era casualidad que estuviera en Chicago.

19

SOBRE LA MUERTE
Y LOS MORIBUNDOS

Mi vida era un juego malabar que habría asustado a Freud y a Jung. Además de arrostrar el terrible tráfico del centro de Chicago, encontrar una persona que me llevara la casa, batallar con Manny para que me permitiera tener mi propia cuenta corriente y hacer las compras, preparaba mis charlas y era el enlace psiquiátrico con los demás departamentos del hospital. A veces tenía la impresión de que me sería imposible cargar con ni una sola responsabilidad más.

Pero un día del otoño de 1965 golpearon a la puerta de mi despacho. Cuatro alumnos del Seminario Teológico de Chicago se presentaron y me dijeron que estaban haciendo investigaciones para una tesis en que proponían que la muerte es la crisis definitiva que la gente tiene que enfrentar. No sé cómo habían encontrado una transcripción de mi primera charla en Denver, pero alguien les dijo que yo también había escrito un artículo; no lograban encontrarlo y por eso acudían a mí.

Se llevaron una desilusión cuando les dije que ese artículo no existía, pero los invité a sentarse y charlar. No me sorprendió que los alumnos del seminario estuvieran interesados en el tema de la muerte y la forma de morir. Tenían tantos motivos para estudiar la muerte como cualquier médico; también trataban con moribundos. Ciertamente se planteaban preguntas sobre la muerte y el morir que no se podían contestar leyendo la Biblia.

Durante la conversación reconocieron que se sentían impotentes y confusos cuando la gente les hacía preguntas acerca de la muerte. Ninguno de ellos había hablado jamás con moribundos ni había visto un cadáver. Me preguntaron si se me ocurría de qué modo podrían tener esa experiencia práctica. Incluso sugirieron observarme cuando yo visitaba a un moribundo. En esos momentos yo no sabía lo que me ofrecían con esa propuesta: un acicate para mi trabajo con la muerte y la forma de morir.

Durante la semana siguiente pensé en que mi trabajo como enlace psiquiátrico me brindaba la oportunidad de comunicarme con pacientes de los departamentos de oncología, medicina interna y ginecología. Algunos padecían enfermedades terminales, otros tenían que esperar sentados, solos y angustiados, los tratamientos de radio y quimioterapia, o simplemente que les hicieran una radiografía. Pero todos se sentían asustados y solos, y ansiaban angustiosamente poder hablar con alguien de sus preocupaciones. Yo hacía eso de modo natural. Les hacía una pregunta y era como abrir una compuerta.

Así pues, durante mis rondas visité las salas en busca de algún moribundo que estuviera dispuesto a hablar con los estudiantes de teología. Les pregunté a varios médicos si tenían algún paciente moribundo, pero reaccionaron disgustados. El médico que supervisaba las habitaciones donde se concentraba la mayor parte de los enfermos terminales no sólo me negó el permiso para hablar con ellos sino que me reprendió por «explotarlos». En aquel tiempo pocos médicos reconocían siquiera que sus pacientes se estaban muriendo, de modo que lo que yo pedía era muy revolucionario. Probablemente debería haber sido más delicada y hábil.

Finalmente un médico me señaló un anciano de su

sector, que se estaba muriendo de enfisema; me dijo algo así como «Pruebe con ése, no le puede hacer daño». Inmediatamente entré en la habitación y me acerqué a la cama del enfermo. Tenía insertados tubos para respirar y era evidente que estaba muy débil. Pero me pareció perfecto. Le pregunté si le molestaría que al día siguiente trajera a unos alumnos para que le hicieran preguntas sobre cómo se sentía en ese momento de su vida. Me pareció que comprendía mi misión. Pero me dijo que los trajera inmediatamente.

—No, los traeré mañana —le dije.

Mi primer error fue no hacerle caso. Quiso advertirme que le quedaba muy poco tiempo, pero no lo escuché. Al día siguiente llevé a los cuatro seminaristas a su habitación, pero se había debilitado muchísimo más, de modo que apenas pudo pronunciar una o dos palabras. Pero me reconoció y agradeció nuestra presencia apretándome la mano con la suya. Una lágrima le corrió por la mejilla.

—Gracias por intentarlo —le susurré.

Estuvimos acompañándolo un rato y después llevé a los estudiantes de vuelta a mi despacho, donde al cabo de un momento recibí el mensaje de que el anciano acababa de morir.

Me sentí fatal por haber antepuesto las exigencias de mi horario a la petición del paciente. Ese anciano había muerto sin poder decirle a otro ser humano lo que tanto había deseado decir. Más adelante yo encontraría a otro enfermo dispuesto a hablar con mis seminaristas. Pero esa primera lección fue muy dura, y no la olvidaría jamás.

Tal vez el principal obstáculo que nos impide comprender la muerte es que nuestro inconsciente es incapaz de aceptar que nuestra existencia deba terminar. Sólo ve la interrupción de la vida bajo el aspecto de un final trágico, un asesinato, un accidente mortal o una enfermedad repentina e incurable. Es decir, un dolor terrible. Para la mente del médico la muerte significaba otra cosa: un fracaso. Yo no podía dejar de observar que todo el mundo en el hospital evitaba el tema de la muerte.

En ese moderno hospital, morir era un acontecimiento triste, solitario e impersonal. A los enfermos terminales se los llevaba a las habitaciones de la parte de atrás. En la sala de urgencias se dejaba a los pacientes absolutamente solos mientras los médicos y los familiares discutían sobre si había que decirles o no lo que tenían. Para mí, la única pregunta que era necesario plantearse era «¿Cómo se lo decimos?». Si alguien me hubiera preguntado cuál era la situación ideal para un moribundo yo habría retrocedido hasta mi infancia y contado la muerte del granjero que se fue a su casa para estar con sus familiares y amigos. La verdad siempre es lo mejor.

Los grandes adelantos de la medicina habían convencido a la gente de que la vida debe transcurrir sin dolor. Puesto que la muerte iba asociada con el dolor, la evitaban. Los adultos rara vez hablaban de algo que tuviera que ver con ella. Si era forzoso hablar, se enviaba a los niños a otra habitación. Pero los hechos son incontrovertibles. La muerte forma parte de la vida, es la parte más importante de la vida. Los médicos, que eran muy duchos en prolongar la vida, no entendían que la muerte forma parte de ella. Si no se tiene una buena vida, incluso en los momentos finales, entonces no se puede tener una buena muerte.

La necesidad de explorar esos temas a nivel científico era tan grande que fue inevitable que la responsabilidad recayera sobre mis hombros. Tal como ocurría con las clases que impartía mi mentor el profesor Margolin, mis charlas sobre la esquizofrenia y otras enfermedades mentales se consideraban heterodoxas, pero eran muy populares en la Facultad de Medicina. Los alumnos más osados e inquisitivos comentaron mi experiencia con los cuatro estudiantes de teología. Poco después de Navidad, un grupo de alumnos de las facultades de Medicina y Teología me preguntaron si podía organizar otra entrevista con un enfermo moribundo.

Acepté intentarlo, y seis meses después, a mediados de 1967, ya dirigía un seminario todos los viernes. No asistía a él ni un solo médico del hospital, hecho que reflejaba la opinión que les merecían mis clases, pero éstas tenían muchos adeptos entre los alumnos de medicina y teología; asistía además un sorprendente número de enfermeros, enfermeras, sacerdotes, rabinos y asistentes sociales. Dado que muchas personas tenían que permanecer de pie, trasladé el seminario a un aula más amplia, aunque la entrevista con el enfermo moribundo la realizaba en una sala más pequeña provista de un cristal reflectante sólo transparente por un lado, y de un sistema audiotransmisor, para que por lo menos existiera la ilusión de intimidad.

Todos los lunes comenzaba a buscar un paciente. Nunca fue fácil, dado que la mayoría de los médicos me creían trastornada y consideraban que en los seminarios explotábamos a los enfermos. Mis colegas más diplomáticos se disculpaban diciendo que sus pacientes no eran buenos candidatos. La mayoría sencillamente me prohibía hablar con sus pacientes más graves. Una tarde estaba con un grupo de sacerdotes y enfermeras en mi despacho cuando sonó el teléfono y por el receptor se oyó la voz estridente y furiosa de un médico: «¿Cómo tiene el descaro de hablarle a la señora K. de la muerte cuando ni siquiera sabe lo enferma que está y es posible que vuelva nuevamente a su casa?»

Justamente, ése era el problema. Los médicos que evitaban mi trabajo y mis seminarios por lo general tenían pacientes a los que, lamentablemente, les resultaba difícil enfrentarse a su enfermedad. Dado que los médicos estaban tan ocupados con sus propias preocupaciones, los enfermos ni siquiera tenían la oportunidad de hablar de sus temores.

Mi objetivo era romper esa capa de negación profesional que prohibía a los enfermos hablar de sus preocupaciones más íntimas. Recuerdo una de las frustrantes búsquedas de un enfermo adecuado para entrevistar, que ya he contado antes. Médico tras médico me informaron que en su sector no se estaba muriendo nadie. De pronto vi en el pasillo a un anciano que estaba leyendo un diario, bajo el titular «Los viejos soldados nunca mueren». Por su apariencia pensé que su salud estaba en declive y le pregunté si le molestaba leer sobre esos temas. Me miró con desdén, como si yo fuera igual que los demás médicos que preferían no tener que ver con la realidad. Bueno, resultó ser fabuloso para la entrevista.

Mirando en retrospectiva, creo que mi sexo influía mucho en la resistencia con que me encontraba. Al ser una mujer que había sufrido cuatro abortos espontáneos y dado a luz a dos hijos sanos, yo aceptaba la muerte como parte del ciclo natural de la vida. No tenía otra alternativa; era inevitable. Era el riesgo que se asume cuando se da a luz, a la vez que el riesgo que se acepta simplemente por estar viva. Pero la mayoría de los médicos eran hombres y, a excepción de unos pocos, para todos la muerte significaba una especie de fracaso.

En esos primeros días de lo que se vendría a llamar el nacimiento de la tanatología, o estudio de la muerte, mi mejor maestra fue una negra del personal de limpieza. No recuerdo su nombre, pero la veía con regularidad por los pasillos, tanto de día como de noche, según nuestros respectivos turnos. Lo que me llamó la atención en ella fue el efecto que tenía en muchos de los pacientes más graves. Cada vez que ella salía de sus habitaciones, yo notaba una diferencia palpable en la actitud de esos enfermos.

Deseé conocer su secreto. Muerta de curiosidad, literalmente espiaba a esa mujer que ni siquiera había terminado sus estudios secundarios, pero que conocía un gran secreto.

Un día se cruzaron nuestros caminos en el pasillo. De pronto me dije lo que solía decir a mis alumnos: «Por el amor de Dios, si tienes una pregunta, hazla.» Haciendo acopio de todo mi valor, caminé decidida hacia ella, de manera algo agresiva tal vez, lo cual de seguro la sobresaltó, y sin la más mínima sutileza ni encanto le solté:

—¿Qué les hace a mis enfermos moribundos?

Lógicamente ella se puso a la defensiva:

—Sólo les limpio el suelo —contestó educadamente, y se alejó.

—No me refiero a eso —dije, pero ya era demasiado tarde.

Durante las dos semanas siguientes, nos espiamos mutuamente con cierta desconfianza. Era casi como un juego. Finalmente, una tarde ella se hizo la encontradiza conmigo en un pasillo y me arrastró hacia la parte de atrás del puesto de las enfermeras. Todo un cuadro, una ayudante de cátedra vestida de blanco arrastrada por una humilde mujer de la limpieza, de raza negra. Cuando estuvimos totalmente a solas, cuando nadie podía escucharnos, me contó la trágica historia de su vida y desnudó su alma y corazón de una manera que superaba mi comprensión.

Procedente del sector sur de Chicago, había crecido en un ambiente de pobreza y penalidades. Vivía en una casa sin calefacción ni agua caliente donde los niños siempre estaban malnutridos y enfermos. Como la mayoría de la gente pobre, no tenía ninguna defensa contra la enfermedad y el hambre. Los niños llenaban sus hambrientos estómagos con avena barata, y los médicos eran para otra gente. Un día su hijo de tres años enfermó gravemente de neumonía. Ella lo llevó a la sala de urgencias del hospital de la localidad, pero no la admitieron porque debía diez dólares. Desesperada, caminó hasta el Hospital Condal Cook, donde tenían que admitir a las personas indigentes.

Desgraciadamente, allí se encontró en una sala llena de personas como ella, muy enfermas y necesitadas de atención médica. Le ordenaron que esperara. Pero pasadas tres horas de estar sentada allí esperando su turno, vio a su hijo resollar, lanzar un gemido y morir acunado en sus brazos.

Aunque era imposible no sentir pena por esa pérdida, a mí me impresionó más el modo en que contaba su historia. Aunque hablaba con profunda tristeza, no había en ella nada de negatividad, acusación, amargura ni resentimiento. Su actitud era tan apacible que me sorprendió. Lo encontré tan raro y yo era tan ingenua que casi le pregunté: «¿Por qué me cuenta todo esto? ¿Qué tiene que ver esto con mis enfermos moribundos?» Pero ella me miró con sus ojos oscuros bondadosos y comprensivos y me contestó como si hubiera leído mis pensamientos:

—Verá, la muerte no es una desconocida para mí. Es una vieja, vieja conocida.

Me sentí como la alumna ante la maestra.

—Ya no le tengo miedo —continuó en su tono tranquilo y franco—. A veces entro en las habitaciones de esos enfermos y veo que están petrificados de miedo y no tienen a nadie con quien hablar. Me acerco a ellos. A veces incluso les toco la mano y les digo que no se preocupen, que no es tan terrible.

Después se quedó en silencio.

Poco después conseguí que esa mujer dejara de dedicarse a la limpieza y se convirtiera en mi primera ayudante. Ella me ofrecía el apoyo que necesitaba cuando no lo encontraba en ninguna persona. Eso solo fue una lección que he tratado de transmitir. No es necesario tener un guru ni un consejero para crecer. Los maestros se presentan en todas las formas y con toda clase de disfraces. Los niños, los enfermos terminales, una mujer de la limpieza. Todas las teorías y toda la ciencia del mundo no pueden ayudar a nadie tanto como un ser humano que no teme abrir su corazón a otro.

Doy gracias a Dios por esos pocos médicos comprensivos que me permitieron acercarme a sus pacientes moribundos. Todas aquellas visitas introductorias seguían el mismo protocolo. Vestida con mi bata blanca, en la cual aparecía mi nombre y mi cargo, «Enlace psiquiátrico», les pedía permiso para hacerles preguntas delante de mis alumnos acerca de su enfermedad, de su estancia en el hospital y cualquier problema que tuvieran. Jamás empleaba las palabras «muerte» ni «morir» mientras ellos no sacaran el tema. Les daba a entender que sólo me interesaban sus nombres, edad y diagnóstico. Generalmente a los pocos minutos el paciente aceptaba. De hecho, no recuerdo que ninguno se haya negado nunca.

Normalmente el auditorio se llenaba media hora antes de que comenzara la charla. Con unos cuantos minutos de antelación yo llevaba personalmente al enfermo, en camilla o silla de ruedas, a la sala para la entrevista. Antes de comenzar me retiraba hacia un lado para rogar en silencio que la persona enferma no sufriera ningún daño y que mis preguntas la estimularan a decir lo que necesitaba decir. Mi súplica se parecía a la oración de los Alcohólicos Anónimos:

Dios mío, dame la serenidad para aceptar las cosas que no puedo cambiar, el valor para cambiar las que puedo cambiar, y la sabiduría para discernir entre ambas.

Una vez que el paciente comenzaba a hablar, y para algunos emitir un simple susurro era un terrible esfuerzo, era difícil parar el torrente de sentimientos que se habían visto obligados a reprimir. No perdían el tiempo con banalidades. La mayoría decía que se habían enterado de su enfermedad no por sus médicos sino por el cambio de comportamiento de sus familiares y amigos. De pronto notaban distanciamiento y falta de sinceridad, cuando lo que más necesitaban era la verdad. La mayoría decía que encontraban más comprensión en las enfermeras que en los médicos. «Ahora tiene la oportunidad de decirles por qué», les apuntaba yo.

Siempre he dicho que los moribundos han sido mis mejores maestros, pero hacía falta tener valor para escucharlos. Expresaban sin temor su insatisfacción respecto a la atención médica, y no se referían a la falta de cuidados materiales sino a la falta de compasión, simpatía y comprensión. A los médicos experimentados les molestaba oírse retratar como personas insensibles, asustadas e incapaces. Recuerdo a una mujer que exclamó casi llorando: «Lo único que quiere el doctor es hablar del tamaño de mi hígado. ¿Qué me importa a mí el tamaño de mi hígado en este momento? Tengo cinco hijos en casa que necesitan atención. Eso es lo que me está matando. ¡Y nadie aquí me habla de eso!»

Al final de las entrevistas los pacientes se sentían aliviados. Muchos que habían abandonado toda esperanza y se sentían inútiles disfrutaban de su nuevo papel de profesores. Aunque iban a morir, comprendían que era posible que su vida aún tuviera una finalidad, que tenían un motivo para vivir hasta el último aliento. Podían seguir creciendo espiritualmente y contribuir al crecimiento de quienes los escuchaban.

Después de cada entrevista llevaba al enfermo a su habitación y volvía junto a los alumnos para continuar sosteniendo con ellos conversaciones animadas y cargadas de emoción. Además de analizar las respuestas y reacciones del paciente, analizábamos también nuestras propias reacciones. Por lo general, los comentarios eran sorprendentes por su sinceridad. Hablando de su miedo a la muerte, que la hacía evitar totalmente el tema, una doctora dijo: «Casi no recuerdo haber visto un cadáver.» Refiriéndose a que la Biblia no le facilitaba respuestas para todas las preguntas que le hacían los enfermos, un sacerdote comentó: «No sé qué decir, así que no digo nada.»

En esas conversaciones, los médicos, sacerdotes y asistentes sociales hacían frente a su hostilidad y actitud defensiva. Analizaban y superaban sus miedos. Escuchando a pacientes moribundos todos comprendimos que deberíamos haber actuado de otra manera en el pasado y que podíamos hacerlo mejor en el futuro.

Cada vez llevaba a un enfermo al aula y después lo devolvía a su habitación, su vida me hacía pensar en «una de los millares de luces del vasto firmamento, que brilla durante breves instantes para luego desaparecer en la noche infinita». Las lecciones enseñadas por cada una de estas personas se resumían en el mismo mensaje:

Vive de tal forma que al mirar hacia atrás no lamentes haber desperdiciado la existencia.

Vive de tal forma que no lamentes las cosas que has hecho ni desees haber actuado de otra manera.

Vive con sinceridad y plenamente.

Vive.

20

ALMA Y CORAZÓN

En mi constante búsqueda de pacientes para entrevistar en los seminarios de los viernes, adquirí la costumbre de merodear por los corredores cada noche antes de irme a casa. Eran muy pocos los colegas dispuestos a ayudarme. En casa, Manny escuchaba mis frustrados comentarios hasta que al llegar a un punto perdía la paciencia; él tenía su propio trabajo. Muchas veces me sentía el ser más solitario de todo el hospital, tan sola que una noche entré en el despacho del capellán.

No podía haber hecho nada mejor. El capellán del hospital, el reverendo Renford Gaines, estaba sentado ante su escritorio. Era un negro alto y guapo de unos treinta y cinco años. Sus movimientos, como su modo de hablar, eran lentos y reflexivos. Lo conocía bien porque asistía regularmente a mis seminarios y era uno de los participantes más interesados. Lógicamente, encontraba que los conocimientos que adquiría allí le servían para aconsejar a los moribundos y a sus familiares.

Esa noche el reverendo Gaines y yo estábamos en la misma onda. Acordamos que hablar de la muerte y la forma de morir nos enseñaba que los verdaderos interrogantes que se planteaban la mayoría de los moribundos tenían más que ver con la vida que con la muerte. Deseaban sinceridad, cercanía y paz. Eso recalcaba que la forma de morir de una persona dependía de cómo vivía. Abarcaba los dominios prácticos y filosóficos, psíquicos y espirituales, es decir, los dos mundos que ambos ocupábamos.

Durante unas semanas pasamos horas inmersos en conversaciones, lo que normalmente me impedía llegar a casa a preparar la cena a una hora razonable. Pero ambos nos estimulábamos y enseñábamos mutuamente. Para una persona como yo, formada en las razones de la ciencia, el mundo espiritual del reverendo Gaines era alimento intelectual que yo devoraba. Generalmente evitaba tocar temas espirituales en mis seminarios y conversaciones con enfermos, debido a que yo era psiquiatra. Pero el interés del reverendo Gaines en mi trabajo me ofrecía una oportunidad única. Con sus conocimientos pude extender la esfera de mi trabajo para incluir la religión.

Durante una de nuestras conversaciones le pedí a mi nuevo amigo y aliado que se convirtiera en mi socio. Afortunadamente aceptó. Desde ese momento me acompañaba en mis visitas a los enfermos terminales y me ayudaba durante los seminarios. En cuanto a estilo, nos complementábamos perfectamente. Yo preguntaba lo que pasaba en el interior de la cabeza del enfermo, y el reverendo Gaines preguntaba por su alma. Nuestro paso de uno a otro tema tenía el ritmo de una partida de pimpón. Los seminarios adquirieron todavía más sentido.

Los demás también opinaban lo mismo, sobre todo los propios pacientes. Sólo uno entre doscientos pacientes se negó a hablar de los problemas resultantes de su enfermedad. Puede que resulte extraño que se mostraran tan bien dispuestos, pero explicaré el caso de la primera paciente que el reverendo Gaines y yo presentamos juntos. La señora G., de edad madura, llevaba meses enferma de cáncer, y durante su estancia en el hospital procuró que todo el mundo, desde sus familiares a las enfermeras, sufrieran con ella. Pero después de varias semanas de conversar con ella, el reverendo Gaines le calmó la ira haciendo que mejoraran sus relaciones con los demás y que hablara con el corazón en la mano, de modo que disfrutara de la compañía de las personas a las que quería. Y estas personas a su vez le devolvían su afecto.

Cuando participó en nuestro seminario, la señora G. estaba muy débil pero también moralmente transformada. «Jamás había vivido tanto en toda mi vida adulta», reconoció.

El voto de confianza más inesperado llegó a comienzos de 1969. Después de más de tres años de dirigir mis seminarios, recibí a una delegación del Seminario Luterano de Chicago, que estaba muy cerca del hospital. Yo me imaginé que sostendríamos un acalorado debate. Pero resultó que venían a pedirme que trabajara en su facultad. Como era de esperar, yo traté de esquivar la tarea aduciendo todo tipo de argumentos para demostrar que yo no les convenía, entre ellos mi aversión a la religión. Pero ellos insistieron.

—No le pedimos que enseñe teología —me explicaron—. Nosotros ya nos ocupamos de eso. Pero creemos que usted puede enseñarnos qué significa un verdadero ministerio en la práctica.

Era difícil disentir de ello, ya que mi opinión personal era que convenía que el profesor hablara en lenguaje no teológico acerca del trato con los moribundos. Con la excepción del reverendo Gaines y de los estudiantes de teología, mis experiencias con pastores de la Iglesia habían sido malísimas. Durante años la mayoría de los pacientes que pedían hablar con el capellán del hospital quedaban decepcionados. «Lo único que quieren es leer en su librito negro», era el comentario que yo escuchaba una y otra vez. En efecto, el capellán se limitaba a eludir hábilmente las preguntas importantes reemplazando la respuesta por alguna cita de la Biblia y apresurándose a salir sin saber qué más hacer.

Esa actitud hacía más daño que bien. Esto lo ilustra muy bien la historia de un niña de doce años llamada Liz. La conocí varios años después, pero de todos modos viene al caso. Cuando se estaba muriendo de cáncer, la enviaron a casa, donde yo ayudaba a sus padres y tres hermanos a enfrentarse a las diversas dificultades que presentaba el lento deterioro de la niña. Al final, la chica, convertida ya en un esqueleto con un enorme vientre lleno de tumores cancerosos, sabía la realidad de su estado, pero de todas formas se negaba a morir.

—¿Cómo es que no te puedes morir? —le pregunté un día.

—Porque no me puedo ir al cielo —me contestó llorosa—. Los curas y las hermanas me dijeron que nadie se puede ir al cielo si no ama a Dios más que a nadie en el mundo entero. —Sus sollozos arreciaron y se me acercó más—. Doctora Ross, yo quiero a mi mamá y a mi papá más que a nadie en el mundo entero.

A punto de echarme a llorar yo también, le hablé de por qué Dios le había asignado esa difícil tarea: era igual que cuando los profesores dan los problemas más difíciles sólo a los mejores alumnos. Ella lo entendió.

—Pues Dios no podría haberle dado una tarea más difícil a ningún niño —comentó.

Eso fue útil, y a los pocos días Liz fue capaz finalmente de marcharse. Pero ése era el tipo de caso que me hacía odiar la religión.

De todos modos, los luteranos me persuadieron, y acepté el trabajo docente. Mi primera charla, que tuvo lugar sólo dos semanas después de esa reunión, la di en una sala atiborrada de gente. A fin de hacerles saber claramente mi opinión sobre la religión, comencé poniendo en tela de juicio su concepto del pecado.

—Aparte de provocar culpabilidad y miedo, ¿para qué sirve? No hace otra cosa que dar trabajo a los psiquiatras —añadí riendo, para que supieran que también estaba representando el papel de abogado del diablo.

En las clases siguientes traté de inducirlos a examinar su compromiso con la vida de pastor. Si consideraban difícil discutir por qué el mundo necesitaba diferentes confesiones religiosas, muchas veces contradictorias, cuando todas ellas pretendían enseñar las mismas verdades básicas, iban a encontrar bastante arduo el futuro.

Me hice tan popular que el seminario me propuso examinar a los candidatos a ministro del Señor y eliminar a aquellos que no lo iban a conseguir. Eso fue interesante. Alrededor de un tercio de los seminaristas acabaron abandonando el seminario para convertirse en asistentes sociales o trabajar en campos afines. En general, la experiencia de dar charlas y entrevistar a los estudiantes fue fascinante, pero dejé ese trabajo al final del semestre. Las exigencias de mi ocupado programa eran demasiadas, incluso para una adicta al trabajo como yo.

La tarea que realizaba presentando los pacientes terminales a los profesionales de la medicina me parecía de lo más interesante. No me sorprendía lo mucho que podía enseñar un moribundo en uno de mis seminarios, ni tampoco lo que aprendían por sí mismos los alumnos. Muchas veces me sentía mal cuando se me atribuía todo el mérito. De hecho mi peor pesadilla era quedarme clavada diez minutos sola en el estrado sin un paciente. La sola idea me producía terror. ¿Qué podía decir?

Pues un día me ocurrió eso. Diez minutos antes de que comenzara el seminario, el enfermo que planeaba entrevistar murió inesperadamente. Teniendo cerca de ochenta personas ya sentadas en el auditorio, algunas de las cuales habían hecho un largo trayecto para acudir al hospital, no quise cancelarlo. Por otro lado, no era posible encontrar otro paciente. Paralizada en el pasillo, desde donde oía el murmullo de los alumnos en la sala, no tenía idea de qué podía hacer sin la persona a quien siempre presentaba como el verdadero profesor.

Pero una vez que estuve sobre el estrado, me dejé llevar por la inspiración y la clase resultó fantástica. Dado que en su mayor parte el público estaba formado por personas que trabajaban en el hospital o estaban relacionadas con la Facultad de Medicina, les pregunté cuál era el mayor problema que tenían en su trabajo diario. En lugar de hablar con un enfermo, hablaríamos de los principales problemas que tenían los asistentes.

—Decidme cuál es la mayor dificultad con que topáis —les propuse.

Al principio reinó un silencio absoluto en la sala, pero pasados unos incómodos instantes se alzaron varias manos. Ante mi gran sorpresa, las primeras dos personas que hablaron dijeron que su problema era un determinado médico, en realidad director de departamento, que trabajaba casi exclusivamente con enfermos de cáncer muy graves. Era un excelente médico, explicaron, pero si alguien llegaba a insinuar siquiera que era posible que alguno de sus pacientes no respondiera al tratamiento, él contestaba de modo muy desagradable. Otras personas que lo conocían hicieron gestos de asentimiento con la cabeza.

Aunque yo no dije nada, al instante comprendí de qué médico se trataba porque había tenido varios encontronazos con él; no soportaba sus modales bruscos, su arrogancia ni su falta de sinceridad. En dos ocasiones, en mi calidad de jefa del servicio de enlace psicosomático, me habían llamado para visitar a sus pacientes moribundos. Él me había dicho que uno no tenía cáncer y que la otra enferma era sólo cuestión de tiempo que se sintiera mejor. En los dos casos las radiografías mostraban metástasis extendidas e inoperables.

Ciertamente era el médico quien necesitaba un psiquiatra. Tenía un grave problema con la muerte, aunque yo no podía decirle eso a sus pacientes. No podía ayudarlos criticando a otra persona, y mucho menos a alguien en quien confiaban. Pero en el seminario era diferente. Hicimos cuenta de que el doctor M. era el enfermo y hablamos de las dificultades que teníamos con él. Analizamos qué nos decían esos problemas acerca de nosotros mismos. Casi todos los participantes reconocieron tener prejuicios contra aquellos de sus colegas, médicos o enfermeros que tenían problemas. Los consideraban de una manera distinta que a los pacientes normales. Yo estuve de acuerdo e ilustré la situación con mis propios sentimientos por ese médico.

—No se puede ayudar a alguien a menos que se le tenga una cierta simpatía. —A continuación hice la pregunta—. ¿Hay alguien aquí que le tenga cierta simpatía?

Rodeada de miradas y sonrisitas hostiles, una joven levantó la mano lentamente y con cierta vacilación.

—¿Estás trastornada? —le pregunté medio en broma, medio sorprendida.

A eso siguió una buena carcajada.

Entonces la enfermera, se puso en pie y habló con una tranquilidad y claridad llenas de nobleza.

—No conocéis a ese hombre —dijo—. No conocéis a la persona.

Nuevamente se hizo el silencio. Su frágil voz lo rompió con una detallada descripción de cómo el doctor M. comenzaba su ronda avanzada la noche, horas después de que se hubieran marchado a casa los demás médicos.

—Empieza en la habitación más alejada del puesto de enfermeras y va avanzando hacia donde yo me siento habitualmente —explicó—. Entra en la primera habitación muy erguido, con aspecto confiado y seguro. Pero cada vez que sale de una habitación tiene la espalda más encorvada. Poco a poco su postura se va pareciendo más a la de un anciano. —Con gestos representaba el drama nocturno obligando a todo el mundo a imaginarse la escena—. Cuando sale de la habitación del último paciente, este médico parece destrozado. Se ve claramente que no siente ni la más mínima alegría, esperanza o satisfacción por su trabajo.

El simple hecho de observar ese drama noche tras noche la afectaba. Imaginémonos cómo se sentía el médico que lo vivía. Todos los asistentes tenían los ojos húmedos cuando la enfermera explicó cuánto deseaba darle unas suaves palmaditas al doctor, como haría un amigo, y decirle que sabía lo terrible y desesperanzado que era su trabajo. Pero el sistema de castas del hospital impedía ese comportamiento tan humano.

—Sólo soy una enfermera —explicó.

Sin embargo, ese tipo de compasión y amistosa comprensión era justamente la ayuda que necesitaba ese médico, y puesto que esa joven enfermera era la única en la sala que se preocupaba por él, era ella quien tenía que hacerlo. Le sugerí que se obligara a dar ese paso.

—No lo pienses, simplemente haz lo que te dicte el corazón. Si lo ayudas —añadí—, vas a ayudar a miles y miles de personas.

Después de una semana de vacaciones, estaba ante mi escritorio poniéndome al día con el trabajo cuando de pronto se abrió la puerta y entró precipitadamente una joven. Era la enfermera de ese seminario.

—¡Lo he hecho! ¡Lo he hecho!

Ese viernes había observado al doctor M. hacer su ronda y acabar destrozado, tal como lo había descrito. El drama se repitió el sábado, pero con una complicación adicional. Ese día habían muerto dos de sus pacientes. El domingo lo vio salir de la última habitación, encorvado y deprimido. Obligándose a actuar se le acercó, esforzándose por tenderle la mano. Pero antes de hacerlo exclamó:

—¡Dios mío! Esto debe de resultarle terriblemente difícil.

De pronto el doctor M. la cogió del brazo y la llevó a su despacho. Allí, tras la puerta cerrada, el médico le expresó todo su dolor, aflicción y angustia reprimidos. Le contó todos los sacrificios que había tenido que hacer para estudiar en la facultad; cómo sus amigos ya tenían trabajo y buenos ingresos cuando él comenzó la práctica como residente; cómo trataba de mejorar a sus pacientes mientras aquellos compañeros ya tenían familia y se construían casas para pasar las vacaciones. En lugar de vivir se había pasado la vida aprendiendo una especialidad. Por fin ya era el jefe de su departamento. Tenía un puesto en el que podía hacer algo importante para sus pacientes.

—Pero todos se mueren —sollozó—. Uno tras otro. Todos se me mueren.

Al escuchar esta historia en el siguiente seminario sobre la muerte y el morir, todos comprendieron el extraordinario poder sanador que puede tener una persona simplemente reuniendo el valor de actuar impulsada por sus sentimientos. Antes de que hubiera transcurrido un año, el doctor M. comenzó a tratarse psiquiátricamente conmigo. Pasados unos tres años estaba en terapia a tiempo completo. Su vida mejoró espectacularmente. En lugar de acabar quemado y deprimido, redescubrió las maravillosas cualidades de cariño y comprensión que lo habían motivado para estudiar medicina. Ojalá ese hombre supiera a cuántas personas he ayudado al contarles su historia a lo largo de los años.

21

MI MADRE

Mi vida debería haberme parecido perfecta puesto que era el cuadro mismo de la dicha. En 1969 nos mudamos a una preciosa casa diseñada por Frank Lloyd Wright en Flossmoor, un barrio de clase alta. Mi nuevo jardín huerta era bastante extenso, por lo que Manny y los niños me regalaron un minitractor para mi cumpleaños. Manny estaba encantado con su nuevo estudio e instaló un fabuloso equipo estereofónico para que yo escuchara música country desde mi cocina de ensueño. Los niños estaban internos en un destacado colegio privado.

Pero a mí me parecía casi demasiado perfecto para ser cierto. Era como un sueño del que suponía iba a despertar. Una buena mañana desperté sabiendo el origen de mi inquietud. Estábamos en la tierra de la abundancia, donde no nos faltaba nada, y yo no había transmitido a mis hijos justamente aquello que había sido lo más importante durante mi infancia. Quería que supieran lo que era levantarse temprano, hacer excursiones por las colinas y montañas, apreciar y reconocer las flores, las diferentes hierbas, los grillos y las mariposas. Quería que recogieran flores y piedras de colores durante el día, y que por la noche dejaran que las estrellas les llenaran de sueños la cabeza.

No me detuve a pensar lo que debía hacer. Ésa no era mi manera de actuar. Tomé la decisión rápidamente: la semana siguiente saqué a Kenneth y Barbara del colegio y nos marchamos en avión a Suiza. Mi madre se reunió con nosotros en Zermatt, una encantadora aldea alpina donde estaban prohibidos los coches y la vida era bastante parecida a lo que había sido hacía cien años. Eso era lo que deseaba. El tiempo estaba divino. Hicimos excursiones con los niños, en las cuales subieron montañas, corrieron a lo largo de los riachuelos y persiguieron animales. Recogían flores y se llevaban piedrecillas a casa. Tenían las mejillas sonrosadas, tostadas por el sol. Fue una experiencia inolvidable.

Pero resultó que no fue inolvidable por eso. La última noche, entre mi madre y yo acostamos a los niños. Ella se quedó para darles besos y abrazos extra de buenas noches mientras yo salía al balcón. Me estaba columpiando en una vieja mecedora hecha a mano cuando se abrió la puerta corredera del dormitorio y mi madre se unió a mí para disfrutar del aire fresco de la noche.

Las dos contemplamos maravilladas la luna, que parecía flotar sobre el Matterhorn. Mi madre se sentó a mi lado; estuvimos en silencio durante un buen rato, cada una sumida en sus pensamientos. La semana había sido mejor de lo que yo había imaginado. No podía haberme sentido más feliz. Pensé en los habitantes de todas las ciudades del mundo que jamás hacían un esfuerzo por contemplar un cielo tan precioso. Soportaban la vida mirando la televisión y bebiendo alcohol. Mi madre aparentaba sentirse tan feliz como yo, tanto en ese momento como con su vida.

No sé cuánto rato estuvimos sentadas en silencio, gozando de la mutua compañía, pero mi madre rompió finalmente el hechizo. Podría haber dicho millones de cosas en esos instantes, cualquier cosa, pero dijo:

—Elisabeth, no vivimos eternamente.

Hay motivos para que las personas digan ciertas cosas en ciertos momentos. Yo no tenía idea de por qué mi madre me decía eso entonces y en ese lugar. Tal vez se debía a la enormidad del firmamento; tal vez porque se sentía relajada y más unida a mí después de haber pasado esa semana juntas.

Tal vez, como creo ahora, tuvo una premonición, un atisbo del futuro. En todo caso, continuó:

—Tú eres el único médico de la familia y si se presentara una urgencia, cuento contigo.

¿Qué urgencia? Pese a sus setenta y siete años, había participado en todas las excursiones sin ningún problema, ningún achaque. Estaba perfectamente sana.

No supe qué decir. Sentí deseos de gritarle algo, pero en realidad ella no me dejó lugar. Continuó en esa morbosa dirección:

—Si alguna vez me convierto en vegetal, quiero que pongas fin a mi vida.

Yo me sentía cada vez más molesta y le dije algo así como «Deja de hablar así», pero ella repitió la petición. Por el motivo que fuera, me estaba estropeando la noche y tal vez todas las vacaciones.

—Déjate de tonterías —le supliqué—. No va a ocurrir nada de eso.

Al parecer a ella la traía sin cuidado lo que yo pensara en esos momentos; además, era cierto que yo no podía asegurarle que no iba a acabar como un vegetal. En fin, esa conversación me fastidiaba. Finalmente me incorporé y le dije que yo estaba en contra del suicidio y que nunca, nunca jamás, ayudaría a alguien en eso, y mucho menos a mi madre, la persona cariñosa que me dio a luz y me mantuvo con vida.

—Si te ocurre algo, haré por ti lo mismo que hago por todos mis pacientes, te ayudaré a vivir hasta que mueras.

Más o menos así se terminó esa perturbardora conversación. No había nada más que decir. Me levanté y la abracé. A las dos nos corrían lágrimas por las mejillas. Ya era tarde, hora de ir a acostarnos. Al día siguiente volveríamos a Zúrich. Yo sólo deseaba pensar en los momentos agradables, no en el futuro.

Por la mañana ya se había roto el hechizo. Mi madre era la misma de siempre y disfrutamos del trayecto en tren a Zúrich. Allí se nos reunió Manny y nos alojamos en un hotel de lujo, que era más del estilo de mi marido. A mí no me importó, puesto que tenía «mi tanque» lleno de aire fresco y flores silvestres. Estuvimos una semana más en Zúrich y luego volamos de vuelta a Chicago. Me sentía absolutamente rejuvenecida, aunque no podía quitarme de la cabeza la conversación con mi madre. Traté de no hacerle caso, pero me pesaba como un nubarrón negro en la conciencia.

Tres días más tarde me llamó Eva a casa para comunicarme que el cartero había encontrado inconsciente a nuestra madre en el cuarto de baño. Había sufrido un derrame cerebral.

Cogí el siguiente avión y desde el aeropuerto fui directamente al hospital donde estaba mi madre. Incapacitada para moverse o hablar, me miró con cientos de palabras en sus profundos ojos apenados y asustados. Todas se resumían en una sola súplica, que yo entendí. Pero en ese momento sabía, como había sabido antes, que jamás podría cumplir su petición. Jamás podría ser un instrumento de su muerte.

Los días siguientes fueron difíciles. Permanecí a su lado, sentada o atendiéndola y manteniendo con ella un monólogo. Aunque no podía moverse, me contestaba con los ojos. Cerraba un ojo para decir sí, los dos para decir no. A veces lograba apretarme la mano con la mano izquierda. Hacia el final de la semana sufrió otros derrames menos graves. Perdió el control de la vejiga. Con eso se la consideró un vegetal.

—¿Estás cómoda?

Guiño de un ojo.

—¿Quieres seguir aquí?

Los dos ojos.

—Te quiero.

Un apretón en la mano.

Era exactamente la situación que ella había temido durante las vacaciones de la semana anterior. Incluso me lo había advertido: «Si alguna vez me convierto en vegetal, quiero que pongas fin a mi vida.» Su súplica en el balcón resonaba en mi memoria. ¿Sabía ella que se aproximaba esto? ¿Tendría una premonición? ¿Era posible un conocimiento interior?

¿De qué manera podía hacerle más soportable, más agradable, la vida que le quedaba?

Muchas preguntas, muy pocas respuestas.

Si yo fuera Dios, me decía en silencio, éste sería el momento para introducirme en su vida, para agradecerle el haber amado generosamente a su familia, el haber criado a sus hijos a fin de que fueran seres humanos respetables, dignos, productivos.

Por la noche tenía largas conversaciones con Él. Una tarde incluso entré en una iglesia y le hablé a la cruz. «Dios, ¿dónde estás? —le pregunté amargamente—. ¿Me oyes? ¿Existes siquiera? Mi madre ha sido una mujer buena, trabajadora, dedicada. ¿Qué piensas hacer por ella ahora que de verdad te necesita?» Pero no hubo respuesta, ni una sola señal.

Nada, sólo silencio.

Al ver a mi madre languidecer en su capullo de impotencia y tormento, casi pedía a gritos una intervención divina. En silencio le ordenaba a Dios que hiciera algo y lo hiciera rápido. Pero si Dios me oía, por lo visto no tenía ninguna prisa. Yo le dirigía palabras insultantes en suizo y en inglés. Pero continuó sin impresionarse.

Aunque tuvimos largas discusiones con los médicos del hospital y de fuera, sólo teníamos dos opciones. O bien mi madre continuaba en ese hospital docente, donde le aplicarían todos los tratamientos posibles, aunque eran pocas las probabilidades de mejoría; o bien la llevábamos a una residencia menos cara donde recibiría esmerada atención médica pero no se emplearía ningún medio artificial para prolongarle la vida, es decir, no la conectarían a máquinas para respirar ni para otra cosa.

Con mis hermanas tuvimos una conversación muy emotiva. Las tres sabíamos qué habría elegido nuestra madre. Manny, que la consideraba su segunda madre, nos hacía llegar su experta opinión desde Estados Unidos. Afortunadamente Eva ya había localizado una excelente residencia dirigida por monjas protestantes en Riehen, cerca de Basilea, donde ella y su marido se habían construido una casa. En aquella época no existían todavía los hogares para moribundos, pero las monjas consagraban sus vidas a atender a estos pacientes especiales.

Utilizando todas nuestras influencias, conseguimos que la admitieran.

Cuando mi permiso en el hospital estaba próximo a acabarse, decidí acompañarla en la ambulancia desde Zúrich a Riehen. Para darnos ánimo y valor, llevé conmigo una botella de *Eiercognac*, ponche de huevo preparado con coñac. También hice una lista, más bien corta, de las pertenencias más queridas de mi madre, y una lista de los familiares y las personas más importantes en su vida, sobre todo de aquellas que la ayudaron durante los años posteriores a la muerte de mi padre; ésta era más larga.

Durante el trayecto ambas fuimos adjudicando las cosas a las personas más adecuadas. Nos llevó mucho tiempo determinar qué convenía a quién, por ejemplo la estola y el gorro de armiño que le habíamos enviado desde Nueva York. Cada vez que encontrábamos lo que convenía a una persona, bebíamos un trago de *Eiercognac*. El encargado de la ambulancia tenía sus dudas respecto a eso, pero yo lo tranquilicé diciéndole: «No pasa nada, soy médico.»

No sólo realizamos algo que a mi madre le procuró paz mental sino que cuando llegamos a la residencia nuestro estado de ánimo era alegre.

La habitación de mi madre daba a un jardín. Se sintió a gusto allí. Durante el día podría oír el canto de los pájaros en los árboles, y por la noche tendría una buena vista del cielo. Antes de despedirme le metí un pañuelo perfumado en la mano semibuena. Generalmente le gustaba sostener un pañuelo en la mano. Comprobé que estaba relajada y contenta en una residencia donde ella sabía que la calidad de su vida era la consideración principal.

Por alguna razón, a Dios le pareció bien mantenerla viva cuatro años más. Su estado negaba cualquier probabilidad de supervivencia. Mis hermanas se ocupaban de que estuviera bien y cómoda y jamás sola. Yo iba a visitarla con frecuencia. Mis pensamientos siempre volvían a esa fatídica noche en Zermatt. La oía suplicarme que pusiera fin a su vida si acababa como un vegetal. Tuvo que haber sido una premonición, porque justamente estaba en el estado que había temido. Era trágico.

De todos modos, yo sabía que no era el final. Mi madre continuaba recibiendo y dando amor. A su manera estaba creciendo espiritualmente y aprendiendo las lecciones que necesitaba aprender. Eso deberíamos saberlo todos. La vida acaba cuando hemos aprendido todo lo que tenemos que aprender. Por lo tanto, cualquier idea de poner fin a su vida, como ella había pedido, era aún más inimaginable que antes.

Yo quería saber por qué mi madre iba a acabar así.

Continuamente me preguntaba qué lección querría enseñarle Dios a esa amante mujer.

Incluso pensaba si tal vez ella nos estaría enseñando algo a los demás.

Pero mientras continuara sobreviviendo sin ningún apoyo artificial, no había nada que hacer aparte de amarla.

22

LA FINALIDAD DE LA VIDA

Era inevitable que tuviera que buscar enfermos terminales fuera del hospital. Mi trabajo con moribundos ponía muy nerviosos a muchos de mis colegas. En el hospital eran pocas las personas dispuestas a hablar de la muerte. Era más difícil aún encontrar a alguien que reconociera que las personas se estaban muriendo. La muerte no era un tema del que hablaran los médicos. Así, cuando mi búsqueda semanal de pacientes moribundos se me hizo casi imposible, comencé a llamar desde casa a enfermos de cáncer de los barrios vecinos, como Homewood y Flossmoor.

Yo proponía un convenio de beneficio mutuo. A cambio de atención terapéutica gratis a domicilio, los enfermos aceptaban ser entrevistados en mis seminarios. Ese método dio pie a más polémica todavía en el hospital, donde ya consideraban explotador mi trabajo. Y las cosas empeoraron. Cuando los enfermos y sus familiares manifestaron públicamente cuánto agradecían mi tarea, los demás médicos encontraron otro motivo más para ofenderse. Yo no podía ganar.

Pero me comportaba como una ganadora. Además de atender a mi familia y de realizar mi trabajo, hacía tareas como voluntaria para varias organizaciones. Una vez al mes examinaba a los candidatos para los Cuerpos de Paz. Probablemente allí los sentimientos hacia mí eran encontrados, porque tendía a aprobar a aquellos que a mi juicio buscaban el riesgo y no a los moderados que preferían mis socios. También pasaba medio día a la semana en el Lighthouse for the Blind (Faro para los Ciegos) de Chicago, trabajando con niños y padres. Pero tengo la impresión de que ellos me daban más a mí que yo a ellos.

Las personas que conocí allí, adultos y niños por igual, estaban todos batallando con las cartas que les había servido el destino. Yo observaba su manera de arreglárselas. Sus vidas eran montañas rusas de sufrimiento y valor, depresión y logros. Continuamente me preguntaba qué podía hacer yo, que tenía vista, para ayudarlos. Lo principal que hacía era escucharlos, pero también los animaba a «ver» que todavía les era posible llevar vidas plenas, productivas y felices. La vida es un reto, no una tragedia.

A veces eso era pedir demasiado. Veía a demasiados bebés nacidos ciegos, y también a otros nacidos hidrocefálicos, a quienes se los consideraba vegetales y se los colocaba en instituciones para el resto de sus vidas. Qué manera de desperdiciar la existencia. También estaban los padres que no lograban encontrar ayuda ni apoyo. Observé que muchos padres cuyos hijos nacían ciegos mostraban las mismas reacciones que mis moribundos. La realidad suele ser difícil de aceptar, pero ¿qué otra alternativa hay?

Recuerdo a una madre que tuvo nueve meses de embarazo normal, sin ningún motivo para esperar otra cosa que un hijo normal y sano, pero durante el parto ocurrió algo y su hija nació ciega. Reaccionó como si hubiera habido una muerte en su familia, lo cual era lógico. Pero una vez superado el trauma inicial, comenzó a imaginar que algún día su hija, llamada Heidi, terminaría sus estudios secundarios y aprendería una profesión.

Ésa era una reacción sana y maravillosa.

Por desgracia, habló con algunos profesionales que le dijeron que sus sueños no eran realistas y le aconsejaron que pusiera a la niña en una institución. Eso causó un terrible sufrimiento a la familia. Pero afortunadamente, antes de tomar ninguna medida, acudieron al Lighthouse, que fue donde conocí a esta mujer.

Evidentemente, yo no podía ofrecerle ningún milagro que le devolviera la vista a su hija, pero sí escuché sus problemas. Y cuando me preguntó mi opinión, le dije a esa madre, que tanto deseaba un milagro, que ningún niño nace tan defectuoso que Dios no lo dote con algún don especial.

—Olvide toda expectativa —le dije—. Lo único que tiene que hacer es abrazar y amar a su hija como a un regalo de Dios.

—¿Y después? —me preguntó.

—A su tiempo Él revelará su don especial.

No tenía idea de dónde me brotaron esas palabras, pero las creía. Y la madre se marchó con renovadas esperanzas.

Muchos años después, estaba leyendo un diario cuando vi un artículo sobre Heidi, la niñita del Lighthouse. Ya adulta, Heidi era una prometedora pianista y acababa de actuar en público por primera vez. En el artículo, el crítico decía maravillas sobre su talento. Sin pérdida de tiempo contacté con la madre, que con orgullo me contó cómo había luchado por criar a su hija; repentinamente la niña demostró estar dotada para la música. Su talento floreció como una flor y su madre atribuyó el mérito a mis alentadoras palabras.

—Habría sido tan fácil rechazarla —comentó—. Eso fue lo que me dijeron que hiciera las otras personas.

Naturalmente yo comentaba esos gratificantes momentos con mi familia, y deseaba que mis hijos no tomaran nada por descontado. Nada está garantizado en la vida, fuera de que todo el mundo tiene que enfrentarse a dificultades. Así es como aprendemos. Algunos se enfrentan a dificultades desde el instante en que nacen. Ésas son las personas más especiales de todas, que necesitan el mayor cariño, atención y comprensión, y nos recuerdan que la única finalidad de la vida es el amor.

Créanlo o no, había personas que realmente pensaban que yo sabía de qué hablaba. Una de esas personas fue Clement Alexandre, jefe de redacción de la editorial Macmillan de Nueva York. No sé cómo llegó a su escritorio un corto artículo que yo había escrito sobre mis seminarios «La muerte y el morir». Eso lo indujo a volar hasta Chicago a preguntarme si desearía escribir un libro sobre mi trabajo con moribundos. Yo me quedé pasmada, muda de asombro, incluso cuando él me presentó un contrato para firmar, en que se me ofrecían 7.000 dólares a cambio de 50.000 palabras.

Bueno, acepté, siempre que me dieran tres meses para escribir el libro. Eso les pareció bien a los de Macmillan. Pero luego me quedé sola para calcular cómo me las iba a arreglar para atender a dos hijos, un marido, un trabajo a jornada completa y otras varias cosas, y además escribir un libro. Observé que en el contrato ya habían puesto título al libro: *On Death and Dying* (*Sobre la muerte y los moribundos*, en su versión castellana). Me gustó. Llamé a Manny para contarle la buena nueva, y después comencé a imaginarme como escritora; no me lo podía creer.

Pero ¿por qué no? Tenía innumerables historias de casos y observaciones amontonadas en la cabeza. Durante tres semanas me instalé en mi escritorio por la noche, cuando Kenneth y Barbara ya estaban durmiendo, hasta conseguir hacerme una idea del libro. Vi con mucha claridad cómo todos mis pacientes moribundos, en realidad todas las personas que sufrían una pérdida, pasaban por fases similares. Comenzaban con un estado de fuerte conmoción y negación, luego indignación y rabia, y después aflicción y dolor. Más adelante regateaban con Dios; se deprimían preguntándose «¿Por qué yo?». Y finalmente se retiraban dentro de sí mismos durante un tiempo, aislándose de los demás mientras llegaban, en el mejor de los casos, a una fase de paz y aceptación (no de resignación, que es lo que se produce cuando no se pueden compartir las lágrimas ni expresar la rabia).

En realidad, vi con más claridad esas fases en los padres que había conocido en Lighthouse. El nacimiento de un hijo ciego era para ellos como una pérdida, la pérdida del hijo normal y sano que esperaban. Pasaban por la conmoción y la rabia, la negación y la depresión, y finalmente, ayudados por alguna terapia, lograban aceptar lo que no se podía cambiar.

Las personas que habían perdido o iban a perder a un pariente próximo pasaban por las mismas cinco fases, comenzando por la negación y conmoción. «No puede ser que vaya a morir mi esposa. Acaba de tener un hijo, ¿cómo me va a abandonar?» O exclamaban: «No, yo no, no puede ser que vaya a morir.» La negación es una defensa, una forma normal y sana de enfrentarse a una noticia horrible, inesperada, repentina. Permite a la persona considerar el posible fin de su vida y después volver a la vida como ha sido siempre.

Cuando ya no es posible continuar negándolo, la actitud es reemplazada por la rabia. La persona ya no se pregunta «¿Por qué yo?» sino «¿Por qué no él o ella?». Esta fase es particularmente difícil para los familiares, médicos, enfermeras, amigos, etc. La rabia del paciente sale disparada como perdigones, y golpea a todo el mundo. El enfermo despotrica contra Dios, sus familiares, contra toda persona que esté sana. También podría gritar: «Estoy vivo, no lo olvides.» No hay que tomar esa rabia como ofensa personal.

Si se les permitía expresar la rabia sin sentimientos de culpabilidad o vergüenza, solían pasar por la fase de regateo: «Dios mío, deja vivir a mi esposa lo suficiente para que vea a esta hija entrar en el parvulario»; después añadían otra súplica: «Espera hasta que haya terminado el colegio, así tendrá edad suficiente para soportar la muerte de su madre»; etcétera. Muy pronto advertí que las promesas hechas a Dios no se cumplían jamás. Simplemente regateaban elevando cada vez más la apuesta.

Pero el tiempo que pasa el paciente regateando es beneficioso para la persona que lo atiende. Aunque está furioso, ya no está tan consumido por la hostilidad hasta el punto de no oír. El paciente no está tan deprimido que no sea capaz de comunicarse. Puede que haya disparos de balas, pero no apuntarán a nadie. Yo aconsejaba que había que aprovechar ese momento para ayudar al paciente a cerrar cualquier asunto pendiente que tuviera. Había que entrar en su habitación, hacerle enfrentar viejas pendencias, añadir leña al fuego, permitirle exteriorizar su furia para que se librara de ella, y entonces los viejos odios se transformarían en amor y comprensión.

En algún momento los enfermos se van a sentir muy deprimidos por los cambios que están experimentando. Eso es natural. ¿Quién no se sentiría así? No pueden seguir negando la enfermedad ni asimilar todavía las graves limitaciones físicas. Con el tiempo es posible que a todo esto se añadan las dificultades económicas. Se producen cambios drásticos y debilitadores en la apariencia física. Una mujer se amarga porque la pérdida de un pecho la hace menos mujer. Cuando ese tipo de preocupaciones se expresan y se tratan con sinceridad, los pacientes suelen reaccionar maravillosamente.

El tipo de depresión más difícil viene cuando el enfermo comprende que lo va a perder todo y a todas las personas que ama. Es una especie de depresión silenciosa; ese estado no tiene ningún lado luminoso. Tampoco hay ninguna palabra tranquilizadora que se pueda decir para aliviar ese estado mental en que se renuncia al pasado y se trata de imaginar el inimaginable futuro. La mejor ayuda es permitirle sentir su aflicción, decir una oración, simplemente tocarlo con cariño o sentarse a su lado en silencio.

Si a los enfermos terminales se les da la oportunidad de expresar su rabia, llorar y lamentarse, concluir sus asuntos pendientes, hablar de sus temores, pasar por esas fases, van a llegar a la última fase, la aceptación. No van a sentirse felices, pero tampoco deprimidos o furiosos. Es un período de resignación silenciosa y meditativa, de expectación apacible. Desaparece la lucha anterior para dar paso a la necesidad de dormir mucho, lo que en *Sobre la muerte y los moribundos* yo llamo «el último descanso antes del largo viaje».

Al cabo de dos meses terminé el libro. Comprendí que había creado exactamente el tipo de libro que deseaba encontrar en la biblioteca cuando buscaba datos para mi primera charla. Envié por correo el texto definitivo. Aunque no tenía idea de si iba a convertirse en un libro importante, estaba absolutamente segura de que la información que contenía era muy importante. Esperaba que no se interpretara mal el mensaje. Mis pacientes moribundos jamás mejoraron en el sentido físico, pero todos mejoraron emocional y espiritualmente. En realidad se sentían mejor que muchas personas sanas.

Más adelante alguien me preguntaría qué me habían enseñado sobre la muerte todos esos moribundos. Primero pensé dar una explicación muy clínica, pero eso no iba conmigo. Mis pacientes moribundos me enseñaron mucho más que lo que es morirse. Me dieron lecciones sobre lo que podrían haber hecho, lo que deberían haber hecho y lo que no hicieron hasta cuando fue demasiado tarde, hasta que estaban demasiado enfermos o débiles, hasta que ya eran viudos o viudas. Contemplaban su vida pasada y me enseñaban las cosas que tenían verdadero sentido, no sobre cómo morir, sino sobre cómo vivir.

23

LA FAMA

Pasé un día muy malo en el hospital. Uno de los médicos residentes de mi departamento me preguntó, más bien de mala gana, si tenía tiempo para aconsejarlo sobre un problema. Pensando que se trataría de algún problema conyugal o relacional, le dije que sí. Pero resultó que le habían ofrecido un puesto en mi departamento con un salario inicial de 15.000 dólares; quería saber si eso era aceptable.

Dado que yo era su jefa traté de disimular mi sorpresa e incredulidad. Mi salario era de 3.000 dólares menos. No era la primera vez que experimentaba en carne propia un prejuicio contra las mujeres, pero eso no me hizo sentir menos ofendida.

Después, el reverendo Gaines me comunicó que estaba buscando otro puesto. Harto de la política del hospital, deseaba tener su propia parroquia, un lugar donde efectuar un verdadero cambio en la comunidad. Me deprimí pensando que no contaría con el apoyo diario de mi único verdadero aliado en el hospital.

Me fui a casa, deseando meterme en la cocina y desaparecer del mundo. Pero incluso eso fue imposible. Me llamó por teléfono un reportero de la revista *Life* para preguntarme si podía escribir un reportaje acerca del seminario que di en la universidad sobre la muerte. Inspiré hondo, lo que va muy bien cuando uno no sabe qué decir. Aunque sabía muy poco respecto a la publicidad, estaba harta de no contar con ningún apoyo. Acepté pensando que, si se conocía mejor, mi trabajo podría mejorar la calidad de innumerables vidas.

Una vez que el reportero y yo acordamos una fecha para la entrevista, comencé a buscar un paciente para el seminario. Me resultó más difícil que de costumbre, por que el reverendo Gaines estaba fuera de la ciudad. El jefe del reportero en *Life* se enteró del artículo que éste preparaba y, llevado por la ambición, se apresuró a reemplazarlo, aunque eso no me ayudó a encontrar a un enfermo moribundo para entrevistar.

Ocurrió que un tedioso día iba recorriendo el pasillo del sector I-3, donde se concentraba la mayoría de los enfermos de cáncer, y me asomé a una habitación que tenía la puerta entreabierta. En esos momentos mis pensamientos estaban en otra parte; no iba pensando en buscar un paciente. Pero me llamó la atención la chica extraordinariamente guapa que ocupaba la habitación. Seguro que no fui yo la única persona que al verla se detuvo a mirarla.

Pero sus ojos se encontraron con los míos y me invitaron a entrar. Se llamaba Eva y tenía veintiún años. Era una beldad de cabellos oscuros, tan hermosa que podría haber sido una actriz si no hubiera estado muriéndose de leucemia. Pero todavía tenía mucha vitalidad, era conversadora, divertida, soñadora y simpática. También tenía novio.

—Mire —me dijo enseñándome su anillo.

Debería haber tenido toda la vida por delante.

Pero ella me habló de su vida tal como la tenía en esos momentos. No quería funerales, quería donar su cuerpo a la Facultad de Medicina. Estaba enfadada con su novio porque él no aceptaba su enfermedad.

—Por su causa estamos perdiendo el tiempo. Después de todo, no me queda mucho.

Lo que comprendí, y me alegró, fue que Eva deseaba vivir todo lo que le fuera posible, tener experiencias nuevas, entre ellas asistir a uno de mis seminarios. Había oído hablar de ellos y me preguntó si podía participar. Fue la primera vez que un moribundo se me adelantó a hacer la pregunta.

—¿No me hace elegible el padecer leucemia? —me preguntó.

Eso era evidente, pero primero quise advertirle de lo de la revista *Life*.

—¡Sí! —exclamó—. ¡Quiero hacerlo!

Le dije que tal vez le convendría hablarlo con sus padres.

—No tengo por qué. Tengo veintiún años. Puedo tomar mis decisiones.

Ciertamente podía, y al final de la semana la llevé en silla de ruedas por el pasillo hasta mi sala. Allí estábamos, dos mujeres preocupadas de si estaríamos bien peinadas para la cámara. Una vez que estuvimos delante de los alumnos, mi corazonada respecto a Eva resultó correcta. Era un sujeto extraordinario.

En primer lugar, tenía más o menos la misma edad de la mayoría de los alumnos, lo cual dejaba patente que la muerte no sólo se lleva a los viejos. Además estaba guapísima. Con su blusa blanca y sus pantalones holgados de *tweed*, daba la impresión de que se disponía a ir a una fiesta. Pero se estaba muriendo, y su franqueza sobre esa realidad era lo más pasmoso en ella.

—Sé que mis posibilidades son una en un millón —dijo—, pero hoy sólo quiero hablar de esa única posibilidad.

Así pues, en lugar de hablar de su enfermedad, explicó cómo sería si pudiera vivir. Sus reflexiones abarcaron estudios, matrimonio, hijos, su familia y Dios. «Cuando era pequeña creía en Dios. Ahora no sé.»

Explicó que deseaba tener un perrito y volver una

vez más a su casa. Expuso sus emociones sin vacilación. Ninguna de las dos pensó ni una sola vez en el reportero o el fotógrafo que estaban grabando todo lo que decíamos y hacíamos a nuestro lado del espejo unidireccional, pero sabíamos que estaba bien.

El artículo apareció en el número del 21 de noviembre de 1969. Cuando mi teléfono comenzó a sonar yo ni siquiera tenía la revista. Lo que me preocupaba era la reacción de Eva. Por la noche me llevaron a casa varios ejemplares de la revista. A primera hora de la mañana siguiente conduje veloz hacia el hospital para enseñárselos a Eva antes de que llegaran al quiosco del hospital y la convirtieran en celebridad. Afortunadamente a ella le gustó el artículo, pero como cualquier mujer normal, sana y guapa, meneó la cabeza con desaprobación al ver las fotos. «Dios, no he salido muy bien.»

En el hospital no se sintieron tan complacidos. El primer médico que vi en el pasillo sonrió burlón y me dijo en tono desagradable: «¿Buscando otro paciente para publicidad?» Un administrador me criticó por hacer famoso el hospital por medio de la muerte: «Nuestra reputación se debe a que hacemos mejorar a la gente.» Para la mayoría, el artículo de *Life* era una prueba de que yo explotaba a los enfermos. No lo entendían. A la semana siguiente el hospital tomó medidas para abortar mis seminarios prohibiendo a los médicos que colaboraran conmigo. Fue terrible. El viernes siguiente me encontré en un auditorio casi vacío.

Aunque me sentí humillada, sabía que no podían anular todo lo que la prensa había puesto en movimiento. Ahí estaba yo en una de las revistas más importantes y respetadas del país. En la sala para la correspondencia se amontonaban las cartas dirigidas a mí. Las llamadas de personas que querían contactar conmigo bloqueban la centralita. Hice más entrevistas e incluso accedí a hablar en otras universidades e institutos.

La aparición de mi libro *Sobre la muerte y los moribundos* hizo que mi persona atrajera aún más atención. La obra se convirtió en *bestseller* internacional, y en casi todas las instituciones médicas y residencias para ancianos del país lo reconocieron como un libro importante. Incluso la gente corriente hablaba de las cinco fases. Poco sospechaba yo que el libro sería un éxito o que sería mi entrada en el mundo de la fama. Lo irónico fue que el único lugar donde no gozó de aceptación inmediata fue la unidad psiquiátrica del hospital donde yo trabajaba, clara indicación de que yo pasaría mi futuro en otra parte.

Mientras tanto, mi principal interés seguía siendo mis pacientes, que eran los verdaderos maestros. Continué viendo a mi chica de la revista *Life*, Eva. Me inquieté especialmente cuando en Nochevieja asomé la cabeza en su habitación y no la vi allí. Solté un suspiro de alivio cuando alguien me dijo que había ido a su casa por Navidad y le habían regalado el perrito que deseaba. Pero también resultó que la habían trasladado a la Unidad de Cuidados Intensivos. Corrí hacia allá y vi a sus padres en el sector de la sala de espera.

Tenían esa expresión triste e impotente que con tanta frecuencia veía en los familiares de enfermos moribundos, sentados en las salas de espera, imposibilitados de estar con sus seres queridos por las estúpidas normas de horas de visita. A causa de las normas para la UCI, los padres de Eva sólo podían verla durante cinco minutos en horas convenidas. Me indigné. Ése tal vez fuera el último día en que pudieran estar junto a su hija, acompañándola y amándola. ¿Y si se moría mientras ellos estaban sentados en la sala de espera?

En mi calidad de médico podía entrar en su habitación, y cuando lo hice la vi desnuda sobre la cama. La luz del techo, que ella no podía controlar, estaba constantemente encendida, bañándola en un fuerte resplandor del que no tenía forma de escapar. Me di cuenta de que ésa sería la última vez que la vería viva. Ella también lo sabía. Incapaz de hablar, me apretó la mano a modo de saludo y con la otra apuntó al techo. Quería que le apagara la luz.

A mí lo único que me importaba eran su comodidad y dignidad. Apagué la luz y le pedí a la enfermera que la cubriera con una sábana. Por increíble que parezca, la enfermera vaciló; era como si yo le pidiera que perdiera el tiempo. «¿Para qué?», me preguntó.

¿Para qué tapar a esa chica? Entristecida, la cubrí yo con una sábana.

Eva murió al día siguiente, el 1 de enero de 1970. Yo no tenía ningún control sobre su vida, pero el modo en que murió en el hospital, fría y sola, fue algo que no pude tolerar. Todo mi trabajo estaba orientado a cambiar ese tipo de situación. No quería que nadie muriera como Eva, sola, mientras su familia esperaba fuera en el pasillo. Soñaba con el día en que se diera prioridad a las necesidades de un ser humano.

24

LA SEÑORA SCHWARTZ

Todo cambió con los milagrosos adelantos de la medicina. Los médicos prolongaban vidas mediante trasplantes de corazón y riñón y potentes medicamentos nuevos. Nuevos instrumentos servían para diagnosticar precozmente las dolencias. Pacientes cuyas enfermedades se habrían considerado incurables el año anterior tenían una segunda oportunidad de vivir. Era gratificante, emocionante. Pero también creó problemas, porque la gente se engañó con la ilusión de que la medicina podía arreglarlo todo. Se presentaron dilemas éticos, morales, legales y económicos no previstos. Vi que ciertos médicos, antes de tomar una decisión, consultaban con compañías de seguros, no con otros médicos.

—Esto sólo va a empeorar —le comenté al reverendo Gaines.

Pero no hacía falta ser un genio para hacer ese pronóstico. Las señales eran evidentes. El hospital había tenido que hacer frente a varios pleitos, algo que estaba ocurriendo con mayor frecuencia que nunca. La medicina estaba cambiando. Daba la impresión de que habría que reescribir las normas éticas.

—Ojalá las cosas fueran como antes —contestó el reverendo.

Mi solución era diferente:

—El verdadero problema es que no tenemos una auténtica definición de la muerte.

Desde la época de los hombres de las cavernas, nadie había logrado encontrar una definición exacta de la muerte. Yo me preguntaba qué les ocurría a mis hermosos enfermos, personas como Eva, que podían decir tantas cosas un día y al día siguiente ya no estaban. Muy pronto el reverendo Gaines y yo comenzamos a formular la pregunta a grupos formados por alumnos de medicina y teología, médicos, rabinos y sacerdotes: «¿Adónde se va la vida? Si no está aquí, ¿dónde está?»

Comencé a intentar definir la muerte.

Me abrí a todas las posibilidades, incluso a algunas de las tonterías que decían mis hijos en la mesa. Jamás les oculté en qué consistía mi trabajo, lo cual nos era útil a todos. Contemplando a Kenneth y Barbara llegué a la conclusión de que el nacimiento y la muerte son experiencias similares, cada una el inicio de un viaje. Pero después llegaría a la conclusión de que la muerte es la más agradable de esas dos experiencias, mucho más apacible. Nuestro mundo estaba lleno de nazis, sida, cáncer y cosas de ésas.

Observé que, poco antes de morir, los enfermos se relajaban, incluso los que se habían rebelado contra la muerte. Otros, al acercarse su final, parecían tener experiencias muy claras con seres queridos ya muertos, y hablaban con personas a las que yo no veía. Prácticamente en todos los casos, la muerte venía precedida por una singular serenidad.

¿Y después? Ésa era la pregunta que quería contestar.

Sólo podía juzgar basándome en mis observaciones. Y una vez que morían, yo no sentía nada. Ya no estaban. Un día podía hablar y tocar a una persona y a la mañana siguiente ya no estaba ahí. Estaba su cuerpo, sí, pero era como tocar un trozo de madera. Faltaba algo, algo físico. La vida.

«Pero ¿en qué forma se va la vida? —seguía preguntando—. ¿Y adónde se va, si es que se va a alguna parte? ¿Qué experimenta la persona en el momento de morir?»

En cierto momento mis pensamientos volvieron a mi viaje a Maidanek, veinticinco años atrás. Allí recorrí las barracas donde hombres, mujeres y niños habían pasado sus últimas noches antes de morir en la cámara de gas. Recordé la impresión y asombro que me causaron las mariposas dibujadas en las paredes, y mi pregunta: «¿Por qué mariposas?»

Entonces, en un relámpago de claridad, lo supe. Esos prisioneros eran como mis moribundos; sabían lo que les iba a ocurrir. Sabían que pronto se convertirían en mariposas. Una vez muertos, abandonarían ese lugar infernal, ya no serían torturados, no estarían separados de sus familiares, no serían enviados a cámaras de gas. Ya no importaría nada de esa horripilante vida. Pronto saldrían de sus cuerpos como sale la mariposa de su capullo. Comprendí que ése era el mensaje que quisieron dejar para las generaciones venideras.

Esa revelación me aportó las imágenes que emplearía durante el resto de mi carrera para explicar el proceso de la muerte y el morir. Pero de todas formas deseaba saber más. Un día acudí a mi amigo el pastor protestante:

—Vosotros siempre andáis diciendo «Pedid y recibiréis». Bueno, ahora te pido que me ayudes a investigar la muerte.

Él no tenía ninguna respuesta preparada, pero los dos creíamos que una pregunta correcta obtiene por lo general una buena respuesta.

A la semana siguiente una enfermera me habló de una mujer que según ella podría ser una buena candidata para la entrevista. La señora Schwartz, mujer increíblemente resistente y resuelta, había estado muchas veces en la UCI; cada vez todos suponían que se iba a morir, y cada vez sobrevivía. Las enfermeras la miraban con una mezcla de miedo y respeto.

—Creo que es un poco rara —me comentó la enfermera—. Me asusta.

No había nada atemorizador en la señora Schwartz cuando la entrevisté para el seminario sobre la muerte y la forma de morir. Explicó que su marido era esquizofrénico, y que cada vez que sufría los ataques psicóticos atacaba a su hijo de diecisiete años. Ella creía que si se moría antes de que su hijo fuera mayor de edad, éste correría peligro. Al ser su marido el único tutor legal del chico, era imposible saber qué haría cuando perdiera el control.

—Por eso no me puedo morir —explicó.

Al conocer sus preocupaciones, busqué un abogado de la Sociedad de Ayuda Jurídica, que hizo los trámites para que la custodia del chico pasara a un pariente más sano y digno de confianza. Aliviada, la señora Schwartz se fue una vez más del hospital, agradecida por poder vivir en paz el tiempo que le quedara de vida. La verdad es que yo no esperaba volverla a ver.

Pero no había transcurrido un año cuando llamó a la puerta de mi despacho. Venía a suplicarme que la dejara volver al seminario. Me negué. Mi norma era no repetir los casos. Los alumnos tenían que poder hablar con personas totalmente desconocidas sobre los temas más tabúes.

—Justamente por eso necesito hablar con ellos —insistió. Después de un instante de silencio, añadió—: Y con usted.

A la semana siguiente, de mala gana puse a la señora Schwartz delante de un nuevo grupo de alumnos. Al principio contó la misma historia que había contado antes. Afortunadamente, la mayoría de los alumnos no la habían oído. Fastidiada conmigo misma por haberle permitido volver, la interrumpí:

—¿Qué era eso tan urgente que la ha hecho volver a mi seminario?

No necesitó más estímulo. Fue directa al grano y nos contó lo que resultó ser la primera experiencia de muerte clínica temporal de que teníamos noticia, aunque no la llamamos así.

El incidente ocurrió en Indiana. Habiendo sufrido una hemorragia interna, la llevaron de urgencia al hospital y la pusieron en una habitación particular, donde declararon que su situación era «crítica» y que estaba demasiado grave para trasladarla a Chicago. Creyó que esta vez estaba cerca de la muerte, pero no se decidía a llamar a una enfermera, pues había pasado ya demasiadas veces por esa terrible prueba entre la vida y la muerte. Ya que su hijo estaba bien protegido, tal vez pudiera morirse.

Fue muy franca. Una parte de ella quería marcharse, pero otra parte quería sobrevivir hasta la mayoría de edad de su hijo.

Mientras pensaba qué hacer, entró una enfermera en la habitación, la miró y salió sin decir palabra. Según la señora Schwartz, en ese preciso momento salió de su cuerpo físico y flotó hacia el techo. Entonces entró a toda prisa un equipo de reanimación y empezó a trabajar frenéticamente para salvarla.

Todo esto mientras ella observaba desde arriba. Lo veía todo, hasta los más mínimos detalles. Oía lo que decían, incluso percibía lo que estaban pensando. Lo notable era que no sentía ningún dolor, miedo ni angustia por estar fuera de su cuerpo. Sólo sentía una enorme curiosidad y le sorprendía que no la oyeran. Varias veces les pidió que dejaran de emplear esos métodos heroicos para salvarla asegurándoles que estaba bien.

—Pero no me oían.

Finalmente bajó y tocó a uno de los médicos residentes, pero vio sorprendida que su brazo pasaba a través del brazo de él. En ese momento, tan frustrada como los médicos, renunció a decirles nada.

—Entonces perdí el conocimiento —explicó.

Pasados cuarenta y cinco minutos, lo último que observó fue que los médicos la cubrían con una sábana y la declaraban muerta, mientras uno de los residentes, nervioso y en actitud derrotada, contaba chistes. Pero cuando tres horas después entró una enfermera a la habitación a sacar el cuerpo, se encontró con que la señora Schwartz estaba viva.

Todos los presentes en el auditorio escucharon fascinados esta increíble historia. Tan pronto acabó el relato, cada uno se volvió hacia su vecino tratando de decidir si debían creer o no lo que acababan de oír. Al fin y al cabo, la mayoría de los asistentes eran científicos y se preguntaban si no estaría loca. La señora Schwartz tenía la misma sospecha. Le pregunté por qué había querido contarnos su experiencia y ella me preguntó a su vez:

—¿Estoy loca yo también?

No, ciertamente no. Yo ya la conocía lo suficiente para saber que estaba muy cuerda y decía la verdad. Pero ella no estaba tan segura de eso y necesitaba que se lo confirmaran. Antes de que la llevara a su habitación volvió a preguntarme:

—¿Cree que fue un trastorno de la mente?

Por el tono de su voz advertí que estaba angustiada; yo tenía prisa por reanudar la sesión, de modo que le contesté:

—Yo, doctora Elisabeth Kübler-Ross, puedo atestiguar que ni ahora ni nunca ha estado trastornada.

Al oír eso ella reclinó la cabeza en la almohada y se relajó. Entonces no me cupo la menor duda que no tenía nada de loca. Tenía todos los cables intactos.

En la conversación que siguió, los alumnos me preguntaron por qué yo había simulado creer a la señora Schwartz en lugar de reconocer que todo eso eran puras alucinaciones. Sorprendida, comprobé que no había ni una sola persona en la sala que creyera que la experiencia de la señora Schwartz hubiera sido real, que en el momento de la muerte los seres humanos tienen percepción, que todavía son capaces de hacer observaciones, de tener pensamientos, que no sienten dolor y que todo eso no tiene nada de psicopatológico.

—¿Entonces cómo lo llama? —me preguntó otro alumno.

Yo no tenía ninguna respuesta a mano, lo cual irritó a los alumnos, pero les expliqué que todavía hay muchas cosas que no sabemos ni entendemos, aunque eso no significa que no existan.

—Si en este momento yo tocara un silbato para perros, ninguno de nosotros lo oiría, pero los perros sí. ¿Significa eso que ese sonido no existe?

¿Era posible que la señora Schwartz hubiera estado en una longitud de onda diferente a la del resto de nosotros?

—¿Cómo pudo repetir el chiste que hizo uno de los médicos? —pregunté—. ¿Cómo explicamos eso?

El mero hecho de que no hubiéramos visto lo que ella vio no descartaba la realidad de su visión.

En el futuro se presentarían preguntas más difíciles, pero por el momento me protegí explicando que la señora Schwartz había tenido un motivo para venir a nuestro seminario. Como ningún alumno habría podido descubrir ese motivo, les dije que se trataba de una preocupación puramente maternal. Además, ella sabía que el seminario se grababa y que contaba con ochenta testigos.

—Si se hubiera declarado su experiencia un producto de un delirio mental, entonces las disposiciones acordadas para la custodia de su hijo podrían ser anuladas

—expliqué—. Su marido recuperaría la custodia del chico y ella no podría tener paz mental. ¿Está loca? Ciertamente no.

La historia de la señora Schwartz me acosó durante semanas, porque yo sabía que lo que le había ocurrido no podía ser una experiencia única. Si una persona que estuvo muerta era capaz de recordar algo tan extraordinario como los esfuerzos de los médicos por revivirla después de que perdiera las constantes vitales, entonces era probable que otras personas también pudieran recordarlo. Así pues, de la noche a la mañana, el reverendo Gaines y yo nos convertimos en detectives. Nuestra intención era entrevistar a veinte personas que hubieran sido reanimadas después de que la falta de signos vitales indicara que habían muerto. Si mi corazonada era correcta, pronto abriríamos la puerta a una faceta totalmente nueva de la condición humana, todo un conocimiento nuevo de la vida.

25

¿HAY ALGO DESPUÉS DE LA VIDA?

En nuestras investigaciones, el reverendo Gaines y yo mantuvimos las distancias entre nosotros. No, no había ningún malentendido, simplemente acordamos no comparar nuestras observaciones hasta que cada uno tuviera veinte casos. Peinamos los pasillos cada uno por su lado. También buscamos fuera del hospital. Hicimos averiguaciones y seguimos las pistas para encontrar enfermos que se ajustaran a nuestros requisitos. Nos limitábamos a pedirles que nos contaran lo que les había ocurrido o lo que habían sentido. Todos estaban tan deseosos de encontrar a alguien interesado en escucharlos, que sus relatos brotaban a raudales.

Cuando finalmente comparamos nuestras notas, nos quedamos atónitos, a la vez que tremendamente entusiasmados, por el material recogido. «Sí, vi a mi padre tan claro como la luz del día», me dijo un paciente. Otra persona le dio las gracias al reverendo Gaines por hacerle la pregunta: «Me alegra tanto poder hablar de eso con alguien. Todas las personas a las que se lo he contado me han tratado como si estuviera loco, y todo fue tan agradable y apacible...» «Volví a ver», contó una mujer que había quedado ciega en un accidente. Pero cuando la reanimaron, perdió nuevamente la vista.

Eso ocurrió mucho antes de que nadie hubiera escrito algo sobre las experiencias de muerte clínica temporal o de la vida después de la muerte; por lo tanto sabíamos que el público en general acogería nuestros hallazgos con escepticismo y franca incredulidad, y quedaríamos en ridículo. Pero hubo un caso que me convenció. Una niña de doce años me dijo que no le había contado la experiencia a su madre. La experiencia fue tan agradable que no tenía ningún deseo de volver de allí. «No quiero contarle a mi madre que existe un hogar más agradable que el nuestro», explicó.

Finalmente le relató a su padre todos los detalles, incluso que su hermano la había abrazado con mucho cariño. Eso sorprendió al padre, que reconoció que en realidad habían tenido otro hijo, de cuya existencia la niña no tenía idea hasta ese momento. El niño había muerto unos meses antes de que ella naciera.

Mientras el reverendo y yo pensábamos qué hacer con nuestros descubrimientos, nuestras vidas siguieron avanzando en direcciones diferentes. Los dos habíamos estado buscando puestos fuera del ambiente sofocante del hospital. El reverendo Gaines se marchó primero. A comienzos de 1970 se hizo cargo de una iglesia de Urbana; también adoptó el nombre africano de Mwalimu Imara. Todo ese tiempo yo había albergado la esperanza de ser yo quien me marchara primero, pero mientras eso no ocurriera tenía que continuar con los seminarios.

Éstos no resultaban tan bien sin mi socio, que era un fuera de serie. Lo reemplazó su antiguo jefe, el pastor N. Pero era tal la falta de química entre nosotros dos que un alumno creyó erróneamente que él era el médico y yo la consejera espiritual. Vamos, un desastre.

Yo seguía preparándome para dejar ese trabajo, y finalmente llegó el viernes en que había decidido impartir el último seminario sobre «La muerte y el morir» de mi carrera. Siempre he sido propensa a los extremos.

Después del seminario, me acerqué al pastor N., sin saber muy bien cómo decirle que renunciaba. Nos detuvimos ante el ascensor, hablando del seminario que acababa de terminar y de otros asuntos. Cuando él pulsó el botón para llamar el ascensor, decidí aprovechar ese momento para dimitir, antes de que él entrara en el ascensor. Pero ya era demasiado tarde, pues se habían abierto las puertas.

Yo me disponía a hablar, cuando repentinamente apareció una mujer entre el ascensor y la espalda del pastor N. Me quedé con la boca abierta. La mujer estaba flotando en el aire, casi transparente, y me sonreía como si nos conociéramos.

—¡Dios santo! ¿Quién es? —exclamé extrañada.

El pastor N. no tenía idea de lo que ocurría. A juzgar por su expresión, debía de pensar que me estaba volviendo loca.

—Creo que la conozco —dije—. Me está mirando.

—¿Qué? —preguntó él. Miró a su alrededor y no vio nada—. ¿De qué está hablando?

—Está esperando que usted entre en el ascensor, entonces se me acercará —le expliqué.

Seguramente durante todo ese rato el pastor había estado deseando huir, porque saltó dentro del ascensor como si se tratara de una red de seguridad. Y en cuanto se hubieron cerrado las puertas, la mujer, la aparición, se acercó a mí.

—Doctora Ross, he tenido que volver —me dijo—. ¿Le importaría si fuéramos a su despacho? Sólo necesito unos minutos.

Mi despacho estaba sólo a unos cuantos metros, pero fue la caminata más rara y perturbadora que había hecho en mi vida. ¿Estaría experimentando un episodio psicótico? Había estado algo estresada, sí, pero no tanto como para ver fantasmas, y mucho menos un fantasma que se detuvo ante mi despacho, abrió la puerta y me hizo pasar primero como si yo fuera la visita. Pero en cuanto cerró la puerta, la reconocí.

—¡Señora Schwartz!

¿Señora Schwartz? La señora Schwartz había muerto hacía diez meses y estaba enterrada. Sin embargo, allí estaba, en mi despacho, a mi lado. Era la misma de siempre, afable y reposada, aunque algo preocupada. Mi estado de ánimo era bastante diferente, tanto que tuve que sentarme para no desmayarme.

—Doctora Ross, he tenido que volver por dos motivos —me dijo claramente—. El primero, para agradecerles a usted y al reverendo Gaines todo lo que han hecho por mí.

Yo toqué mi pluma, los papeles y la taza de café para comprobar si eran reales. Sí, eran tan reales como el sonido de su voz.

—Pero el segundo motivo ha sido para decirle que no renuncie a su trabajo sobre la muerte y la forma de morir. Todavía no.

La señora Schwartz se aproximó al costado de mi escritorio y me dirigió una sonrisa radiante. Eso me dio un momento para pensar. ¿Era éste un suceso real? ¿Cómo sabía que yo pensaba renunciar?

—¿Me oye? Su trabajo acaba de empezar —continuó—. Nosotros le ayudaremos.

Aunque me resultaba difícil creer que eso estuviera ocurriendo, no pude evitar decirle:

—Sí, la oigo.

De pronto presentí que ella ya conocía mis pensamientos y todo lo que iba a decirle. Decidí pedirle una prueba de que estaba realmente allí; le pasé una hoja de papel y una pluma y le pedí que escribiera una breve nota para el reverendo Gaines. Ella escribió unas palabras de agradecimiento.

—¿Está satisfecha ahora? —me preguntó.

Francamente, yo no sabía qué era lo que sentía. Pasado un momento la señora Schwartz desapareció. Salí a buscarla por todas partes; no encontré nada. Volví corriendo a mi despacho y estudié detenidamente la nota, tocando el papel, analizando la letra, etcétera. Pero entonces me detuve. ¿Por qué dudarlo? ¿Para qué continuar haciéndome preguntas?

Como he comprendido desde entonces, si la persona no está preparada para las experiencias místicas, nunca va a creer en ellas. Pero si está receptiva, abierta, entonces no sólo las tiene y cree en ellas, sino que alguien puede cogerla y suspenderla en el aire con un pulgar y va a saber que ese alguien es absolutamente real.

De pronto, lo último que deseaba en el mundo era dejar mi trabajo. Si bien a los pocos meses abandoné el hospital, esa noche me fui a casa llena de energía y entusiasmada ante el futuro. Sabía que la señora Schwartz me había impedido cometer un terrible error. Le envié su nota a Mwalimu, y todavía la tiene, que yo sepa. Durante muchísimo tiempo, él continuó siendo la única persona a quien le había contado lo de ese encuentro. Manny me habría regañado como todos los demás médicos. Pero Mwalimu era diferente.

Nos elevamos a otro plano. Hasta ese momento habíamos intentado definir la muerte, pero desde entonces nos dedicamos a mirar más allá, hacia una vida futura. Acordamos continuar entrevistando a pacientes y acumulando información sobre la vida después de la muerte. Después de todo, se lo había prometido a la señora Schwartz.

TERCERA PARTE

«EL BÚFALO»

26

JEFFY

A mediados de 1970, Manny sufrió un ataque al corazón bastante leve y fue hospitalizado. Supuse que no me pondrían impedimentos si llevaba a Kenneth y Barbara a visitarlo. Al fin y al cabo mi marido trabajaba allí como médico especialista, y el propio hospital se jactaba de organizar seminarios para el personal basados en mi libro. Existían motivos para esperar que había mejorado el trato a los enfermos y a sus familiares. Pero la primera vez que llevé a mis hijos a ver a su padre, nos detuvo un guardia fuera de la unidad coronaria alegando que estaba prohibida la entrada a los niños.

¿Rechazados? Eso lo podía arreglar yo sin dificultad. Al entrar en el hospital me había fijado en que estaban construyendo algo en el aparcamiento. Llevé a los niños hacia la parte trasera del edificio, encendí una linterna y los guié por un corredor que salía al patio exactamente a un lugar que estaba bajo la ventana de la habitación de Manny.

Desde allí lo saludamos agitando las manos y haciendo señales. Al menos los niños vieron que su padre estaba bien.

Esas medidas extremas tendrían que haber sido innecesarias. Los niños pasan por las mismas fases que los adultos cuando pierden a un ser querido. Si no se les ayuda, se quedan estancados y sufren graves traumas que se podrían evitar fácilmente. En el hospital de Chicago observé una vez a un niño que subía y bajaba en un ascensor. Al principio pensé que se había extraviado, pero después caí en la cuenta de que quería esconderse. Al fin él advirtió que lo estaba mirando y reaccionó arrojando unos trocitos de papel al suelo. Cuando se hubo marchado, recogí los trocitos y los junté para ver lo que había escrito: «Gracias por matar a mi papá.» Unas pocas visitas lo habrían preparado para la muerte de su padre.

Pero también yo tenía parte de culpa. Un mes antes de dejar definitivamente mi hospital, uno de mis enfermos moribundos me preguntó por qué nunca trabajaba con niños moribundos. «Pues sí que tiene razón», exclamé. Aunque dedicaba todo mi tiempo libre a ser una buena madre para Kenneth y Barbara, que se estaban convirtiendo en unos chicos simpáticos e inteligentes, evitaba trabajar con niños moribundos. Eso era irónico, si consideramos que mi mayor deseo había sido ser pediatra.

El motivo de mi aversión se me reveló con claridad una vez que pensé en ello. Cada vez que hablaba con un niño enfermo terminal, veía en él a Kenneth o a Barbara, y la sola idea de perder a uno de ellos me resultaba inconcebible.

Pero superé ese obstáculo aceptando un trabajo en el Hospital para Niños La Rabida. Allí tuve que tratar con criaturas muy graves, que padecían enfermedades crónicas y estaban moribundos. Eso era lo mejor que había hecho hasta entonces. Pronto lamenté no haber trabajado con ellos desde el comienzo.

Los niños eran incluso mejores maestros que los adultos. A diferencia de éstos, los niños no habían acumulado capas y capas de «asuntos inconclusos». No tenían toda una vida de relaciones deterioradas ni un currículum de errores. Tampoco se sentían obligados a simular que todo iba bien. Por intuición sabían lo enfermos que estaban e incluso que se estaban muriendo, y no ocultaban los sentimientos que eso les producía.

Un niño pequeño que tenía una enfermedad renal crónica, llamado Tom, es un buen ejemplo del tipo de niños con los que trabajé allí. No había superado el tener que estar siempre hospitalizado con una afección renal. Nadie lo escuchaba. En consecuencia, tenía mucha rabia acumulada y se negaba a hablar. Las enfermeras se sentían frustradas. En lugar de permanecer sentada junto a su cama, lo llevé a un lago cercano. De pie en la orilla, comenzó a arrojar piedras al agua. Muy pronto ya estaba despotricando contra su riñón y todos los demás problemas que le impedían llevar la vida normal de un niño.

Pero al cabo de veinte minutos ya era otro. Mi único truco consistió en proporcionarle el alivio de expresar sus sentimientos reprimidos.

Además, yo era una buena oyente. Recuerdo a una niña de doce años que estaba hospitalizada enferma de lupus. Pertenecía a una familia muy religiosa y su mayor ilusión era pasar la Navidad con ellos. Yo comprendía que para ella era muy importante, y no sólo porque la Navidad también era muy especial para mí. Pero su médico se negó a darle permiso para salir del hospital, convencido de que hasta un leve resfriado podría resultar fatal.

—¿Y si hacemos todo lo que esté en nuestra mano para evitar que coja un resfriado? —le propuse.

Cuando vi que eso no lo convencía, entre la musicoterapeuta de la niña y yo la metimos en un saco de dormir y la llevamos a escondidas a su casa, sacándola por la ventana. Allí estuvo cantando canciones de Navidad hasta bien entrada la noche.

Aunque volvió al hospital a la mañana siguiente, jamás he visto una niña más feliz. Varias semanas después, cuando la niña ya había muerto, su estricto médico reconoció que se alegraba de que hubiera realizado su mayor deseo antes de morir.

En otra ocasión me tocó ayudar al personal del hospital a superar el sentimiento de culpa por la muerte repentina de una adolescente.

Aunque la chica estaba tan grave que tenía que guardar cama permanentemente, su estado no le impidió enamorarse de uno de los terapeutas ocupacionales. Era tremendamente animosa.

Para Halloween, el personal organizó una fiesta a la que ella asistió, como invitada especial, en silla de ruedas. Fue un gran jolgorio, con música y baile. En un arranque de espontaneidad, la chica se bajó de la silla de ruedas para bailar con su chico favorito. De pronto, después de dar unos pocos pasos, cayó desplomada al suelo, muerta.

No hace falta decir que la fiesta se acabó, pero todo el mundo quedó con un tremendo sentimiento de culpabilidad.

Cuando hablé con el personal durante una sesión, les pregunté qué habría sido más importante para la niña: ¿vivir unos cuantos meses más, inválida, o bailar con el amor de su vida en una fabulosa fiesta?

—Si algo lamentó —les dije—, fue que el baile no durara más rato.

¿No es eso cierto de la vida en general? Al menos tuvo la oportunidad de bailar.

Aceptar la realidad de que los niños mueren nunca resulta fácil, pero he visto que los niños moribundos, mucho más que los adultos, dicen exactamente lo que necesitan para estar en paz. La mayor dificultad está en escucharlos y hacerles caso. Mi mejor ejemplo es Jeffy, un niño de nueve años que había estado enfermo de leucemia la mayor parte de su vida. A lo largo de los años he contado innumerables veces su historia, pero ha sido tan beneficiosa y Jeffy se ha convertido en un amigo tan querido, que voy a repetir uno de mis recuerdos de él, que aparece en mi libro *Morir es de vital importancia*:

[Jeffy] no paraba de entrar y salir del hospital. Estaba muy mal cuando lo vi por última vez en su habitación del hospital. Padecía una afección del sistema nervioso central; parecía un hombrecito borracho. Tenía la piel muy blanca, pálida, casi incolora. Con gran dificultad lograba sostenerse en pie. Muchas veces se le había caído todo el pelo después de la quimioterapia.

Ya no toleraba ni mirar una jeringa, y todo le resultaba terriblemente doloroso.

Yo sabía que a ese niño le quedaban, como mucho, unas pocas semanas de vida. Ese día fue un médico joven y nuevo el que le pasó visita. Cuando entré en la habitación oí que les decía a los padres que iba a intentar otra quimioterapia.

Les pregunté a los padres y al médico si le habían preguntado a Jeffy si estaba dispuesto a aceptar otra tanda de tratamiento. Dado que los padres lo amaban incondicionalmente, me permitieron hacerle la pregunta al niño delante de ellos. Jeffy me dio una respuesta preciosa, de ese modo en que hablan los niños.

—No entiendo por qué ustedes las personas mayores nos hacen enfermar tanto a los niños para ponernos bien —dijo sencillamente.

Hablamos de eso. Ésa era su manera de expresar los naturales quince segundos de rabia. Ese niño tenía suficiente dignidad, autoridad interior y amor por sí mismo para atreverse a decir «No, gracias» a la quimioterapia. Sus padres fueron capaces de oír ese «no», de respetarlo y aceptarlo.

Después quise despedirme de Jeffy, pero él me dijo:

—No, quiero estar seguro de que hoy me llevarán a casa.

Si un niño dice «Llévenme a casa hoy» significa que siente una enorme urgencia, y tratamos de no aplazarlo. Por lo tanto, les pregunté a sus padres si estaban dispuestos a llevárselo a casa. Ellos lo amaban tanto que tenían el valor necesario para hacerlo. Nuevamente quise despedirme. Pero Jeffy, como todos los niños, que son terriblemente sinceros y sencillos, me dijo:

—Quiero que me acompañe a casa.

Yo consulté mi reloj, lo que en leguaje simbólico significa: «Es que no tengo tiempo para acompañar a casa a todos mis niños, ¿sabes?» No dije ni una sola palabra, pero él lo entendió al instante.

—No se preocupe —me dijo—, sólo serán diez minutos.

Lo acompañé a su casa, sabiendo que en esos próximos diez minutos él iba a concluir su asunto pendiente. Viajamos en el coche, sus padres, Jeffy y yo; al llegar al final del camino de entrada, se abrió la puerta del garaje. Ya dentro del garaje nos apeamos. Con mucha naturalidad, Jeffy le dijo a su padre:

—Baja la bicicleta de la pared.

Jeffy tenía una flamante bicicleta que colgaba de dos ganchos en la pared del garaje. Durante mucho tiempo, su mayor ilusión había sido poder dar, por una vez en su vida, una vuelta a la manzana en bicicleta.

Su padre le compró esa preciosa bicicleta, pero debido a su enfermedad el niño nunca había podido montarse en ella y la bici llevaba tres años colgada en la pared. Y en ese momento Jeffy le pidió a su padre que la bajara. Con lágrimas en los ojos le pidió también que le pusiera las ruedecitas laterales. No sé si se dan cuenta de cuánta humildad necesita tener un niño de nueve años para pedir que le pongan a su bicicleta esas ruedas de apoyo, que normalmente sólo se utilizan para los niños pequeños.

El padre, con lágrimas en los ojos, colocó las ruedas laterales a la bicicleta de su hijo. Jeffy parecía estar borracho, apenas si podía tenerse en pie. Cuando su padre acabó de atornillar las ruedas, Jeffy me miró a mí:

—Y usted, doctora Ross, usted está aquí para sujetar a mi mamá a fin de que no se mueva.

Jeffy sabía que su madre tenía un problema, un asunto inconcluso: todavía no había aprendido que el amor sabe decir «no» a sus propias necesidades. Lo que ella necesitaba era coger en brazos a su hijo tan enfermo, montarlo en la bicicleta como a un crío de dos años, y agarrarlo bien fuerte mientras él corría alrededor de la manzana.

Eso habría impedido que el niño obtuviera la mayor victoria de su vida.

Por lo tanto sujeté a su madre y su padre me sujetó a mí. Nos sujetamos mutuamente, y en esa dura experiencia comprendimos lo doloroso y difícil que es a veces dejar que un niño vulnerable, enfermo terminal, obtenga la victoria exponiéndose a caerse, hacerse daño y sangrar. Pero Jeffy ya había emprendido la marcha.

Transcurrió una eternidad hasta que por fin volvió. Era el ser más orgulloso que se ha visto jamás. Lucía una sonrisa de oreja a oreja. Parecía un campeón olímpico que acabara de ganar una medalla de oro.

Con mucha dignidad se bajó de la bicicleta y con

gran autoridad le pidió a su padre que le quitara las ruedas laterales y se la subiera a su dormitorio. Después, sin el menor sentimentalismo, de modo muy hermoso y franco, se volvió hacia mí.

—Y usted, doctora Ross, ahora puede irse a su casa.

Dos semanas después, me llamó su madre para contarme el final de la historia.

Cuando me hube marchado, Jeffy les dijo:

—Cuando llegue Dougy de la escuela (su hermano menor, que estaba en primer curso de básica), lo enviáis a mi cuarto. Pero nada de adultos, por favor.

Así pues, cuando llegó Dougy, lo enviaron a ver a su hermano, tal como éste lo había pedido. Pero cuando bajó al cabo de un rato, se negó a contar a sus padres lo que habían hablado. Había prometido a Jeffy guardar el secreto hasta su cumpleaños, para el que faltaban dos semanas.

Jeffy murió una semana antes del cumpleaños de Dougy.

Llegado el día, Dougy celebró su fiesta, y entonces contó lo que hasta ese momento había sido un secreto.

Aquel día en el dormitorio, Jeffy dijo a su hermano que quería tener el placer de regalarle personalmente su muy amada bicicleta, pero que no podía esperar hacerlo para su cumpleaños, porque entonces ya estaría muerto; por lo tanto deseaba regalársela ya.

Pero se la regalaba con una condición: Dougy nunca usaría esas malditas ruedas laterales.

En los inicios de mi trabajo con moribundos, los médicos me acusaban de explotar a personas que ellos consideraban desahuciadas, sin esperanza de recuperación. Se negaban a escucharme cuando yo alegaba que se podía ayudar a esos enfermos moribundos hasta sus últimos momentos. Habían sido necesarios casi diez años de arduo trabajo, pero por fin no pudieron evitar oír la historia de Jeffy y otros miles de sucesos similares que ocurrieron gracias al trabajo que realicé y estimulé.

27

VIDA DESPUÉS DE LA MUERTE

Estuve en La Rabida hasta 1973 ayudando a niños moribundos a hacer la transición entre la vida y la muerte. Al mismo tiempo asumí la responsabilidad de dirigir el Centro de Servicio Familiar, una clínica de salud mental. Creía que lo peor que podrían decir de mí era que intentaba hacer demasiado. Pero me quedé corta. Un día el administrador jefe de la clínica me vio tratar a una mujer pobre y después me regañó por atender a pacientes que no podían pagar. Eso era como decirme que no respirara.

Pero yo no estaba dispuesta a abandonar esa práctica. Cuando a una la contratan, contratan también lo que una representa. Durante los dos días siguientes discutimos el asunto. Yo alegaba que los médicos tenían la obligación de tratar a los pacientes necesitados al margen de si podían pagar o no, y él decía que su propio deber consistía en llevar un negocio. Finalmente, para llegar a un acuerdo me propuso que atendiera los casos de personas indigentes en mis ratos libres, por ejemplo durante la hora que tenía para comer a mediodía, pero a fin de que él pudiera controlar mi horario, me pidió que fichara.

No, gracias. Me marché. Y así, a mis cuarenta y seis años, de pronto dispuse de tiempo para realizar proyectos nuevos e interesantes, como mi primer seminario-taller «Vida, muerte y transición», que fue una semana intensiva de charlas, entrevistas a moribundos, sesiones de preguntas y respuestas y ejercicios individuales destinados a ayudar a las personas del grupo a superar las penas y la rabia acumuladas en sus vidas, lo que yo llamaba sus asuntos pendientes. Éstos podían consistir en la muerte de un progenitor por el que nunca hicieron duelo, en abusos sexuales jamás reconocidos o en otros traumas. Pero una vez expresados esos traumas en un ambiente en el que se sentían seguras, esas personas comenzaban el proceso de curación y lograban llevar el tipo de vida sincera y receptiva que les permitía una buena muerte.

Muy pronto me hicieron ofertas para realizar esos seminarios-talleres por todo el mundo.

Cada semana me llegaban a casa alrededor de mil cartas y el número de llamadas telefónicas era más o menos el mismo. Mi familia acusaba el creciente peso de las exigencias que nos imponía mi popularidad, pero me apoyaban. Mi investigación de la vida después de la muerte adquirió un impulso imparable. Durante los primeros años de la década de los setenta, entre Mwalimu y yo entrevistamos a unas 20.000 personas que daban ese perfil, de edades comprendidas entre los 2 y los 99 años, de culturas tan diversas como la esquimal, la de los indios norteamericanos, la protestante y la musulmana. En todos los casos las experiencias referidas eran tan similares que los relatos tenían que ser ciertos.

Hasta entonces yo nunca había creído que existiera una vida después de la muerte, pero todos esos casos me convencieron de que no eran coincidencias ni alucinaciones. Una mujer, a la que declararon muerta después de un accidente de coche, dijo que había vuelto después de haber visto a su marido. Más tarde los médicos le dirían que su marido había muerto en otro accidente de coche al otro lado de la ciudad. Un hombre de algo más de treinta años se suicidó después de perder a su mujer e hijos en un accidente de coche. Pero cuando estaba muerto, vio que su familia estaba bien y regresó a la vida.

Los sujetos no sólo nos decían que esas experiencias de muerte no eran dolorosas sino que explicaban que no querían volver. Después de ser recibidos por sus seres queridos o por guías, viajaban a un lugar donde había tanto amor y consuelo que no deseaban volver; allí tenían que convencerlos de que regresaran. «No es el momento» era algo que oían prácticamente todos. Recuerdo a un niño que hizo un dibujo para poder explicar a su madre lo agradable que había sido su experiencia de la muerte. Primero dibujó un castillo de vivos colores y explicó: «Aquí es donde vive Dios.» Después dibujó una estrella brillante: «Cuando miré la estrella, me dijo "Bienvenido a casa".»

Esos extraordinarios hallazgos condujeron a la conclusión científica aún más extraordinaria de que la muerte no existe en el sentido de su definición tradicional. Pensé que cualquier definición nueva debía trascender la muerte del cuerpo físico; debía tomar en cuenta las pruebas que teníamos de que el hombre posee también alma y espíritu, un motivo superior para vivir, una poesía, algo más que la mera existencia y supervivencia física, algo que continúa.

Los moribundos pasaban por las cinco fases, pero «una vez que hemos hecho todo el trabajo que nos ha sido encomendado al enviarnos a la Tierra, se nos permite desprendernos del cuerpo, que nos aprisiona el alma como el capullo envuelve a la mariposa, y...» bueno, entonces la persona tiene la más maravillosa experiencia de su vida. Sea cual fuere la causa de la muerte, un accidente de coche o un cáncer (aunque una persona que muere en un accidente de avión o en un incidente similar, repentino e inesperado, podría no saber inmediatamente que ha muerto), en la muerte no hay dolor, miedo, ansiedad ni pena. Sólo se siente el agrado y la serenidad de una transformación en mariposa.

Según los relatos de las personas entrevistadas que compilé, la muerte ocurre en varias fases distintas.

Primera fase: En la primera fase las personas salían flotando de sus cuerpos. Ya fuera que hubieran muerto en la mesa del quirófano, en accidente de coche o por suicidio, todas decían haber estado totalmente conscientes del escenario donde estaban sus cuerpos. La persona salía volando como la mariposa que sale de su capullo, y adoptaba una forma etérea; sabía lo que estaba ocurriendo, oía las conversaciones de los demás, contaba el número de médicos que estaban intentando reanimarla, o veía los esfuerzos del equipo de rescate para sacarla de entre las partes comprimidas del coche. Un hombre dijo el número de matrícula del vehículo que chocó contra el suyo y después huyó. Otros contaban lo que habían dicho los familiares que estaban reunidos alrededor de sus camas en el momento de la muerte.

En esta primera fase experimentaban también la salud total; por ejemplo, una persona que estaba ciega volvía a ver, una persona paralítica podía moverse alegremente sin dificultad. Una mujer contó que había disfrutado tanto bailando junto al techo de la habitación del hospital que se deprimió cuando tuvo que volver. En realidad, de lo único de que se quejaban las personas con quienes hablé era de no haber continuado muertas.

Segunda fase: Las personas que ya habían salido de sus cuerpos decían haberse encontrado en un estado después de la muerte que sólo se puede definir como espíritu y energía. Las consolaba descubrir que ningún ser humano muere solo. Fuera cual fuese el lugar o la forma en que habían muerto, eran capaces de ir a cualquier parte a la velocidad del pensamiento. Algunas, al pensar en lo apenados que se iban a sentir sus familiares por su muerte, en un instante se desplazaban al lugar donde estaban éstos, aunque fuera al otro lado del mundo. Otros recordaban que mientras los llevaban en ambulancia habían visitado a amigos en sus lugares de trabajo.

Me pareció que esta fase es la más consoladora para las personas que lloran la muerte de un ser querido, sobre todo cuando éste ha tenido una muerte trágica y repentina. Cuando una persona se va marchitando poco a poco durante un período largo de tiempo, enferma de cáncer, por ejemplo, todos, tanto el enfermo como sus familiares, tienen tiempo para prepararse para su muerte. Cuando la persona muere en un accidente de avión no es tan fácil. La persona que muere está tan confundida como sus familiares, y en esta fase tiene tiempo para comprender lo ocurrido. Por ejemplo, estoy segura de que aquellos que murieron en el vuelo 800 de la TWA estuvieron junto a sus familiares en el servicio fúnebre que se celebró en la playa.

Todas las personas entrevistadas recordaban que en esta fase se encontraban también con sus ángeles guardianes, o guías, o compañeros de juego, como los llamaban los niños. Explicaban que los ángeles eran una especie de guías, que las consolaban con amor y las llevaban a la presencia de familiares o amigos muertos anteriormente. Lo recordaban como momentos de alegre reunión, conversación, puesta al día y abrazos.

Tercera fase: Guiadas por sus ángeles de la guarda, estas personas pasaban a la tercera fase, entrando en lo que por lo general describían como un túnel o una puerta de paso, aunque también con otras diversas imágenes, por ejemplo un puente, un paso de montaña, un hermoso riachuelo, en fin, lo que a ellas les resultaba más agradable; lo creaban con su energía psíquica. Al final veían una luz brillante.

Cuando su guía las acercaba más a la luz, veían que ésta irradiaba un intenso y agradable calor, energía y espíritu, de una fuerza arrolladora. Allí sentían entusiasmo, paz, tranquilidad y la expectación de llegar por fin a casa. La luz, decían, era la fuente última de la energía del Universo. Algunos la llamaban Dios, otros decían que era Cristo o Buda. Pero todos estaban de acuerdo en una cosa: se hallaban envueltos por un amor arrollador, la forma más pura de amor, el amor incondicional. Después de escuchar a millares y millares de personas explicar este mismo viaje, comprendí por qué ninguna quería volver a su cuerpo físico.

Pero estas personas que volvieron decían que esa experiencia había influido profundamente en sus vidas. Algunas habían recibido un gran conocimiento, algunas habían vuelto con advertencias proféticas, otras con nuevas percepciones. Pero todas habían hecho el mismo descubrimiento: ver la luz les había hecho comprender que sólo hay una explicación del sentido de la vida, y ésa es el amor.

Cuarta fase: Según los relatos, en esta fase se encontraban en presencia de la Fuente Suprema. Algunos la llamaban Dios, otros decían que simplemente sabían que estaban rodeados por todo el conocimiento que existe, pasado, presente y futuro, un conocimiento sin juicios, solamente amoroso. Aquellos que se materializaban en esta fase ya no necesitaban su forma etérea, se convertían en energía espiritual, la forma que adoptan los seres humanos entre una vida y otra y cuando han completado su destino. Experimentaban la unicidad, la totalidad o integración de la existencia.

En ese estado la persona hacía una revisión de su

vida, un proceso en el que veía todos los actos, palabras y pensamientos de su existencia. Se le hacía comprender los motivos de todos sus pensamientos, decisiones y actos y veía de qué modo éstos habían afectado a otras personas, incluso a desconocidos; veía cómo podría haber sido su vida, toda la capacidad en potencia que poseía. Se le hacía ver que las vidas de todas las personas están interrelacionadas, entrelazadas, que todo pensamiento o acto tiene repercusiones en todos los demás seres vivos del planeta, a modo de reacción en cadena.

Mi interpretación fue que esto sería el cielo o el infierno, o tal vez ambos.

El mayor regalo que hizo Dios al hombre es el libre albedrío. Pero esta libertad exige responsabilidad, la responsabilidad de elegir lo correcto, lo mejor, lo más considerado y respetuoso, de tomar decisiones que beneficien al mundo, que mejoren la humanidad. En esta fase se les preguntaba a las personas: «¿Qué servicio has prestado?» Ésa era la pregunta más difícil de contestar; les exigía repasar las elecciones y decisiones que habían tomado en la vida para ver si habían sido las mejores. Ahí descubrían si habían aprendido o no las lecciones que debían aprender, de las cuales la principal y definitiva es el amor incondicional.

La conclusión básica que saqué de todo esto, y que no ha cambiado, es que todos los seres humanos, al margen de nuestra nacionalidad, riqueza o pobreza, tenemos necesidades, deseos y preocupaciones similares. En realidad, nunca he conocido a nadie cuya mayor necesidad no sea el amor.

El verdadero amor incondicional.

Éste se puede encontrar en el matrimonio o en un simple acto de amabilidad hacia alguien que necesita ayuda. No hay forma de confundir el amor, se siente en el corazón; es la fibra común de la vida, la llama que nos calienta el alma, que da energía a nuestro espíritu y da pasión a nuestra vida. Es nuestra conexión con Dios y con los demás.

Toda persona pasa por dificultades en su vida. Algunas son grandes y otras no parecen tan importantes. Pero son las lecciones que hemos de aprender. Eso lo hacemos eligiendo. Yo digo que para llevar una buena vida y así tener una buena muerte, hemos de tomar nuestras decisiones teniendo por objetivo el amor incondicional y preguntándonos: «¿Qué servicio voy a prestar con esto?»

Dios nos ha dado la libertad de elegir; la libertad de desarrollarnos, crecer y amar.

La vida es una responsabilidad. Yo tuve que decidir si orientaba o no a una mujer moribunda que no podía pagar ese servicio. Tomé la decisión basándome en que lo que sentía en mi corazón era lo correcto, aunque me costara el puesto. Esa opción era la buena para mí. Habría otras opciones, la vida está llena de ellas.

En definitiva, cada persona elige si sale de la dificultad aplastada o perfeccionada.

28

LA PRUEBA

En 1974, durante seis meses estuve trabajando hasta altas horas de la noche en mi cuarto libro, *La muerte: un amanecer*. A juzgar por el título se podría pensar que ya tenía todas las respuestas sobre la muerte. Pero el día en que lo terminé, el 12 de septiembre, falleció mi madre en la residencia suiza donde había pasado sus cuatro últimos años. Entonces me encontré preguntándole a Dios por qué había convertido en vegetal a esa mujer que durante ochenta y un años no había hecho otra cosa que dar amor, cobijo y afecto, y por qué la había mantenido en ese estado tanto tiempo. Incluso durante el funeral lo maldije por su crueldad.

Después, por increíble que parezca, cambié de opinión y le agradecí su generosidad. Parece cosa de locos, ¿verdad? A mí también me lo parecía, hasta que comprendí que la última lección que había tenido que aprender mi madre era recibir afecto y cuidados, algo para lo cual jamás estuvo dotada. Desde entonces he alabado a Dios por enseñarle eso en sólo cuatro años; es decir, podría haber tardado mucho más tiempo.

Aunque el desenvolvimiento de la vida es cronológico, las lecciones nos llegan cuando las necesitamos. Durante la Semana Santa anterior había estado en Hawai dirigiendo un seminario. La gente me consideraba una experta en la vida. ¿Y qué pasó? Pues que acabé aprendiendo una lección importantísima sobre mí misma. El seminario fue fabuloso, pero yo lo pasé fatal porque resultó que el hombre que lo organizaba era un tacaño. Nos reservó habitaciones en un lugar horroroso, se quejaba de que comíamos demasiado e incluso nos cobró los papeles y lápices que utilizamos.

De vuelta a casa hice una parada en California. Algunos amigos fueron a recogerme al aeropuerto y me preguntaron cómo había ido el seminario. Yo estaba tan molesta que no supe qué contestar. Con la intención de hacer un chiste, una amiga me dijo: «Bueno, cuéntanos cómo te fue con los conejitos de Pascua.» Al oír eso me eché a llorar desconsoladamente. Toda la rabia y frustración que había reprimido toda esa semana estallaron de pronto. Ese comportamiento no era propio de mí.

Por la noche, ya en mi habitación, me analicé buscando la causa de ese estallido. Entonces comprendí que la mención de los conejitos de Pascua había desatado el recuerdo de aquella vez que mi padre me ordenó llevar mi conejito negro favorito al carnicero. En aquella ocasión yo me negué a manifestar mis emociones delante de mis padres. Ellos jamás supieron cuánto me dolió y jamás me permití reconocer, ni ante mí misma, lo terrible y doloroso que fue.

Pero repentinamente toda la pena, la rabia y la sensación de injusticia que había reprimido durante casi cuarenta años brotaron como un torrente. Lloré todas las lágrimas que debería haber llorado entonces. También comprendí que les tenía alergia a los hombres tacaños. Cada vez que me encontraba ante alguno, me ponía tensa, y revivía inconscientemente la muerte de mi conejito negro. Finalmente, ese tacaño de Hawai me hizo explotar.

No tiene nada de raro que, una vez exteriorizados mis sentimientos, me sintiera mucho mejor.

Es imposible vivir plenamente la vida si no nos hemos liberado de la negatividad, si no hemos concluido los asuntos pendientes, los conejitos negros.

Pero había otro conejito negro en mi interior, y era mi necesidad (en mi calidad de una «pizca de novecientos gramos») de demostrar constantemente que merecía estar viva. A mis cuarenta y nueve años no era capaz de aminorar mi ritmo de trabajo. Manny también estaba muy ocupado forjándose un porvenir. Carecíamos de tiempo para estar juntos y nuestra relación se resentía. Pensé que el antídoto perfecto sería comprar una granja en algún sitio retirado donde pudiera recargar mis baterías, relajarme con Manny y dar a los niños la oportunidad de disfrutar de la naturaleza tal como yo había hecho de niña. Me imaginaba muchas hectáreas de terreno, árboles, flores y animales. Aunque Manny no compartía mi entusiasmo, al menos reconocía que los viajes en coche que hacíamos mirando las granjas nos daban ocasión para estar juntos.

En nuestra última salida del verano de 1975, encontramos el sitio perfecto, con campos que parecían sacados de un libro de fotografías, donde también había esos túmulos sagrados de los indios. Me encantó. Manny parecía igualmente entusiasmado, a juzgar por todas las fotos que tomó allí con una cámara bastante cara que le había prestado un amigo. Durante el trayecto hacia un hotel de Afton, donde yo iba a dirigir un seminario, comentamos lo mucho que nos había gustado aquella propiedad. Después de dejarme en el hotel, Manny y los niños iban a regresar a Chicago en el coche.

Sin embargo, al entrar en la ciudad pasamos junto a una casita de aspecto insólito, en cuyo porche estaba una mujer que al vernos corrió hacia nosotros agitando frenéticamente los brazos. Pensando que necesitaba ayuda, Manny detuvo el coche. Resultó que la mujer, a la que no conocíamos de nada, sabía dónde me iba a alojar esa noche y estaba esperando que pasara por su casa camino del hotel. Me pidió que la acompañara a su casa.

—Tengo que mostrarle algo muy importante —me dijo.

Por raro que parezca, eso no me extrañó. Ya estaba acostumbrada a que algunas personas llegaran a extremos increíbles para hablar conmigo o para hacerme alguna pregunta muy urgente. Dado que siempre trataba de complacer, le dije que tenía dos minutos. Ella aceptó y la seguí al interior de su casa. Me llevó a una acogedora salita de estar y me señaló una fotografía que tenía sobre una mesa.

—Eso —me dijo—. Mire.

A primera vista, la fotografía era de una flor muy bonita, pero al mirarla con más atención vi que sobre la flor estaba posada una diminuta criatura con cuerpo, cara y alas.

Miré a la mujer y ella asintió con la cabeza.

—Es un hada, ¿verdad? —le dije, sintiendo que se me aceleraba el corazón.

—¿Qué cree usted?

A veces es mejor dejarse guiar por la intuición que pensar con la cabeza, y ésa fue una de aquellas veces. En esos momentos de mi vida estaba receptiva a todo y a cualquier cosa. A menudo tenía la impresión de que se levantaba un telón para permitirme entrar en un mundo que nadie había visto antes. Eso lo probaba. Era uno de esos grandes momentos decisivos. Lo normal para mí habría sido pedirle una taza de café y sentarme a hablar con esa mujer hasta quedar afónica. Pero mi familia me estaba esperando en el coche. No tenía tiempo para hacer preguntas. Acepté la foto sin más.

—¿Quiere una respuesta sincera o una educada? —le pregunté.

—No tiene importancia —contestó—. Con eso ya tengo su respuesta.

Antes de que me acercara a la puerta me pasó una cámara Polaroid y me hizo un gesto hacia la puerta de atrás, que conducía a un jardín muy bien cuidado. La mujer me dijo que tomara una foto de cualquiera de las plantas o flores. Para complacerla y salir pronto de allí, tomé una foto y la saqué de la cámara. A los pocos segundos apareció otra hada floral. Una parte de mí estaba asombrada, otra parte se preguntaba cuál sería el truco, y otra parte le dio las gracias a la mujer y salió a reunirse con Manny y los niños. Cuando me preguntaron qué quería la mujer, inventé una historia. Lamentablemente, cada vez eran más las cosas que no podía contar a mi familia.

Antes de dejarme en el hotel, Manny me pasó la cámara que le habían prestado, ya que era preferible que yo la llevara en el avión a que se la robaran en el motel donde pensaban pasar esa noche. Me sermoneó sobre la importancia de cuidar bien esos equipos tan caros, una monserga que yo había oído tantas veces que ya no me molestaba en escuchar.

—Prometo no tocarla —le dije a la vez que me la colgaba al hombro.

Después me reí de lo paradójico que resultaba que le prometiera no tocarla mientras me la colgaba al hombro.

En cuanto estuve a solas, me puse a pensar en las hadas. Yo conocía a las hadas por los libros que había leído cuando niña, y también les hablaba a mis plantas y flores, pero eso no quería decir que creyera en la existencia de tales seres. Por otro lado, no podía dejar de pensar en esa extraña mujer que fotografiaba a las hadas. Ésa era una prueba palpable y retadora. También lo era el hecho de que yo hubiera hecho lo mismo con una Polaroid. Si era un truco, era uno condenadamente bueno. Pero no creía yo que fuera una farsa.

Desde la visita de la señora Schwartz, sabía que no hay que descartar algo simplemente porque no se pueda explicar. Creía que todos tenemos un guía o ángel guardián que nos observa y protege. Ya fuera en los campos de batalla de Polonia, en las barracas de Maidanek o en los pasillos de los hospitales, muchas veces me había sentido guiada por algo más poderoso que yo.

Y ahora ¿hadas?

Si una persona está preparada para tener experiencias místicas, las tiene. Si está receptiva, va a tener sus encuentros espirituales.

Nadie podría haber estado más receptiva que yo cuando volví a mi habitación del hotel. Cogí la cámara que pertenecía al amigo de Manny (el fruto prohibido, ya que había prometido no tocarla) y me fui hasta una pradera a la orilla de un bosque. Encontré un lugar despejado y me senté en un montículo. El lugar me recordó el escondite secreto que tenía detrás de mi casa en Meiden. Quedaban tres fotos en el carrete de la cámara.

Tres fotos. Para la primera enfoqué la pradera con la elevada colina cubierta de árboles al fondo. Antes de tomar la segunda instantánea grité, a guisa de desafío: «Si tengo un guía y me estás escuchando, hazte visible en la siguiente foto.» Apreté el botón. La última foto no la aproveché.

De vuelta en el hotel, guardé la cámara en la maleta y olvidé el experimento. Pero unas tres semanas después el asunto de la cámara volvió a surgir. Yo regresaba de Nueva York a Chicago y tuve que correr para tomar el avión, cargada con una bolsa llena de exquisiteces para mi marido, nacido en Brooklyn: en Kuhns había comprado una docena de perritos calientes kosher, unos cuantos kilos de salami kosher y una tarta de queso estilo neoyorquino. Cuando aterrizamos, todo el avión olía a charcutería de lujo. Me precipité a casa para darle una sorpresa a Manny, que no me esperaba tan pronto esa noche, y me puse a preparar la cena. Manny llamó por teléfono para hablar con uno de los niños, pero en lugar de mostrarse contento cuando contesté yo, me dijo enfadado:

—Bueno, lo has vuelto a hacer.

—¿He vuelto a hacer qué? —No tenía idea de a qué se refería.

—La cámara.

—¿Qué cámara?

Enfadado me explicó que era la carísima cámara que le habían prestado y que él confiara a mi cuidado en Virginia.

—Seguro que la utilizaste. Mandé a revelar las fotos, y una de las últimas salió con doble exposición. Seguro que el maldito aparato está estropeado.

De súbito recordé mi experimento. Sin hacer caso de su enfado le supliqué que volviera a toda prisa a casa. Nada más entró por la puerta le pedí las fotos, como una niña impaciente.

Si no hubiera visto las fotos con mis propios ojos, jamás habría creído lo que aparecía en ellas. En la primera salía la pradera con la colina y el bosque al fondo. La segunda mostraba la misma escena, pero en el bosque del fondo estaba sobrepuesto un indio musculoso de aspecto estoico con los brazos cruzados sobre el pecho. En el momento en que tomé la foto estaba mirando a la cámara con expresión muy seria. Nada de bromas.

Me sentí eufórica, el corazón me brincaba en el pecho. Esas fotos las guardaría como un tesoro toda mi vida. Eran pruebas fehacientes. Lamentablemente en 1994 el incendio de mi casa las destruyó junto con todas mis otras fotos, diarios, revistas y libros. Pero en esos momentos las contemplé maravillada.

—O sea que es cierto —murmuré.

Dispuesto a regañarme de nuevo, Manny me preguntó qué había dicho.

—¿Ah? Nada.

Era una pena que no confiara bastante en mi marido para transmitirle toda mi emoción y entusiasmo, pero él no habría tolerado que le hiciera perder el tiempo de esa manera. Ya le costaba aceptar mis estudios sobre la vida después de la muerte. ¿Y encima hadas? Bueno, ya estaban lejanas la época de la facultad y las largas y arduas jornadas como residentes en las que nos apoyábamos mutuamente. Manny tenía cincuenta años y padecía del corazón, y lo que le interesaba era instalarse y poseer muchas cosas. Yo, en muchos sentidos estaba comenzando.

Eso sería un problema.

29

INTERMEDIARIOS HACIA
EL OTRO LADO

Me habían prestado colaboración, pero ahora necesitaba ayuda. Había encontrado una prueba de que la vida continúa después de la muerte. También tenía fotos de hadas y guías. Me habían mostrado trozos de un mundo nuevo e inexplorado. Me sentía como el explorador que está cerca del final de su viaje. Había tierra a la vista, pero no podía llegar allí sola. Hablé con personas de mi círculo de conocidos, cada vez más amplio, diciéndoles que necesitaba alguien a quien acudir, alguien que supiera más.

En seguida se pusieron en contacto conmigo muchos «iluminados» que me propusieron todo tipo de medios para hablar con los muertos y viajar a planos superiores de conciencia. Pero yo no me entendía con ese tipo de personas. En 1976 me llamaron Jay y Martha B., una pareja de San Diego, y me prometieron presentarme a entidades espirituales. «Va a poder hablar con ellas. Se les puede hablar y ellas contestan», me dijeron.

Eso atrajo mi atención. Hablamos unas cuantas veces por teléfono y esa primavera concerté una conferencia en San Diego y fui a visitarlos.

En el aeropuerto los tres nos abrazamos como viejos amigos. Jay B., ex operario de aviación, y su esposa

Martha eran más o menos de mi edad y parecían una pareja corriente de clase media. Él tenía una calva incipiente, ella era regordeta. Me llevaron a su casa en Escondido, donde habían organizado unas sesiones interesantes. Desde que el año anterior fundaran la Iglesia de la Divinidad habían reunido un grupo de seguidores de unas cien personas. La gran atracción era la capacidad de B. para servir de intermediario (o médium) con los espíritus. Un intermediario entra en un estado mental profundo, o trance, para invocar a un espíritu superior o persona sabia difunta. Las sesiones se celebraban en una sala pequeña, o «sala oscura», situada detrás de la casa.

—Lo llamamos «fenómeno de materialización» —me explicó él entusiasmado—. Sería largo y difícil contar todas las lecciones que hemos recibido hasta el momento.

¿Quién podría culparme por sentirme entusiasmada? Mi primer día allí me reuní con veinticinco personas de todas las edades y tipos en la sala oscura, un cuarto de techo muy bajo y sin ventanas. Todos nos sentamos en sillas plegables. B. me situó en la primera fila, en un puesto de honor. Después apagaron las luces y el grupo comenzó a entonar una melodía suave y rítmica que fue aumentando de volumen hasta convertirse en un sonoro cántico, que era lo que le daba a B. la energía necesaria para servir de intermediario a las entidades.

Pese a mi expectación, me mantuve escéptica, pero cuando el cántico subió de tono hasta hacerse casi eufórico, B. desapareció detrás de una pantalla. De pronto, por el lado derecho apareció una figura de una altura enorme; era como una especie de sombra aunque, comparada con la señora Schwartz, tenía más densidad y una presencia más imponente.

—Al final de la velada vais a estar asombrados, pero más confusos —dijo con voz profunda.

Yo ya lo estaba. Sentada en el borde de la silla, me

sentía cautivada por su hechizo. Era increíble, pero me pregunté si no me hallaría ante el acontecimiento más importante de mi vida. Él cantó, saludó al grupo y después se dirigió hacia mí y se quedó muy cerca, erguido y gigantesco. Todo lo que hizo y dijo tenía un propósito y un significado. Me llamó Isabel, lo que al cabo de unos minutos adquiriría más sentido; después me dijo que tuviera paciencia porque mi compañero del alma estaba tratando de acudir.

Lógicamente deseé preguntarle de qué compañero del alma se trataba, pero no logré hablar. Después desapareció. Pasado un largo rato, se materializó otra figura, totalmente diferente. Se presentó diciendo que se llamaba Salem. Ni éste ni el primer espíritu tenían ningún parecido con el indio que yo había fotografiado. Salem era alto y delgado; llevaba turbante y una túnica amplia y larga. Todo un personaje. Cuando avanzó hasta mí, pensé: «Si este tío me toca me muero.» Tan pronto tuve ese pensamiento, Salem desapareció. Después volvió la primera figura a explicarme que mi nerviosismo había hecho que Salem se marchara.

Transcurrieron cinco minutos, los suficientes para que yo recuperara la calma. Después reapareció Salem, mi supuesto compañero del alma, delante de mí. Aunque mis pensamientos lo habían ahuyentado, decidió ponerme a prueba acercándose hasta tocar las puntas de mis sandalias con los dedos de los pies. Cuando vio que eso no me asustaba, se acercó un poco más. Noté que trataba de no atemorizarme, y consiguió no hacerlo. En cuanto deseé que se apresurara a decir lo que tenía que decirme, él se presentó oficialmente, me saludó llamándome «mi querida hermana Isabel», luego me levantó suavemente de la silla y me condujo a una habitación totalmente oscura donde quedamos solos.

Salem actuaba de un modo extraño y místico, y al mismo tiempo su actitud era tranquilizadora y amistosa.

Me advirtió que me iba a llevar en un viaje especial y me explicó que en otra vida, en la época de Jesús, yo había sido una maestra sabia y respetada llamada Isabel. Juntos viajamos hacia una agradable tarde en que yo estaba sentada en la ladera de una colina escuchando a Jesús que predicaba a un grupo de gente.

Aunque veía toda la escena, no lograba entender una palabra de lo que decía Jesús.

—¿Es que no puede hablar de forma normal? —pregunté.

Tan pronto como dije eso caí en la cuenta de que mis pacientes moribundos solían comunicarse así, como Jesús, en un lenguaje simbólico, con parábolas. Si una está sintonizada puede oírlo; si no, no entiende.

Percibí cada detalle de lo que sucedió esa noche. Transcurrida una hora me sentía agobiada y casi me alegré de que terminara la sesión para poder asimilar la experiencia. Tenía mucho que asimilar, más de lo que jamás habría imaginado. En mi conferencia del día siguiente dejé de lado lo que tenía preparado y conté lo ocurrido la noche anterior. En lugar de criticarme y decir que estaba loca, el público se puso en pie para aplaudirme.

Esa noche, la última, puesto que al día siguiente volvería a mi casa en Chicago, B. me llevó a mí sola a la sala oscura. Una parte de mí quería verlo nuevamente para asegurarme de que todo era legal. Esta vez a B. le llevó más tiempo canalizar el espíritu, pero finalmente apareció. Cuando estábamos saludándonos, yo pensé que ojalá mis padres pudieran ver hasta dónde había llegado en la vida su hijita. De pronto, Salem comenzó a entonar *«Always... I'll be loving you...»* Nadie excepto Manny sabía que ésa era la canción favorita de la familia Kübler. «Él lo sabe», me dijo Salem, refiriéndose a mi padre.

Al día siguiente, ya de vuelta en Chicago, les conté todo aquello a Manny y los niños. Se quedaron boquiabiertos. Manny me escuchó sin expresar ninguna crítica; Kenneth manifestó interés; Barbara, que entonces tenía trece años, fue la que se mostró más francamente escéptica e incluso un poquitín asustada. Cualesquiera que fueran sus reacciones, eran muy comprensibles. Esas cosas resultaban muy revolucionarias para ellos, y yo no les oculté nada. Pero tenía la esperanza de que Manny, y tal vez Kenneth y Barbara, continuaran receptivos y tal vez algún día conocieran personalmente a Salem.

Durante los meses siguientes volví con frecuencia a Escondido y conocí a otros espíritus. Un guía muy especial llamado Mario era un verdadero genio que hablaba con elocuencia sobre cualquier tema que yo propusiera, ya fuera geología, historia, física o cristalografía. Pero mi amigo era Salem. Una noche me dijo: «Ha terminado la luna de miel.» Evidentemente, se refería a que tendríamos conversaciones más serias, más filosóficas, porque a partir de entonces hablamos principalmente de temas como las emociones naturales y no naturales, la crianza y educación de los hijos y las maneras sanas de expresar la aflicción, la rabia y el odio. Después yo incorporaría esas teorías a mis seminarios-talleres.

Pero incorporarlo a mi vida familiar fue otro cantar. Debería haber sido una época de celebración; yo estaba haciendo una investigación vanguardista que cambiaría y mejoraría una cantidad inaudita de vidas. Pero cuanto más profundizaba en el tema, más le costaba a mi familia aceptarlo. Al científico que era Manny le resultaba difícil aceptar cualquier cosa que tuviera que ver con la vida después de la muerte. En realidad, teníamos muchas discusiones al respecto, y él creía que los B. se estaban aprovechando de mí. Kenneth ya tenía edad suficiente para aprobar que su madre «hiciera lo suyo», como decía él; Barbara, en cambio, se sentía agraviada por el tiempo que yo dedicaba a mi trabajo.

Supongo que yo estaba demasiado absorta en mi tarea para advertir la tensión que ésta provocaba en mi familia, hasta que fue demasiado tarde. Ciertamente mi trabajo producía tensión en la familia. Yo esperaba que algún día lograría reconciliar ambos mundos. Ese sueño me parecía posible si lograba encontrar una granja, idea que todavía me interesaba.

Pero ese sueño se hizo trizas. Una mañana Salem llamó a mi casa cuando yo ya me había marchado para coger el avión a Minneápolis. ¡Cuántas veces había deseado conversar con Salem desde mi casa! Pues llamó, y en lugar de contestar yo contestó Manny. Eso fue lo peor que pudo haber ocurrido. Mi marido no entendía eso de personas intermediarias o médiums, aunque yo se lo había explicado muchas veces. Su mente lógica no le permitía entenderlo. Ése era el tema de las peores discusiones. Según él, Salem habló de un modo extraño, disfrazando la voz.

—¿Cómo puedes creer esas patrañas? —me dijo Manny—. B. te está engañando.

Me pareció que las cosas se normalizaban cuando construimos una piscina cubierta en casa. Muchas veces me relajaba nadando a medianoche al volver de mis charlas. Y nada era más placentero que nadar contemplando a través de las ventanas la nieve que se amontonaba fuera. En algunas ocasiones todos disfrutábamos chapoteando y riendo juntos en el agua. Pero esas felices risas duraron poco tiempo. Para el día del padre de 1976, los niños y yo llevamos a Manny a cenar a un elegante restaurante italiano. Cuando volvimos a casa nos quedamos charlando en el aparcamiento, y él explicó por qué la cena había sido tan tensa. Quería divorciarse.

—Me voy —dijo—, he alquilado un apartamento en Chicago.

Al principio pensé que quería gastarme una broma. Pero él se marchó en el coche sin siquiera abrazar a los niños. Yo no lograba imaginarnos como una pareja divorciada, un número más en las estadísticas. Intenté asegurarles a Kenneth y Barbara que su padre volvería. Me decía que echaría de menos mi comida, que necesitaría que le lavaran la ropa o querría invitar a sus amigos del hospital a comer en el jardín, que estaba lleno de flores. Pero una noche, cuando abrí la puerta de atrás para que entrara Barbara con una amiga, de entre los arbustos salió un hombre y me entregó los papeles de la demanda de divorcio que Manny había firmado el día anterior en el juzgado.

Manny vino a casa un día en que yo no estaba; celebró una fiesta. Eso lo descubrí cuando volví, al encontrarme con el desorden alrededor de la piscina. Esas circunstancias me aclararon lo que él sentía por mí. Pero decidí no presentar batalla. Barbara necesitaba una vida hogareña y estable, alguien que estuviera allí con ella todas las noches, y esa persona no era yo. Le dije a Manny que podía quedarse con la casa, cogí algunas cosas indispensables, ropa, libros y ropa de cama, las metí en cajas y las envié a Escondido. No se me ocurrió ningún otro lugar adonde ir mientras no supiera qué iba a hacer con mi vida.

Necesitada de apoyo, volé a San Diego por un día para consultar con Salem. Él me proporcionó toda la comprensión y la compasión que tanto necesitaba y la orientación que esperaba.

—¿Qué te parecería tener tu propio centro de curación en lo alto de alguna montaña de por aquí? —me preguntó.

Naturalmente, respondí que me encantaría.

—Así será entonces —dijo.

Hice otro viaje a mi casa diseñada por Frank Lloyd Wright de Flossmoor, donde dije mis adioses, trabajé una última vez en mi cocina y llorando acomodé a Barbara en su cama. Después me trasladé a mi nuevo hogar, una caravana, en Escondido. Sería difícil comenzar de nuevo a los cincuenta años, incluso para una persona como yo que tenía las respuestas a los grandes interrogantes de la vida. Mi caravana era demasiado pequeña para contener mis libros o siquiera un sillón cómodo. Pocos amigos se presentaron a ayudarme. Me sentí sola, aislada y abandonada.

Poco a poco el buen tiempo resultó ser mi salvación, ya que me hizo salir al saludable aire libre. Me dediqué a hacer una huerta y daba largos paseos contemplativos por el bosque de eucaliptos. La amistad de los B. aliviaba mi soledad y me estimulaba a mirar hacia el futuro. Pasados uno o dos meses comencé a recobrar el dinamismo. Compré una preciosa casita provista de un soleado porche con vistas a una hermosa pradera, con mucho espacio para mis libros y una colina que cubrí de flores silvestres.

Habiendo recobrado las ganas de trabajar, comencé a hacer planes para crear mi propio centro de curación. Cuando el proyecto comenzó a materializarse, traté de encontrarle sentido a ese extraño giro de los acontecimientos que había puesto fin a mi matrimonio y me había llevado al otro lado del país, donde estaba a punto de embarcarme en la empresa más osada de mi vida. No logré comprenderlo. Sin embargo, me recordé a mí misma que la casualidad no existe. Ya me sentía mejor y podía volver a ayudar a otras personas.

Gracias a las indicaciones de Salem encontré el lugar perfecto para construir el centro: dieciséis hectáreas en las laderas junto al lago Wohlfert con una preciosa vista. Cuando estaba visitando la propiedad una mariposa monarca se me posó en el brazo; considerándolo una señal para que no continuara buscando, exclamé: «Éste es el lugar idóneo para construir.» Pero no iba a ser fácil, cosa que descubrí cuando solicité un préstamo. Dado que Manny había manejado siempre todo nuestro dinero, ante los bancos yo no tenía solvencia que garantizara un crédito. Aunque mis charlas me proporcionaban buenos ingresos, nadie quiso concederme un préstamo. Esa estupidez casi me impulsó a militar en el movimiento feminista.

Pero mi tozudez y falta de sentido comercial ganaron la partida. A cambio de la casa de Flossmoor, de todos los muebles y de que yo pagara 250 dólares mensuales para contribuir al mantenimiento de Barbara, Manny accedió a adquirir el centro por 250.000 dólares y a alquilármelo. Pronto empecé a dirigir seminarios mensuales de una semana para estudiantes de medicina y enfermería, enfermos terminales y sus familiares; el objetivo era ayudarlos a hacer frente a la vida, la muerte y la transición entre ambas de una manera más sana y sincera.

Tenía una larga lista de espera para los seminarios-talleres, en cada uno de los cuales había cabida para cuarenta personas. Deseosa de sanar a las personas en todos los aspectos de la vida, les pedí a mis más íntimos confidentes y defensores, los B., que aportaran sus ideas al proyecto. Aunque ellos no habían hecho ninguna aportación financiera, los trataba como a socios. Martha supervisaba las clases de psicodrama, y demostró tener verdadero talento para inventar ejercicios destinados a que los asistentes expresaran la rabia y el miedo reprimidos, fruto de vivencias anteriores. Pero las sesiones de mediación con los espíritus dirigidas por su marido continuaron siendo las más impresionantes.

Éste tenía una enorme capacidad mediadora y un carisma natural. El núcleo principal de seguidores de su iglesia continuó apoyándole de un modo incondicional. Pero como cada vez asistía a las sesiones un mayor número de personas ajenas al grupo, en ocasiones B. tenía que rechazar la acusación de que su mediación era un truco. Él respondía a esas insinuaciones haciendo una seria advertencia: si alguien encendía las luces mientras él estaba en trance, podía hacer daño a los espíritus, y muy posiblemente a él mismo. Sin embargo, una vez, cuando estaba convocando a una entidad llamada Willie, una mujer encendió las luces. La visión fue inolvidable: B. estaba totalmente desnudo.

Todos los presentes pensaron aterrados que quizás el bienestar de Willie corría peligro, sin embargo B. siguió en trance y sólo después les explicó que la desnudez era su método para que los espíritus se materializaran a través de él; no había nada de qué preocuparse.

Yo tenía mis dudas respecto a un guía llamado Pedro. No sé por qué, pero un sexto sentido en el cual había aprendido a confiar me decía que podría ser un impostor. Para cerciorarme, la vez siguiente que apareció ese espíritu le hice preguntas que sólo un genio podía contestar, cosas que yo sabía que B. ignoraba. Pedro no sólo las contestó sin vacilar, sino que además montó en un caballo de madera que se utilizaba en los talleres de psicodrama, bromeó diciendo que yo era demasiado alta para él, desapareció, y pasado un momento volvió con unos 15 cm más de altura. Me miró y me dijo: «¿Sabes?, sé que dudas de mí.»

Después de eso ya no dudé respecto a la credibilidad de Pedro. Se mostraba en plena forma fuera de los seminarios, cuando solamente estaba reunido el antiguo grupo. En esas sesiones intimaba más con cada persona y le daba consejos sobre sus problemas personales. «Lo has tenido difícil, Isabel, pero no tenías otra alternativa.» Con todo y ser de gran ayuda, noté que Pedro iba adoptando una actitud pesimista. Advirtió que en el futuro se producirían cambios que dividirían el grupo y pondrían en cuestión la credibilidad de B. «Cada uno deberá decidir por sí mismo», explicaba. Después yo comprendería que se refería a los rumores que corrían sobre cosas extrañas, a veces sobre abusos sexuales, que ocurrían en la sala oscura, de los que yo no estaba al corriente. Viajaba tanto que por lo general los rumores no llegaban a mis oídos.

En cuanto al futuro, no me preocupaba, puesto que llegaría me gustara o no, pero me pareció que Pedro me preparaba a mí más que a nadie para un cambio.

—El libre albedrío es el mayor regalo que recibió el hombre al nacer en el planeta Tierra —decía—. En todo momento debemos escoger entre varias posibilidades, en lo que decimos, hacemos y pensamos, y todas las elecciones son terriblemente importantes. Cada una afecta a todas las formas de vida del planeta.

Aunque yo no entendía las razones que guiaban esas declaraciones, aprendí a aceptarlas. Los guías sólo dan conocimiento; de mí dependía, como de cada uno de los demás, decidir la manera de utilizarlo. Hasta ese momento, eso me había beneficiado.

—Gracias, Isabel —me dijo Pedro hincando una rodilla en el suelo delante de mí—. Gracias por aceptar tu destino.

Me pregunté cuál sería ese destino.

30

LA MUERTE NO EXISTE

Una amiga, enterada de que el trabajo se me acumulaba hasta el punto de que mis charlas estaban programadas con un año o dos de antelación, me preguntó una vez cómo organizaba mi vida, cómo tomaba las decisiones. Mi respuesta la sorprendió: «Hago lo que me parece correcto, no lo que se espera de mí.»

Eso explicaba por qué continuaba hablando con mi ex marido. «Tú te divorciaste de mí, no yo de ti», le decía. Esa actitud mía fue la que me impulsó a hacer una parada no programada en Santa Barbara cuando me dirigía a Seattle a dar una conferencia. Repentinamente me entraron deseos de hacerle una visita a una vieja amiga.

Decisiones como ésa eran de esperar en una mujer que predicaba que hay que vivir cada día como si fuera el último. Mi amiga se mostró encantada cuando la llamé por teléfono. Yo esperaba pasar una tarde agradable ante una taza de té. Pero cuando su hermana fue a recogerme al aeropuerto me dijo que había un cambio en los planes.

—¿Qué cambio?

—No quieren que te diga de qué se trata —me dijo, disculpándose.

El misterio se aclararía muy pronto. Mi amiga vivía con su marido, conocido arquitecto, en una hermosa casa estilo español. Salieron a recibirme a la puerta, me abrazaron y expresaron su alivio porque hubiera llegado. ¿Qué posibilidad había de que no llegara? Antes de que pudiera preguntarles si algo iba mal, me llevaron a la sala de estar y me instalaron en un sillón. El marido se sentó frente a mí, comenzó a mecerse y entró en trance. Yo miré a mi amiga con expresión interrogante.

—Es intermediario —me explicó.

Al oír eso me tranquilicé, pensando que la confusión se aclararía sola, así que volví la atención a su marido. Éste tenía los ojos cerrados y la expresión muy seria, y cuando el espíritu se apoderó de su cuerpo pareció envejecer unos cien años.

—Logramos traerte aquí —me dijo en tono apremiante, con una voz cascada por la edad, que no era la suya—. Es importante que no dejes las cosas para más adelante. Tu trabajo con la muerte y los moribundos ha acabado. Es hora de que comiences tu segunda misión.

Nunca me había costado ningún esfuerzo el escuchar a los pacientes ni a los intermediarios de espíritus, pero a veces me llevaba más tiempo entender lo que decían.

—¿A qué se refiere con eso de mi segunda misión? —pregunté.

—Es hora de que digas al mundo que la muerte no existe —dijo.

Aunque los guías están aquí para ayudarnos a realizar nuestro destino y a cumplir las promesas que hemos hecho a Dios, protesté. Necesitaba más explicaciones. Necesitaba saber por qué me habían elegido a mí. Al fin y al cabo en todo el mundo me conocían por «la señora de la muerte y los moribundos». ¿Cómo podía dar un giro y decir al mundo que la muerte no existe?

—¿Por qué yo? —pregunté—. ¿Por qué no elegir a un pastor, un sacerdote o alguna persona similar?

El espíritu se impacientó. Rápidamente me recordó que yo había elegido mi trabajo en esta vida en la Tierra.

—Simplemente te digo que ha llegado el momento —me repitió. Me enumeró la larga serie de motivos por los que era yo y no otra persona la elegida para esta misión, aclarándolos uno a uno—: Ha de ser una persona perteneciente al campo de la medicina y la ciencia, no al de la teología ni la religión, porque éstos no han hecho su trabajo y han tenido sobradas oportunidades durante los dos mil últimos años. Ha de ser una mujer y no un hombre. Además, ha de ser alguien que no tenga miedo, que llegue a muchas personas y que con sus explicaciones les transmita la sensación de que les habla personalmente [...] Ésos son los motivos —concluyó—. Es la hora. Tienes muchísimo en que pensar.

De eso no me cabía duda. Después de tomar el té, y totalmente exhaustos física y emocionalmente, mi amiga, su marido y yo nos retiramos a dormir. Cuando estuve sola en mi cuarto, comprendí que me habían llamado por ese motivo concreto, que nada ocurre por casualidad. Además, ¿no me había dado las gracias Pedro por aceptar mi destino? Ya en la cama, pensé qué diría Salem sobre esa misión.

No bien había pensado eso cuando sentí que había otra persona en mi cama. Abrí los ojos.

—¡Salem! —exclamé.

Estaba oscuro, pero vi que se había materializado de cintura para arriba.

—La energía es tan densa en esta casa que he conseguido materializarme por un par de minutos —me explicó.

Me maravilló que hubiera aparecido sin la ayuda de B., y eso me hizo sentirme menos dependiente de este último. Era evidente que B. ya no era el intermediario para esos momentos especiales.

—Felicitaciones por tu segunda misión, Isabel —añadió Salem con su voz profunda, que me era familiar—, mis mejores deseos para ti.

Antes de marcharse, me hizo un masaje en la columna y me indujo un profundo sueño.

Cuando volví a casa, reuní todos los conocimientos y experiencias que había acumulado a lo largo de los años respecto a la vida después de la muerte. No mucho tiempo después, di mi primera charla titulada «La muerte y la vida después de la muerte». Estaba tan nerviosa como la primera vez que ocupé el lugar del catedrático Margolin en el estrado. Pero la reacción fue arrolladoramente positiva, y eso me demostró que estaba en el camino correcto. Durante una charla en el Sur Profundo, cuando estábamos en la parte de preguntas y respuestas después de entrevistar a un hombre moribundo, una mujer de unos treinta años pidió la palabra.

—La suya será la última pregunta —le dije.

Ella se apresuró a coger el micrófono.

—Dígame por favor qué cree que experimenta un niño en el momento de la muerte.

Ésa era la oportunidad perfecta para resumir la charla. Expliqué que, de forma similar a los adultos, los niños dejan sus cuerpos físicos igual como la mariposa sale de su capullo y pasan por las diferentes fases de vida después de la muerte que había explicado antes. Añadí que María suele ayudar cuando se trata de niños.

Con la celeridad de un rayo la mujer corrió hacia el estrado. Allí contó que una vez su hijo Peter, que estaba con gripe, tuvo una reacción alérgica a una inyección que le puso el pediatra y murió en la sala de exámenes. Mientras ella y el pediatra esperaban «una eternidad» a que llegara su marido del trabajo, Peter abrió milagrosamente sus grandes ojos castaños y le dijo:

—Mamá, he estado muerto y he estado con Jesús y María. Había tanto amor ahí que no quería volver, pero María me dijo que no había llegado mi hora. Yo no le hice caso, pero Ella me cogió la mano y me dijo: «Tienes que volver; tienes que salvar del fuego a tu mamá.»

En el momento en que María le dijo eso, Peter volvió a su cuerpo y abrió los ojos.

La madre, que contaba esta historia por primera vez desde que ocurriera, hacía trece años, explicó que vivía en un estado de angustia y depresión por saber que estaba condenada «al fuego», o, como lo interpretaba ella, «al infierno». No tenía idea por qué. Al fin y al cabo era una buena madre, buena esposa y cristiana.

—No me parece justo —exclamó—. Eso me ha arruinado la vida.

No era justo, pero yo sabía que podía librarla rápidamente de la depresión explicándole que María, igual que todos los demás seres espirituales, suele hablar simbólicamente.

—Ésa es la dificultad que presentan las religiones —dije—. Las cosas se escriben para que se interpreten, y, como ocurre en muchos casos, se malinterpretan.

Le dije que se lo iba a demostrar haciéndole algunas preguntas, que debía contestar sin detenerse a pensar:

—¿Qué le habría ocurrido si María no hubiera enviado a Peter de vuelta?

—Uy, Dios mío —exclamó ella cogiéndose los cabellos—, habría sido un infierno para mí.

—¿Quiere decir que se habría quemado en el fuego?

—No, ésa es una expresión.

—¿Lo ve? ¿Comprende lo que quiso decir María cuando le dijo a Peter que tenía que salvarla del fuego?

No sólo lo comprendió ella, sino que durante los meses siguientes, a medida que aumentaba la popularidad de mis charlas y seminarios, vi que la gente aceptaba sin reparos la idea de la vida después de la muerte. ¿Por qué no? El mensaje era positivo. Innumerables personas relataban experiencias similares: todas habían dejado su cuerpo y viajado hacia una luz brillante. Se sentían inmensamente aliviadas al ver por fin confirmadas sus historias. Eso afirmaba la vida.

Pero en mi organismo se estaba acumulando el estrés producido por todos los cambios que había experimentado mi vida durante esos seis últimos meses: el divorcio, la compra de una nueva casa, el inicio del centro de curación y mis giras de conferencias por casi todo el mundo.

No me había tomado un descanso, y lógicamente estaba agotada. Después de una gira de charlas por Australia decidí por fin dedicar un tiempo a mi persona. Lo necesitaba urgentemente. En compañía de dos parejas, alquilamos una cabaña de montaña en un sitio aislado. No tenía teléfono ni servicio de correo a domicilio, y las serpientes venenosas mantenían a raya a la gente. Un paraíso.

Después de una semana en la que nos sumergimos en las tareas cotidianas de la vida rústica, como cortar leña para la cocina y el hogar, empezaba a sentirme nuevamente una persona descansada y simpática, y esperaba con ilusión quedarme allí otra semana cuando se hubieran marchado mis amigos. Entonces estaría totalmente sola, una situación perfecta. Pero la víspera del día en que debían partir mis amigos, éstos decidieron por votación quedarse a acompañarme. Me fui a acostar deprimida.

En la oscuridad, agotada y deprimida, sentí la necesidad de llorar pidiendo ayuda. Muchas personas acudían a mí para resolver sus problemas, pero ¿a quién podía acudir yo en busca de afecto y apoyo? Aunque nunca había llamado a mis espíritus fuera de Escondido, me habían prometido acudir si alguna vez los necesitaba.

—Pedro, te necesito —susurré.

Pese a la distancia entre Australia y San Diego, en menos de un instante apareció en mi cuarto de la cabaña mi espectro favorito, Pedro. Aunque él conocía mis pensamientos, de todas formas le pregunté si podía llorar sobre su hombro.

—No, no puedes hacer eso —me dijo con firmeza, apresurándose a añadir—: Pero yo sí puedo hacer algo por ti. —Estiró lentamente el brazo y me sostuvo la cabeza en la palma de su mano abierta—. Cuando me vaya lo comprenderás.

Durante unos momentos tuve la sensación de ser transportada lejos en la palma de su mano; fue la sensación más hermosa y gratificante de paz y amor que había experimentado en mi vida. Todas mis preocupaciones y angustias desaparecieron.

Sin decir ninguna palabra de despedida, Pedro se marchó silenciosamente. Yo no tenía idea de la hora, de si la noche acababa de empezar o ya se acercaba el amanecer. No importaba. En la oscuridad mis ojos se posaron sobre una estatua de madera que ocupaba el estante junto a mis libros. Era la figura de un niño cómodamente acurrucado en la palma de una mano. De pronto me embargó la misma sensación de protección, cuidado, paz y cariño que había sentido cuando Pedro me puso la mano en la cabeza, y me quedé dormida sobre un enorme cojín en el suelo.

A la mañana siguiente, cuando mis amigos me despertaron, se sorprendieron de que no me hubiera acostado en la cama, aunque comentaron que por fin tenía un aspecto relajado y descansado. No pude contarles nada de lo ocurrido durante la noche, ya que yo todavía estaba impresionada. Pero Pedro tenía razón. Lo entendí: millones de personas tenían pareja, compañeros, amantes, etcétera, pero ¿cuántas personas gozaban del consuelo y la emoción de ser transportadas en la palma de Su mano?

No, ya no volvería a quejarme ni a autocompadecerme por no tener un hombro donde llorar. En el fondo de mi corazón sabía que jamás estaba sola. Había recibido lo que necesitaba. Como me había ocurrido la noche anterior, con frecuencia había ansiado tener un compañero, un poco de amor, un abrazo o un hombro para apoyarme, algo que jamás había encontrado.

Pero recibía otros regalos, dones que pocas personas experimentaban, y si hubiera podido trocarlos me habría negado. Eso lo sabía.

A juzgar por los últimos acontecimientos, ya no tenía la menor duda de que lo mejor de la vida consiste en descubrir lo que uno ya sabe. Esto es especialmente cierto en las experiencias y poderes espirituales. Consideremos la lección que aprendí de Adele Tinning, una anciana de San Diego que llevaba setenta años hablando diariamente con Jesús. Se comunicaban a través de su sólida mesa de cocina de roble, que se levantaba y se movía en el lugar donde ella colocaba las manos, deletreando mensajes en una especie de código Morse.

Una vez que estaban mis hermanas de visita, las llevé a ver a Adele. Cuando estábamos sentadas a la mesa, que era tan pesada que las tres juntas no habríamos podido moverla aunque hubiéramos querido, Adele cerró los ojos y se echó a reír suavemente.

—Aquí está vuestra madre —dijo, abriendo sus vivos ojos castaños—. Quiere desearos un feliz cumpleaños.

Mis hermanas se quedaron absolutamente pasmadas. Ninguna de nosotras había dicho que ese día era nuestro cumpleaños.

A los pocos meses logré hacer esa proeza yo misma. Una noche, mientras preparaba ternera para la cena, mis dos invitadas, monjas de Tejas, una de ellas ciega, cogieron el coche para ir a la farmacia a hacer una compra. El trayecto de ida y vuelta normalmente lleva unos diez minutos, así que cuando pasada media hora no habían vuelto, comencé a preocuparme.

Me senté ante la mesa de la cocina a pensar qué podía hacer.

—¿Debería llamar a la policía? —pregunté en voz alta—. ¿Habrán tenido un accidente?

De pronto la mesa se movió ligeramente, se levantó y se deslizó.

—No —dijo una voz potente.

Yo di un salto tan alto que casi toqué el techo.

—¿Estoy hablando con Jesús?

Nuevamente la mesa se movió y oí la misma voz:

—Sí.

La alucinante experiencia acababa de comenzar cuando se abrió la puerta de atrás y aparecieron las monjas. Sonrieron al ver lo que estaba ocurriendo.

—Ah, ¿así que también sabes hacer lo de la mesa? —exclamó la hermana V., retirando una silla para sentarse—. Hagámoslo juntas.

Eso fue lo mejor que hice en la cocina en toda mi vida.

Lo cual no quiere decir que me sintiera satisfecha. Poco tiempo después dirigí un seminario en Santa Barbara. La última noche, después de cinco días muy intensos, llegué a mi cabaña a las cinco de la mañana. Cuando me metí en la cama, casi incapaz de mantener los ojos abiertos, entró precipitadamente una enfermera a pedirme que contemplara la salida del sol con ella.

—¿Salida del sol? —gemí—. Puedes quedarte a contemplarla, pero yo voy a dormir.

A los pocos segundos ya estaba sumida en un profundo sueño. Pero en lugar de dormir, sentí como si saliera de mi cuerpo y me elevara cada vez más alto, pero sin tener ningún control ni miedo. Una vez arriba, percibí que varios seres me cogían y me llevaban a un lugar donde, como si yo fuera un coche y ellos fueran mecánicos, empezaron a repararme. Cada uno tenía su especialidad: frenos, transmisión, etcétera. En menos de un instante me habían reemplazado todas las partes dañadas por otras buenas y me devolvieron a la cama.

Por la mañana, después de sólo unas horas de sueño, desperté con una maravillosa sensación de serenidad. La enfermera todavía estaba allí, así que le conté lo ocurrido.

—Es evidente que has tenido una experiencia fuera del cuerpo —me dijo.

Yo la miré extrañada. Yo no meditaba ni comía tofu. Tampoco era californiana ni tenía un guru ni un mentor espiritual, de modo que no entendía qué había querido decir con eso de «experiencia fuera del cuerpo». Pero si ésta era así, estaba dispuesta a realizar otro vuelo en cualquier momento.

31

MI CONCIENCIA CÓSMICA

Después de esa experiencia fuera del cuerpo me dirigí a la biblioteca, donde encontré un libro sobre el tema, escrito por Robert Monroe, el famoso investigador. Pronto me dispuse a viajar de nuevo, esta vez a la granja de Monroe en Virginia, donde se ha construido un laboratorio. Durante años, para hacer experimentos con la mente se utilizaron drogas, y yo estaba en contra de eso. Imagínense entonces mi entusiasmo cuando vi el moderno laboratorio de Monroe, con equipo y monitores electrónicos, todos esos adelantos que de inmediato me inspiraron confianza.

Mi objetivo al ir allí era tener otra experiencia fuera del cuerpo. Con este fin, entré en una cabina a prueba de sonidos, me eché en un colchón de agua y me vendaron los ojos, dejándome a oscuras. Después un asistente me puso un par de audífonos. Para inducir la experiencia, Monroe había inventado un método de estimulación cerebral mediante vibraciones artificiales. Estas vibraciones inducían al cerebro a entrar en un estado meditativo, y después a elevarse más allá, es decir, al destino que yo buscaba.

Mi primera prueba fue un tanto decepcionante. El supervisor del laboratorio puso en marcha la máquina. Oí unos pitidos uniformes por los audífonos. Las vibraciones rítmicas comenzaron lentas y fueron acelerándose rápidamente hasta convertirse en un solo sonido agudo e indefinible que muy pronto me indujo un estado mental parecido al sueño. Al parecer el proceso había sido demasiado rápido, según el supervisor, que a los pocos momentos me hizo despabilar para preguntarme si me encontraba bien.

—¿Por qué lo ha interrumpido? —le pregunté, perturbada—. Me parecía que estaba comenzando.

Más tarde, ese mismo día, aunque sentía molestias debido a una obstrucción intestinal que tenía desde hacía varias semanas, me tumbé en el colchón de agua para un segundo intento. Puesto que los científicos somos gente precavida por naturaleza, esta vez decidí tomar un poco el mando. Estipulé que pusieran la máquina a toda velocidad.

—Nadie ha viajado nunca tan rápido —me advirtió el supervisor.

—Bueno, yo lo quiero así —insistí.

En realidad, esta segunda vez tuve la experiencia que deseaba. Es difícil explicarla, pero el pitido me despejó al instante la mente de todo pensamiento y me llevó al interior, como si yo fuera la masa de un agujero negro que desaparece. Entonces escuché un silbido increíble, similar al que hace un fuerte viento al soplar. De repente me sentí como arrastrada por un tornado. En ese momento salí volando de mi cuerpo.

¿Adónde? ¿Adónde fui? Eso es lo que pregunta todo el mundo. Aunque mi cuerpo estaba inmóvil, mi cerebro me llevó a otra dimensión de la existencia, a otro universo. La parte física del ser ya no tiene nada que hacer allí. Como el espíritu que abandona el cuerpo después de la muerte, como la mariposa que sale de su capullo, mi conciencia estaba constituida por energía psíquica, no por mi cuerpo físico.

Después, los científicos que estaban en la sala me pidieron que describiera mi experiencia. Aunque me habría gustado explicar detalles, que sabía eran extraordinarios, no lo logré.

Aparte de decirles que de pronto casi me había desaparecido la obstrucción intestinal, que un disco desplazado en las cervicales se me había colocado en su sitio y que me sentía bien, pues no estaba mareada, cansada ni nada, sólo pude comunicarles que no sabía dónde había estado.

Esa tarde, presa de una extraña sensación y creyendo que tal vez se me habría ido la mano, volví al pabellón de invitados del rancho de Monroe, una cabaña aislada llamada la «Casa del Búho». En cuanto entré, sentí una energía extraña que me convenció de que no estaba sola. Dado que la vivienda estaba aislada y no tenía teléfono, pensé en volver a la casa principal para pasar la noche, o ir a un motel. Pero como creo que no existen las coincidencias, comprendí que me habían puesto allí sola por algún motivo. Me quedé.

A pesar de todos los esfuerzos que hice para permanecer despierta, no tardé en quedarme dormida, y entonces fue cuando comenzaron las pesadillas. Éstas fueron como pasar por mil muertes; me torturaron físicamente. Casi no podía respirar; el dolor y la angustia eran tan agobiantes que ni siquiera tenía fuerzas para gritar o pedir auxilio, aunque nadie me habría oído en todo caso. Durante las horas que duró esto, observé que cada vez que acababa una muerte comenzaba en seguida otra, sin darme opción a cobrar aliento, recuperarme, gritar o prepararme para la siguiente. Mil veces.

Lo entendí claramente. Estaba reviviendo la agonía de todos los pacientes a los que había atendido hasta ese momento, reexperimentando la angustia, la aflicción, el miedo, el sufrimiento, la tristeza, el duelo, la sangre, las lágrimas... todo aquello por lo que habían pasado ellos. Si alguien había muerto de cáncer sentía ese terrible dolor, si alguien había sufrido un infarto, padecía también sus efectos.

Se me concedieron tres respiros. La primera vez pedí el hombro de un hombre para apoyar la cabeza (siempre me había gustado quedarme dormida sobre el hombro de Manny). Pero en el instante en que expresé esa necesidad, una ronca voz masculina respondió: «¡No se te concede!» Esa negativa, expresada en tono tan firme, decidido y sin emoción, no me dio tiempo para hacer otra pregunta. Me habría gustado preguntar «¿Por qué?»; después de todo yo había puesto mi hombro para que se apoyaran en él muchos moribundos. Pero no hubo tiempo, energía ni lugar para hacerla.

El dolor, que me atenazaba como una larga contracción de parto, se agudizó hasta un extremo tal que sencillamente deseé morir. Pero no tuve esa suerte. Ignoro cuánto tiempo pasó hasta que me concedieron un segundo respiro. Entonces pregunté:

—¿Puedo coger la mano de alguien?

Deliberadamente no especifiqué si de hombre o de mujer; no había tiempo para ser tan exigente. Sólo deseaba una mano a la cual cogerme. Pero esa misma voz firme y sin emoción rechazó mi petición:

—¡No se te concede!

No tenía idea de si habría un tercer respiro, pero cuando llegó, y tratando de ser lista, inspiré hondo y me dispuse a pedir que me mostraran la yema de un dedo. ¿Para qué? Bueno, aunque uno no puede cogerse de la yema de un dedo, al menos eso demuestra la presencia de otro ser humano. Pero antes de expresar esa última petición, me dije: «¡Demonios, no! Si no consigo una simple mano para cogerme, no quiero la yema de un dedo tampoco. Prefiero continuar sin ayuda, sola.»

Furiosa y resentida, haciendo acopio de toda la rebeldía de mi voluntad, me dije: «Si son tan tacaños que ni siquiera me dan una mano para cogerme, entonces estaré mejor sola. Por lo menos tendré mi estima y mi dignidad.»

Ésa fue la lección. Tenía que experimentar todo el horror de mil muertes para reafirmar la dicha que vino después.

Repentinamente, pasar por esa terrible prueba se convirtió en cuestión de fe, como ocurre con la vida misma.

Fe en Dios, fe en que jamás Él enviaría a nadie algo que no fuera capaz de soportar.

Fe en mí misma, fe en que sería capaz de soportar cualquier cosa que Dios me enviara, que por doloroso y angustioso que fuera, yo sería capaz de pasar por ello.

Tuve la pasmosa sensación de que alguien estaba esperando que dijera algo, que dijera «Sí». Entonces comprendí que lo único que se me pedía, era que dijera «Sí» a eso.

Mis pensamientos volaban. ¿A qué tenía que decir sí? ¿A más angustia? ¿A más dolor? ¿A más sufrimiento sin asistencia?

Fuera lo que fuese, nada podía ser peor que lo que ya había soportado; y continuaba allí, viva, ¿verdad? ¿Otras cien muertes? ¿Otras mil?

Importaba poco. Tarde o temprano eso acabaría. Además, el dolor ya era tan intenso que no lo sentía. Estaba más allá del dolor.

—¡Sí! —grité—. ¡Sí!

Al instante todo se quedó inmóvil y todo el dolor, angustia y ahogo desaparecieron. Casi totalmente despierta, vi que fuera estaba oscuro. Hice una respiración profunda, la primera completa durante un período de tiempo imposible de precisar, y una vez más miré la noche oscura a través de la ventana. Acostada de espaldas, me relajé, inspiré de nuevo, y entonces comencé a notar algunas cosas peculiares. Lo primero que observé fue que mi abdomen, muy bien delineado pero independiente de los músculos, empezaba a vibrar a una velocidad cada vez más vertiginosa, lo que me indujo a exclamar: «¡Esto no puede ser!»

Pero era, y cuanto más observaba mi cuerpo echado en la cama, más me sorprendía. Cualquier parte del cuerpo que me mirara empezaba a vibrar a esa misma y fantástica velocidad. Las vibraciones lo descomponían todo hasta su estructura más básica, de modo que al mirar cada parte, mis ojos se deleitaban contemplando los miles de millones de moléculas danzantes.

En ese momento comprendí que había salido de mi cuerpo físico y estaba convertida en energía. De pronto vi ante mí muchísimas flores de loto de una belleza increíble. Esas flores se fueron abriendo lentamente, sus colores cada vez más vivos y preciosos, convirtiéndose poco a poco en una sola y enorme flor. Detrás de la flor vi una luz cuya claridad superaba cualquier otra claridad, y que era totalmente etérea; era la misma luz que todos mis pacientes decían haber visto.

Sabía que tenía que pasar por esa flor y fundirme con la luz; esa luz maravillosa me atraía con una fuerza magnética, produciéndome la sensación de que mi fusión con ella sería el fin de un viaje largo y difícil. Sin ninguna prisa, y gracias a mi curiosidad, me solacé en la paz, belleza y serenidad del mundo vibrante. Lo sorprendente es que todavía tenía conciencia de estar en la Casa del Búho, lejos de toda comunicación con otros seres humanos, y todo aquello donde se posaban mis ojos vibraba, las paredes, el techo de la habitación, las ventanas, los árboles del exterior.

Mi visión se expandió, abarcando kilómetros y kilómetros, permitiéndome verlo todo, desde un tallo de hierba a una puerta de madera, en su estructura molecular natural, en sus vibraciones. Con inmensa reverencia y respeto observé que todo tiene vida, divinidad. Mientras tanto, continuaba avanzando por la flor en dirección a la luz. Finalmente me fusioné con ella, me hice una con el calor y el amor. Un millón de orgasmos eternos no bastan para describir la sensación de amor, de bienestar y cariñosa acogida que experimenté. Entonces oí dos voces. La primera fue la mía, que dijo: «Soy aceptable para Él.» La segunda voz, que venía de otra parte y que para mí fue un misterio, dijo: «Shanti Nilaya.»

Esa noche, antes de quedarme dormida, supe que despertaría antes de la salida del sol, me pondría unas sandalias Birkenstock y una túnica que hacía semanas llevaba en la maleta pero no me había puesto nunca. Esa túnica, tejida a mano, la había comprado en el muelle de pescadores de San Francisco; cuando la vi tuve la impresión de haberla usado anteriormente, tal vez en otra vida, así que comprarla fue para mí algo así como recuperarla.

A la mañana siguiente todo ocurrió como lo había imaginado. Cuando iba por el sendero hacia la casa de Monroe, continué viendo vibrar todas las cosas en su estructura molecular, las hojas, las mariposas y las piedras. Fue la sensación de éxtasis más maravillosa que un ser humano puede experimentar. Me sentía tan invadida por un respeto reverencial hacia todo lo que me rodeaba, y de amor por todo lo que vive que, como cuando Jesús caminó por encima del agua, caminé por encima de las piedrecillas del camino tan inmersa en mi estado de felicidad que les decía: «No debo pisaros, no debo haceros daño.»

Poco a poco, a lo largo de varios días, fue disminuyendo ese estado de gracia. Me resultó muy difícil volver a los quehaceres cotidianos y conducir el coche, cosas que me parecían triviales después de esa experiencia. Muy pronto me dirían el significado de Shanti Nilaya y también que toda esa experiencia tenía por finalidad darme la Conciencia Cósmica, es decir, la conciencia de la vida que hay en todos los seres vivos. Hasta ahí, todo bien. ¿Pero qué más? ¿Tendría que pasar por otra separación dolorosa prácticamente sin ayuda de ningún ser humano hasta que encontrara mis propias respuestas y un nuevo comienzo?

Unos meses más tarde viajé al condado Sonoma de California para dirigir un seminario. Allí comencé a obtener respuestas. Pero estuve a punto de tomar una decisión con la que me habría perdido la oportunidad de comprender. El médico —que había accedido a atender a los enfermos terminales que asistirían al seminario a cambio de que yo diera una conferencia en un congreso de Psicología Transpersonal que él había organizado en Berkeley— canceló su participación en el último momento. Lógicamente, después de dar yo sola el fatigoso seminario supuse que ya no tenía ninguna obligación para con él.

Pero el viernes, cuando se marchó el último de los participantes en mi seminario, mi amigo me llamó para decirme que varios cientos de personas se habían apuntado para asistir a mi conferencia. Durante el trayecto a Berkeley trató de animarme repitiéndome lo del tremendo entusiasmo con que esperaban mi charla. Pero la verdad es que el seminario me había dejado tan agotada que no logró contagiarme ese entusiasmo, además de que no tenía la menor idea de qué iba a decirles a esas personas tan cultas y evolucionadas que asistirían al congreso. Pero cuando me encontré en la sala ante el público, supe que tenía que hablar de lo que había experimentado en el rancho de Monroe. Alguno de los presentes me lo explicaría.

Comencé por decirles que les hablaría de mi evolución espiritual, advirtiéndoles que necesitaría que me ayudaran para comprenderlo todo, puesto que muchas cosas superaban mi capacidad de entendimiento. En tono jocoso les confesé que no era «una de ellos», es decir, no hacía meditación, no era californiana ni vegetariana.

—Fumo, bebo café y té, en resumen, soy una persona normal. —Eso provocó una gran carcajada—. Jamás he tenido un guru ni he visitado a un maestro —continué—, y sin embargo he tenido todas las experiencias místicas que cualquiera podría desear.

¿Qué quería decir? Que si yo podía tener esas experiencias, entonces cualquier persona podía tenerlas sin necesidad de ir al Himalaya a meditar durante años.

Cuando relaté mi primera experiencia «fuera del cuerpo», toda la sala guardó completo silencio. Terminé la charla de dos horas con un relato minucioso de las mil muertes y el posterior renacimiento que experimentara en el rancho de Monroe. El público, puesto en pie, me ovacionó. Después de los aplausos, un monje ataviado con una túnica color naranja se acercó al estrado en actitud reverente y se ofreció a aclararme algunas de las cosas que había dicho. En primer lugar, me dijo que aunque yo creía que no sabía meditar, existen muchas formas de meditación.

—Cuando está sentada junto a enfermos y niños moribundos, concentrada en ellos durante horas, está en una de las formas superiores de meditación.

Hubo más aplausos que confirmaban su opinión, pero el monje no les hizo caso ya que intentaba comunicarme otro mensaje:

—Shanti Nilaya —dijo, pronunciando lentamente

cada hermosa sílaba— son palabras sánscritas que significan «el hogar definitivo de paz»; allí es donde vamos al final de nuestro viaje terrenal cuando regresamos a Dios.

«Sí —pensé yo, repitiendo las palabras que había oído en la habitación oscura hacía unos meses—, Shanti Nilaya.»

32

EL HOGAR DEFINITIVO

Ya de vuelta en casa, estaba en el balcón acompañada por mis vecinos los B., que habían venido a tomar el té conmigo. Una cálida brisa nos acariciaba. Sintiéndome embriagada por el destino, los miré y les anuncié, en un tono algo ceremonioso, que el centro de curación se llamaría Shanti Nilaya. Les expliqué su significado: «El hogar definitivo de paz.»

Al parecer fue una buena idea. Durante el año y medio siguiente, hasta bien entrado 1978, el centro prosperó. Se cuadriplicó la asistencia a los seminarios sobre la «Vida, la muerte y la transición», que tenían una duración de cinco días en régimen de internado y cuyo objetivo era el de «promocionar la curación psíquica, física y espiritual de niños y adultos mediante la práctica del amor incondicional». Cada vez había más personas que ansiaban su desarrollo y crecimiento personal. Mi hoja informativa circulaba por todo el mundo, y yo continué con mi ritmo de trabajo siguiendo un programa de viajes que me llevaba de Alaska a Australia.

Aunque Shanti Nilaya prosperaba, su objetivo seguía siendo limitado: el crecimiento personal. En los seminarios-talleres las personas resolvían sus asuntos inconclusos, se liberaban de la rabia y amargura experimentadas en sus vidas y aprendían a vivir de una manera que las preparara para morir a cualquier edad. Es decir, sanaban, se hacían enteras, íntegras. A los seminarios asistían personas de edades comprendidas entre los veinte y los ciento cuatro años, entre las cuales había enfermos terminales, individuos con problemas afectivos o emocionales y adultos normales; muy pronto establecí también seminarios para adolescentes y niños. Cuanto antes se haga íntegra una persona, más posibilidades tiene de desarrollarse para estar sana física, emocional y espiritualmente. ¿No era eso un buen augurio para el futuro?

A las personas que acudían a mí, ya fuera en Shanti Nilaya o en mis viajes, les decía más o menos lo mismo: «La muerte no es algo que haya que temer. De hecho, puede ser la experiencia más increíble de la vida. Sólo depende de cómo se vive la vida en el presente. Y lo único que importa es el amor.»

Lo que fue muy útil para mi trabajo fue mi encuentro con un niño de nueve años con ocasión de un seminario que estaba dando en el Sur. Durante esas largas charlas, cuando notaba un bajón en mis energías, recargaba mis baterías hablando con personas del público. Vi a los padres de Dougy en la primera fila; aunque nunca había visto antes a esa pareja de aspecto agradable, la intuición me dijo que les preguntara dónde estaba su hijo.

—No sé por qué siento la necesidad de decir esto —les dije—, pero ¿por qué no habéis traído a vuestro hijo?

Sorprendidos por la pregunta, me explicaron que el niño estaba en el hospital recibiendo un tratamiento quimioterapéutico. Pero después del siguiente descanso, el padre volvió con Dougy, que tenía todo el aspecto de padecer un cáncer (delgado, pálido, calvo), pero que en todo lo demás era un típico niño estadounidense. Yo continué hablando y Dougy se dedicó a hacer un dibujo con lápices de colores. Después me regaló el dibujo. Nadie podría haberme hecho un regalo mejor.

Como la mayoría de los niños moribundos, Dougy tenía una sabiduría superior a la de un niño de su edad. A causa de sus sufrimientos físicos había desarrollado una clara comprensión de sus capacidades espirituales e intuitivas. Eso es cierto en todos los niños moribundos, y por eso insto a sus padres a hablar sinceramente con ellos acerca de la pena, la rabia y la aflicción. Lo saben todo. Una sola mirada al dibujo de Dougy me confirmó nuevamente esto.

—¿Se lo decimos? —le pregunté señalándole a sus padres.

—Sí, creo que lo pueden aceptar —contestó.

Pocos días antes los médicos les habían comunicado a los padres que a su hijo le quedaban sólo tres meses de vida, y les costaba enormemente aceptar eso. Pero por el dibujo yo podía contradecir ese pronóstico. Por lo que entendí de las imágenes que Dougy había plasmado, le quedaba bastante más tiempo de vida, posiblemente unos tres años. Su madre, emocionada y muda de alegría, me dio un abrazo. Pero yo no podía atribuirme el mérito.

—Lo único que he hecho es interpretar este dibujo —les dije—. Es vuestro hijo el que sabe estas cosas.

Lo que me gustaba de trabajar con niños era su sinceridad. Van al grano, dejando de lado todas las tonterías y falsedades. Dougy fue el exponente perfecto de esa actitud. Un día recibí una carta de él. Decía:

Querida doctora Ross:
Sólo me queda una pregunta más: ¿qué es la vida y qué es la muerte y por qué tienen que morir los niños pequeños?

Besos, Dougy

Cogí unos cuantos rotuladores y escribí un colorido opúsculo en el que resumí todos mis años de trabajo con moribundos. Con palabras sencillas expliqué que la vida era un juego, semejante a lo que hace el vendaval esparciendo las semillas, que son cubiertas por la tierra y calentadas por el sol, cuyos rayos son el amor de Dios que brilla sobre nosotros. Todos tenemos una lección que aprender, una finalidad en la vida, y deseaba decirle a Dougy, que moriría tres años después y estaba tratando de comprender por qué, que él no era una excepción.

Algunas flores sólo viven unos cuantos días;
todo el mundo las admira y las quiere,
como a señales de primavera y esperanza.
Después mueren, pero ya han hecho
lo que necesitaban hacer.

Son muchos miles las personas a quienes ha ayudado esta carta. Pero el mérito es de Dougy.

Ojalá hubiera tenido una percepción igual para los problemas que se estaban creando en nuestro grupo de trabajo. A comienzos de la primavera de 1978, mientras yo estaba de viaje, algunos de los amigos que asistían regularmente a las sesiones de B. con nuestros guías-maestros descubrieron un libro titulado *The Magnificent Potential* (El magnífico potencial), escrito hacía veinte años por un hombre de la localidad llamado Lerner Hinshaw. En el libro se explicaba todo lo que B. y muchos de los guías materializados por él, aunque no todos, nos habían enseñado durante esos dos años pasados. Tan pronto como me enteré de esto, me quedé atónita y me sentí traicionada, como todos los demás.

Cuando lo interrogué, B. negó todo mal proceder y alegó que los guías le prohibían divulgar la fuente de sus conocimientos. No sirvió de nada ningún careo. Cada uno de nosotros tendría que actuar de juez y jurado. Más de la mitad del grupo abandonó las sesiones, ya que les parecía imposible volver a creer o a confiar. En cuanto a mí, no sabía qué hacer; continuamente recordaba la advertencia que me había hecho Pedro hacía unos meses: «A cada uno corresponde hacer su propia elección. El libre albedrío es el mayor regalo que recibió el hombre al nacer en el planeta Tierra.»

Al igual que yo, las personas que continuaron no querían perderse las enseñanzas increíblemente importantes de los guías, pero, ya despertadas nuestras sospechas, comenzamos a notar ciertas cosas raras en las sesiones. Los miembros recién incorporados al grupo desaparecían en la sala de atrás durante largos períodos de tiempo. Oíamos risitas y ruidos curiosos. Yo me preguntaba qué tipo de instrucciones se estarían dando allí. Entonces un día llegó a mi casa una amiga, llorando, afligida y en busca de protección contra B. Cuando finalmente se calmó, me contó que B. le había dicho que había llegado el momento de que encarara sus problemas de sexualidad. Eso la desmoronó y la indujo a huir.

No quedaba más remedio que hablar con B. y su esposa, y eso fue lo que hicimos al día siguiente en mi casa. Como en las ocasiones anteriores, él no manifestó ningún sentimiento de culpabilidad ni de remordimiento. Su esposa, aunque estaba perturbada, se había acostumbrado a ese comportamiento. Bueno, a raíz de más investigaciones, descubrí que B. tenía todo un historial de conducta inmoral, y desde ese momento impedimos que alguien estuviera a solas con él en una sala, sin vigilancia.

Pero los problemas continuaron. En la oficina de San Diego del Departamento Estatal de Defensa del Consumidor recibieron quejas, y en diciembre el personal del fiscal del distrito inició las investigaciones sobre las acusaciones de abusos sexuales. A pesar de las numerosas entrevistas, los interrogatorios no consiguieron ninguna acusación formal. Uno de los investigadores me dijo: «Todo ocurría en la oscuridad. No tenemos ninguna prueba.»

Eso nos colocaba ante un gran dilema, puesto que se nos había dicho que una entidad materializada moriría si alguien encendía la luz en su presencia, y ninguno de nosotros quería correr ese riesgo. Pero mi conflicto era grave. Si todo era una farsa, ¿cómo podían esas entidades contestar correctamente a mis preguntas, que sobrepasaban la limitada erudición de B.? ¿No habíamos visto también con nuestros propios ojos cómo se materializaba una entidad? ¿Acaso Pedro no había aumentado en doce centímetros su estatura para montar sobre un caballo de madera?

Ayudada por unos pocos amigos de confianza comencé mi propia investigación. Pero B. era muy astuto. Una vez, segundos antes de que yo encendiera una linterna, pidió disculpas y declaró terminada la sesión. Otra vez le esposamos las manos a la espalda para impedirle moverse y tocar a los participantes. De todos modos las entidades aparecieron y desaparecieron, y cuando acabó la sesión, el intermediario seguía esposado, aunque las esposas las tenía en los pies. Todos nuestros esfuerzos acababan de modo similar.

Pese a la nube negra que se cernía sobre nuestras cabezas, proseguimos nuestras sesiones vespertinas en la sala oscura. Lamentablemente, los dones de sanador de B., tan potentes en otro tiempo, disminuyeron de un modo notable, y eso sólo sirvió para aumentar la tensión del ambiente. Yo me hacía muchas preguntas. Todo lo que antes había sido unión, cariño y confianza en el grupo era ahora desconfianza y paranoia. ¿Debía retirarme? ¿Debía continuar? Tenía que encontrar la verdad.

Mientras ocurría todo esto, B. me ordenó ministra

de la paz de su iglesia. Aunque yo contemplaba todo cuanto hacía B. con cierta desconfianza, aquella ceremonia fue de todos modos un acontecimiento emotivo e inolvidable. Todas las entidades aparecieron en la celebración, incluso K., que era la más imponente de todas ellas. Siempre sabíamos cuándo llegaba, pues su entrada era precedida por un extraño silencio; una vez que se ponía delante de nosotros, ataviado con una túnica larga estilo egipcio, nadie podía moverse. Yo no podía ni mover un dedo, ni siquiera un párpado.

Normalmente K. decía pocas palabras, pero esta vez declaró que mi vida era un modelo de trabajo en pro del amor y de la paz.

—Puesto que siempre has tenido el secreto deseo de ser una verdadera ministra de la paz, esta noche se harán realidad tus deseos —me dijo. Dejó que Pedro realizara el rito mientras Salem tocaba la flauta.

Unos meses después, yo estaba conversando con dos amigas en la calle cuando de pronto apareció K., a unos dos metros del suelo y apoyado en un elevado edificio. Era imposible no reconocer su hermosa túnica egipcia ni su voz sonora y clara:

—Isabel, en el río de lágrimas, da siempre las gracias por lo que tienes —me dijo. Justo antes de desaparecer, añadió—: Haz del tiempo tu amigo.

Me quedé conmocionada. ¿Más lágrimas? ¿Es que no era suficiente el sufrimiento de perder a mi familia? ¿A mis hijos? ¿Mi casa? ¿Y luego mi confianza en B.?

«Haz del tiempo tu amigo.» ¿Qué quería decir con eso? ¿Que con el tiempo se arreglarían las cosas? ¿Que simplemente tenía que esperar con paciencia?

Como se puede deducir por mis actividades, la paciencia no estaba entre mis virtudes. Tratando de vigilar a B. en todo momento, comencé a llevarlos a él y a su esposa a mis seminarios. No ocurrió nada, ni lo más mínimo. Pero un día, cuando volvíamos a casa desde Santa

Barbara, su esposa y yo estuvimos esperándolo junto al coche más de una hora. Cuando llegó, no pidió disculpas ni dio ninguna explicación por el retraso. Pero sabiendo que yo estaba agotada por el seminario, puso su chaqueta en el asiento de atrás del coche y me dijo que durmiera mientras él conducía de vuelta a San Diego.

Cuando nos acercábamos a Los Ángeles, me quedé profundamente dormida. Abrí los ojos cuando ya estábamos en el camino de entrada a mi casa. De allí me fui directamente a la cama, donde continué durmiendo.

Alrededor de las tres de la mañana desperté con la sensación de estar reposando sobre un enorme globo en lugar de almohada. Moví varias veces la cabeza de lado a lado, pero esa sensación no se disipó. Medio aturdida y confundida fui a tientas hasta el cuarto de baño, encendí la luz, me miré en el espejo y casi me da un infarto. Tenía la cara totalmente desfigurada, un lado hinchado como un globo y el ojo totalmente cerrado; el otro lo podía abrir lo suficiente para verme. Era una imagen grotesca. «Pero ¿qué demonios me ha ocurrido?», exclamé en voz alta.

Tuve el vago recuerdo de haber sentido que algo me picaba la mejilla cuando estaba echada sobre la chaqueta en el coche. La verdad es que había sentido tres pinchazos. Pero iba demasiado adormecida para reaccionar. En ese momento, al examinarme con más detenimiento, me vi tres agujeritos pequeños pero nítidos en la mejilla, y tuve la impresión de que la hinchazón iba a empeorar; de hecho continuaba aumentando mientras estaba allí mirándomela en el espejo. Comprendí que me hallaba en dificultades, puesto que vivía demasiado lejos de un hospital y no estaba en condiciones de conducir, y mi vecino más próximo era B., de quien desconfiaba.

«Te ha picado una araña venenosa —me dije tranquilamente—. No te queda mucho tiempo.»

Por mi mente discurrían veloces los pensamientos.

No tenía tiempo para llamar a mi familia, cuyos miembros estaban desparramados por el país. El tiempo se me estaba acabando. Recordé los cientos de veces que había pensado que mi vida podría llegar a su fin. En momentos de terrible estrés y aflicción incluso había pensado en el suicidio, aunque sólo fuera por un segundo. En esos momentos me habría encantado morir mil veces. Pero no podía hacerle eso a mi familia. El sentimiento de culpa y los remordimientos me habrían abrumado. No, jamás podría hacer eso.

Tampoco se me había suicidado jamás un paciente. Muchos habían deseado quitarse la vida, pero yo les preguntaba qué era lo que les hacía insoportable la vida. Si era el dolor, les aumentaba la medicación; si eran problemas familiares, trataba de resolverlos; si estaban deprimidos, trataba de ayudarlos a salir de la depresión.

El objetivo era ayudar a la gente a vivir hasta que murieran de muerte natural. Jamás ayudaría a un paciente a quitarse la vida. No soy partidaria del suicidio asistido. Si un enfermo en su sano juicio se niega a tomar la medicación o a someterse a diálisis, llega un momento en que tenemos que aceptar el derecho de esa persona a decidir por sí misma. Algunos concluyen sus asuntos pendientes, ponen en orden sus cosas, llegan a una fase de paz y aceptación y, más que prolongar el proceso de morir, se adueñan del tiempo que les queda. Pero yo jamás los ayudaría a quitarse la vida.

He aprendido a no juzgar. Por lo general, si un enfermo ha aceptado la muerte y el proceso de morir, puede esperar a que llegue naturalmente. Entonces la muerte es una experiencia hermosa y trascendental.

Al suicidarse, la persona podría perderse la lección que debe aprender. En ese caso, en lugar de aprobar y pasar al curso siguiente tendrá que volver a aprender la lección anterior desde el comienzo. Por ejemplo, si una chica se quita la vida porque no soporta vivir después de haber roto con su novio, tendrá que volver a este mundo y aprender a aceptar esa pérdida. En realidad, podría sufrir muchas pérdidas en su vida, hasta que aprendiera a aceptarlas.

En cuanto a mí, mientras la hinchazón de mi rostro continuaba aumentando, sólo me mantuvo viva la ida de que tenía una salida. ¡Qué cosa tan rara que la posibilidad de suicidarme me ayudara a conservar la vida! Pero no me cabe duda de que eso fue lo que ocurrió. Si no hacía nada para remediar mi estado que empeoraba rápidamente, me moriría a los pocos minutos. Pero tenía una opción, la libre elección que Dios concede a todo el mundo, y yo sola tuve que decidir si iba a vivir o a morir.

Entré en la sala de estar, donde en la pared colgaba un cuadro con la imagen de Jesús. De pie ante él, hice el solemne juramento de vivir. En cuanto lo hice, la sala se iluminó con un fulgor increíblemente brillante. Como había hecho anteriormente cuando me vi ante esa misma luz, avancé hacia ella. Cuando me sentí envuelta por ese calor, supe que, por milagroso que pareciera, viviría. A la semana siguiente, un respetado médico me examinó las picaduras.

—Parecen picaduras de la viuda negra —me dijo—, pero si fuera así, no estaría viva.

Por mi parte, yo sabía que él jamás creería en el tratamiento que me había salvado, así que no me molesté en decírselo.

—Ha tenido suerte —comentó.

Suerte, sí. Pero también sabía que mi verdadero problema, en lugar de terminar, acababa de empezar.

33

EL SIDA

No hay ningún problema del que no podamos obtener algo positivo. Me costó creer eso cuando me enteré de que Manny, al parecer necesitado de dinero, vendió la casa de Flossmoor sin darme opción a comprarla, como habíamos acordado que haría, y después, en otra jugada a hurtadillas, vendió también la propiedad de Escondido, donde estaba el centro de curación Shanti Nilaya. Recibí una carta certificada en la que se me notificaba que debía desocupar los edificios y entregar las llaves a sus nuevos propietarios. Resulta imposible describir lo aniquilada que me sentí.

¿Debería haberme sentido de otra manera? Después de perder mi casa, de ver desmoronado mi sueño, durante muchas noches me dormí llorando. Qué poco caso hacía de esas palabras con que mis guías me habían advertido: «En el río de lágrimas da gracias por lo que tienes. Haz del tiempo tu amigo.»

Pero ocurrió que a la semana siguiente San Diego se vio azotado por unas lluvias torrenciales que duraron siete días, produciendo inundaciones, corrimientos de tierra y el desmoronamiento de varias casas, entre ellas mi antiguo centro de curación en la cima de la montaña. El techo de la casa principal se derrumbó, la piscina se cuarteó y quedó llena de lodo, y el escarpado camino de acceso a la propiedad quedó totalmente arrasado. Si hubiéramos estado allí, no sólo habríamos quedado aislados e inmovilizados sino que además las reparaciones habrían costado una fortuna. Por extraño que parezca, fue una suerte que me hubieran obligado a desalojarlo.

Compartí ese sentimiento de dicha con mi hija cuando vino a visitarme para Semana Santa. Barbara era una chica muy intuitiva que jamás se había fiado de B. ni de su esposa. Yo siempre lo atribuí a que los culpaba de ser la causa de mi traslado a California, dado que nunca admitió que Manny me había abandonado. Pero a la sazón Barbara estudiaba en el *college*, pocos cursos detrás de su hermano que estaba en la Universidad de Wisconsin, y volvíamos a tener una relación fabulosa.

Gracias a Dios por eso. Después de instalarse en mi casa, donde podía disfrutar del enorme y soleado porche, de la bañera con agua caliente y de los millones de flores en plena floración, hicimos una agradable excursión a los manzanares de las montañas. A la vuelta tuvimos una desagradable experiencia; se estropearon los frenos del coche y nos precipitamos camino abajo. Fue un verdadero milagro que saliéramos con vida. Lo mismo dijimos unos días después: fuimos a dejar a una amiga mía viuda a su casa en Long Beach, y cuando volvimos a toda prisa para acabar de preparar nuestro banquete de Pascua, nos encontramos con la casa envuelta en llamas.

Al ver que las llamas ya asomaban por el techo, al instante nos pusimos en acción. Yo cogí la manguera del jardín mientras Barbara corría a casa de unos vecinos para telefonear a los bomberos. Llamó a la puerta en tres casas distintas, pero no salió nadie. Finalmente, y en contra de lo que le aconsejaba su criterio, tocó el timbre en casa de los B. Éstos abrieron la puerta y le prometieron avisar inmediatamente a los bomberos. Pero eso fue lo único que hicieron. Ninguno de nuestros supuestos amigos se acercó a ofrecer ayuda, cosa que nos habría venido muy bien, aunque, sólo con nuestras mangueras, entre Barbara y yo ya habíamos apagado el incendio cuando llegó el primer coche de bomberos.

Una vez que los bomberos derribaran una pared, entramos en la casa. El desastre era de pesadilla. Todos los muebles estaban destruidos, todas las lámparas, teléfonos y aparatos de plástico se habían fundido por el calor. Todos los cuadros, tapices indios y platos que adornaban las paredes estaban chamuscados y negros. El olor era insoportable. Nos dijeron que no nos quedáramos dentro porque ese humo era dañino para los pulmones. Lo extraño fue que el pavo que pensaba servir para la comida de Pascua tenía un olor delicioso.

Sin saber qué hacer, me senté en el coche a fumar un cigarrillo. Uno de los simpáticos bomberos se me acercó para darme las señas de un psicólogo especializado en ayudar a personas que lo habían perdido todo en un incendio.

—No, gracias. Estoy acostumbrada a las pérdidas y yo misma soy especialista.

Al día siguiente volvieron los bomberos a ver cómo estábamos. Fue un gesto que agradecí de corazón. Ni B. ni su esposa se habían acercado a vernos.

—¿Son de verdad tus amigos? —me preguntó Barbara.

Allí había alguien que no me quería bien. O al menos eso me pareció después de que un investigador de incendios y un detective privado llegaron a la conclusión de que el incendio había comenzado simultáneamente en los quemadores de la cocina y en el montón de leña apilada fuera de la casa.

—Sospechamos que el incendio ha sido provocado —me dijo el investigador.

¿Qué podía hacer yo? La limpieza general llegó pronto. Pasado Pascua la compañía de seguros envió un enorme camión que se llevó todas las cosas quemadas, entre ellas el servicio de plata de mi abuela que yo tenía guardado para Barbara; estaba convertido en una masa derretida.

Algunos de mis amigos de Shanti Nilaya acudieron para ayudarme a limpiar, lavar y fregar todo lo que quedó aprovechable. Lo único que las llamas habían respetado era una vieja pipa sagrada india que se utiliza para ceremonias. Muy pronto, con el dinero que recibí de la compañía de seguros, puse a un ejército de albañiles a reconstruir la casa, que de todos modos ya no sería la misma. Tan pronto como quedó lista la puse en venta.

Ciertamente mi fe fue puesta a prueba. Había perdido mi centro de curación de la montaña y mi confianza en B. La serie de incidentes fortuitos que pusieron en peligro mi vida: las picaduras de araña, la rotura de los frenos y el incendio, estaban demasiado cercanos para sentirme tranquila. Pensé que mi vida estaba en peligro. Después de todo, a mis cincuenta y cinco años, ¿cuánto tiempo debía continuar ayudando a los demás antes de renunciar? Tenía que alejarme de B. y de su energía mala. Lo que iba a hacer era comprar esa granja con la que había soñado durante años, aminorar mi ritmo de trabajo y cuidar de Elisabeth para variar. Tal vez fuera una buena idea. Pero no era el momento oportuno, porque en medio de mi crisis de fe me sentí llamada a ser nuevamente de utilidad.

La llamada urgente se llamaba sida, y cambiaría el resto de mi vida.

Durante unos meses había oído rumores acerca de un cáncer que padecían los homosexuales. Nadie sabía mucho al respecto, excepto que unos hombres en otro tiempo sanos, activos y llenos de vitalidad estaban muriendo a una velocidad alarmante, y todos eran homosexuales. Por ese motivo, no había mucha inquietud entre la población general.

Cierto día un hombre me llamó por teléfono para preguntarme si aceptaría a un enfermo de sida en mi siguiente seminario. Puesto que jamás rechazaba a ningún enfermo terminal, lo anoté inmediatamente. Pero al día y medio de haber conocido a Bob, que tenía toda la piel de la cara y los brazos cubierta por las lesiones malignas del llamado sarcoma de Kaposi, me sorprendí rogando verme libre de él. Ansiaba con locura hallar respuestas a una multitud de preguntas: ¿Qué enfermedad es ésa? ¿Es contagiosa? Si lo ayudo, ¿voy a acabar igual que él? Jamás en mi vida me había sentido más avergonzada.

Entonces escuché a mi corazón, que me animaba a considerar a Bob un ser humano doliente, un hombre hermoso, sincero y cariñoso. Desde entonces consideré un privilegio atenderlo como atendería a cualquier otro ser humano. Lo trataba como me habría gustado ser tratada yo si hubiera estado en su lugar.

Pero mi primera reacción me asustó. Si yo, Elisabeth Kübler-Ross, que había trabajado con todo tipo de enfermos moribundos y literalmente había escrito las normas para tratarlos, me había sentido repelida por el estado de ese joven, entonces la sociedad iba a mostrar un rechazo inimaginable ante esa epidemia llamada sida.

La única reacción humana aceptable era la compasión. Bob, de veintisiete años, no tenía idea de qué era lo que le estaba matando. Igual que otros jóvenes homosexuales, sabía que se estaba muriendo. Su frágil y cada vez más deteriorada salud lo tenía confinado en su casa. Su familia lo había abandonado hacía mucho tiempo. Sus amigos dejaron de visitarlo. Era comprensible que estuviera deprimido. Un día, durante el seminario, contó con lágrimas en los ojos que había llamado por teléfono a su madre para pedirle disculpas por ser homosexual, como si él tuviera algún control sobre eso.

Bob me puso a prueba y creo que salí airosa. Fue el primero de miles de enfermos de sida a los que ayudé a encontrar una forma apacible de acabar su vida, pero en realidad él me dio muchísimo más a cambio. El último día del seminario, todos los participantes, incluido un rígido pastor fundamentalista, le cantaron una canción para animarlo y lo abrazaron. Gracias al coraje de Bob, en ese seminario todos adquirimos una mayor comprensión del valor de la sinceridad y la compasión, y la transmitimos al mundo.

La necesitaríamos. Dado que las personas que enfermaban de sida eran, en su abrumadora mayoría, homosexuales, al principio la actitud general de la población fue que merecían morir. Eso, en mi opinión, era una catastrófica negación de nuestra humanidad. ¿Cómo podían los verdaderos cristianos volverle la espalda a los pacientes de sida? ¿Cómo era posible que a la gente no le importara? Pensaba en cómo Jesús se preocupaba por los leprosos y las prostitutas. Recordé mis batallas para conseguir que se respetaran los derechos de los enfermos terminales. Poco a poco fuimos sabiendo de mujeres heterosexuales y de bebés que contraían la enfermedad. Nos gustara o no, todos teníamos que comprender que el sida era una epidemia que exigía nuestra compasión, nuestra comprensión y nuestro amor.

En una época en que nuestro planeta estaba amenazado por los residuos nucleares, los desechos tóxicos y una guerra que podía ser peor que cualquiera otra de la historia, el sida nos desafiaba colectivamente como seres humanos. Si no lográbamos encontrar en nuestros corazones la caridad para tratarlo, entonces estaríamos condenados. Después escribiría: «El sida representa un peligro para la humanidad, pero, a diferencia de la guerra, es una batalla que se desarrolla en el interior. ¿Vamos a elegir el odio y la discriminación, o vamos a tener el valor de elegir el amor y el servicio?»

Hablando con los primeros enfermos de sida tuve la sospecha de que sufrían de una epidemia creada por el hombre. En las primeras entrevistas, muchos de ellos decían que les habían puesto una inyección que supuestamente curaba la hepatitis. Jamás tuve tiempo para investigar eso, pero si era cierto, sólo significaba que teníamos que luchar mucho más contra el mal.

Pronto dirigí mi primer seminario exclusivamente para enfermos de sida. Tuvo lugar en San Francisco y, como me tocaría hacer muchas veces en el futuro, allí escuché a un joven tras otro contar la misma dolorosa historia de una vida de engaños, rechazos, aislamiento, discriminación, soledad y todo el comportamiento negativo de la humanidad. Yo no tenía lágrimas suficientes para llorar todo lo que necesitaba llorar.

Por otra parte, los pacientes de sida eran unos maestros increíbles. Nadie personifica mejor la capacidad de comprensión y crecimiento que un joven sureño que participó en ese primer seminario exclusivo para enfermos de sida. Se había pasado un año entrando y saliendo de hospitales, de modo que parecía un prisionero demacrado salido de un campo de concentración nazi. El estado en que se encontraba hacía difícil creer en su supervivencia.

Sintió la necesidad de hacer las paces con sus padres, a los que no veía desde hacía años, antes de morir. Esperó hasta recobrar un poco las fuerzas, pidió prestado un traje que le colgaba del esqueleto como la ropa de un espantapájaros y tomó un avión para dirigirse a su casa. Pero le angustiaba tanto la posibilidad de que su apariencia física les causara rechazo que estuvo a punto de volverse. Sin embargo, cuando sus padres, que estaban esperándolo nerviosos en el porche, lo vieron, su madre echó a correr y, sin preocuparse de las lesiones púrpura que le cubrían la cara, lo abrazó sin vacilar. Después lo abrazó su padre. Y todos se reunieron, llorosos y amorosos, antes de que fuera demasiado tarde.

El último día del seminario este joven dijo:

—Veréis, tuve que padecer esta terrible enfermedad para saber realmente lo que es el amor incondicional.

Todos lo entendimos. Desde entonces, mis seminarios «Vida, muerte y transición» acogieron a enfermos de sida de todo el país, y después de todo el mundo. Para asegurarme de que nunca rechazaran a nadie por falta de dinero (puesto que los medicamentos y hospitalización consumen los ahorros de toda una vida), comencé a tejer bufandas, que luego se subastaban con el fin de obtener fondos para subvencionar a los enfermos de sida. Yo sabía que el sida era la batalla más importante a la que yo, y tal vez el mundo, nos enfrentábamos desde la Polonia de la posguerra. Pero aquella guerra había acabado y habíamos ganado. La del sida estaba empezando. Mientras los investigadores buscaban fondos y trabajaban a toda prisa para encontrar causas y curas, yo sabía que la victoria definitiva sobre esta enfermedad dependería de algo más que de la ciencia.

Estábamos al comienzo, pero yo podía imaginar el final. Dependía de si seríamos capaces o no de aprender la lección presentada por el sida. En mi diario escribí:

En el interior de cada uno de nosotros hay una capacidad inimaginable para la bondad, para dar sin buscar recompensa, para escuchar sin hacer juicios, para amar sin condiciones.

34

HEALING WATERS

Continuaba viviendo allí, pero a la luz de la mañana el aspecto que ofrecía mi casa indicaba que yo estaba dispuesta a marcharme en cualquier momento. El aire continuaba impregnado del mal olor de las cosas quemadas, y las paredes se veían desnudas sin mis tapices indios y cuadros. El fuego había robado toda la vida a la casa, y a mí también. No me cabía en la cabeza cómo un buen sanador como B. podía convertirse en una figura tan tenebrosa. Mientras no me marchara de allí, no quería tener nada que ver con él.

Sin embargo, estando tan próximos, eso era imposible. Una mañana, poco después de que yo regresara de un seminario, B. me hizo una visita. Su esposa había escrito un libro, cuyo título, muy apropiado, era *The Dark Room* (La sala oscura), y quería que yo le escribiera un prólogo que pudiera utilizarse para hacerle publicidad.

—¿Podrías tenerlo listo mañana por la mañana? —me preguntó.

Por mucho que amara a mis espíritus guías, yo no podía, en conciencia, prestar mi nombre para algo de lo que se había hecho mal uso durante los seis meses pasados. En nuestra última conversación, o mejor dicho confrontación, B. alegó que no se lo podía responsabilizar de ninguno de sus actos, aunque fueran incorrectos.

—Cuando estoy en trance no me doy cuenta de lo que ocurre —explicó.

No me cabía duda de que era un mentiroso, pero cuando llegó el momento de la ruptura me sentí desgarrada. Sabía que Shanti Nilaya no podría sobrevivir sin mis charlas y aportaciones. Después de mucho consultarlo con mi conciencia, convoqué una reunión secreta de los miembros más activos de Shanti Nilaya, cinco mujeres y dos hombres que en realidad eran empleados asalariados. Les dije todo lo que pensaba; les expliqué mi temor de que mi vida estuviera en peligro, las sospechas que tenía sobre B. pero que no podía demostrar, y la incertidumbre sobre cuáles entidades eran verdaderas y cuáles falsas.

—Naturalmente esto plantea el problema de la confianza —les dije—; es enloquecedor.

Silencio. Les dije que al final de la sesión de esa noche iba a despedir a B. y a su esposa y que continuaría llevando el centro sin ellos. El solo hecho de tomar esa decisión y manifestarla me alivió. Pero entonces tres de las mujeres confesaron que habían sido «entrenadas» por el intermediario para actuar de entidades femeninas, asegurando que él controlaba sus actos poniéndolas en trance. No me extrañó que jamás pudiera yo demostrar que Salem o Pedro fueran fraudulentos, eran reales. En cuanto a las entidades femeninas, evidentemente eran falsas y eso explicaba que jamás trataran conmigo.

Prometí enfrentarme a B. a la mañana siguiente cuando él fuera a mi casa a recoger el prólogo que supuestamente yo estaba escribiendo. No se podía imaginar que en realidad yo estaba preparando un epílogo. Las tres mujeres accedieron a estar presentes para respaldarme. Puesto que nadie sabía cómo iba a reaccionar B., les pedí a los dos hombres que se escondieran entre los arbustos y escucharan, por si acaso. Esa noche dormí muy poco, sabiendo que nunca más volvería a ver a Salem ni a Pedro ni a escuchar las hermosas canciones de Willie. Pero tenía que hacer lo correcto.

Me levanté antes del alba, nerviosa por lo que iba a suceder. A la hora convenida, llegó B. Respaldada por las mujeres, lo recibí en el porche. Su rostro no mostró ninguna emoción cuando le dije que él y su esposa ya no estaban en mi nómina, que estaban despedidos.

—Si quieres saber por qué, mira a quienes me acompañan y lo sabrás —le dije.

Su única respuesta fue una expresión de odio, no dijo ni una sola palabra. Cogió el manuscrito y se alejó por la colina. Poco después vendió su casa y se trasladaron al norte de California.

Así pues, obtuve mi libertad, pero a qué precio. Gracias a la intermediación de B. muchas personas habían aprendido muchísimo, pero cuando él comenzó a abusar de sus dones, causó un sufrimiento y una angustia insoportables. Mucho después, cuando logré comunicarme nuevamente con Salem, Pedro y otras entidades, reconocieron que se habían dado cuenta de mis dudas acerca de si ellos procedían de Dios o del demonio. Pero pasar por esa terrible experiencia fue la única manera de aprender la lección fundamental sobre la confianza y la manera de discernir y distinguir.

Naturalmente todo fue perdonado, pero no olvidado. Tendrían que pasar siete años para que me decidiera a escuchar las muchas horas de grabación que había hecho de las enseñanzas de mis guías. Allí oí, en retrospectiva, las advertencias explícitas sobre el engaño y la terrible escisión, pero estaban hechas con un lenguaje enigmático y entendí por qué yo no había sido capaz de tomar medidas concretas. Había continuado con B. todo lo humanamente posible; estoy convencida de que si hubiera continuado más tiempo con él no habría sobrevivido. Durante el resto de mi vida seguiría pasando noches insomnes y haciéndome millones de preguntas, aunque sabía que sólo obtendría las respuestas definitivas cuando hiciera la transición que llamamos muerte. La esperaría con ilusión.

Mientras tanto, mi futuro era incierto. Aunque tenía la casa en venta, no me iba marchar de allí hasta tener algún lugar adonde ir. Hasta el momento no tenía ninguno. El grupo, pequeño pero entusiasta, que continuó en Shanti Nilaya, trabajaba muchísimo, ya que nuestra organización ayudaba a gente de todo el mundo a instaurar sistemas similares de apoyo a los moribundos, hogares para moribundos, centros de formación para profesionales de la salud, grupos de familiares y deudos. Mis seminarios de cinco días estaban más solicitados que nunca, sobre todo debido al sida.

De haberlo querido podría haberme dedicado a viajar de un seminario a otro sin alojarme en mi propia casa, yendo de hoteles a aeropuertos y de aeropuertos a hoteles, pero eso no era propio de mí, sobre todo en esa fase de mi vida. Sabía que tenía que aminorar el ritmo, y justamente estaba tratando de imaginar cómo hacerlo, cuando Raymond Moody, el autor de *Vida después de la vida*, me sugirió que fuera a ver la granja que tenía en los Shenandoah. Me fue difícil resistirme cuando llamó a esa región «la Suiza de Virginia». Así pues, a mediados de 1983, después de rematar un mes de viajes con una charla en Washington D.C., alquilé un coche con chófer para hacer el trayecto de cuatro horas y media hasta el condado Highland de Virginia.

El conductor creyó que estaba loca.

—Por mucho que me guste esa granja —le dije—, quiero que usted haga el papel de mi marido y me discuta la decisión. No quiero hacer algo que tenga que lamentar después.

Pero cuando llegamos a Head Waters, el pueblo que está a unos 20 kilómetros de la granja, y después de haberme oído comentar durante horas la fascinante belleza del campo, el chófer anuló el trato.

—Señora, usted va a comprar el terreno de todas maneras —me explicó—. No cabe duda de que está hecho para usted.

Así me lo pareció a mí también mientras subía y bajaba por las colinas contemplando las 120 hectáreas de prados y bosques. Pero la granja era sólo un proyecto. La alquería y el granero necesitaban reparación; la tierra cultivable estaba descuidada; sería necesario construir una casa. De todos modos, se había vuelto a avivar mi ilusión de poseer una granja. No me resultó difícil imaginármelo todo restaurado. Habría un centro de curación, un centro de formación, algunas cabañas habitables de troncos, todo tipo de animales, y además intimidad. Me agradó que el condado Highland fuera la región menos poblada del este del Misisipí.

En realidad, los trámites para comprar una granja me los explicó el anciano granjero que vivía al final del camino. Pero no me sirvió de mucho, porque a la mañana siguiente, cuando me senté frente al jefe del Farm Bureau (Agencia de Propiedades Agrícolas) de Staunton, no pude evitar contarle todos los diversos planes que tenía para mi granja, entre ellos un campamento para niños de ciudad, un zoológico para niños, etcétera.

—Señora —me interrumpió—, lo único que necesito saber es cuántas cabezas de ganado tiene, cuántas ovejas y cuántos caballos, y la superficie total del terreno.

A la semana siguiente, el 1 de julio de 1983, me convertí en propietaria de la granja. La llené de vida inmediatamente, pidiéndole a mis nuevos vecinos que llevaran a su ganado a pacer en mis campos, y después comencé los trabajos de reparación y acondicionamiento. Desde San Diego vigilaba y me mantenía al tanto de los progresos. En la hoja informativa de octubre escribí: «Ya hemos reparado y pintado la alquería, techado la parcela donde guardamos enterrados los tubérculos, construido un anexo al gallinero, y también tenemos hermosas flores y verduras, con lo cual ya están llenos la despensa y el cobertizo donde almacenábamos bajo tierra los tubérculos, listos para alimentar a los hambrientos participantes de nuestros seminarios.»

En la primavera de 1984 ya se veían otras señales de renovación. Elegí un lugar, junto a un grupo de elevados y viejos robles, para construir la cabaña de troncos que sería mi residencia. Después nacieron los primeros corderitos, un par de gemelos y luego otros tres, todos negros, que por fin convirtieron la propiedad en mi verdadera granja.

Estaba ya avanzada la construcción de los tres edificios redondos donde pensaba realizar los seminarios, cuando caí en la cuenta de que necesitaría una oficina para atender los aspectos organizativos. Antes de que alquilara una en la ciudad, una noche apareció Salem y me aconsejó que hiciera una lista de todo lo que precisaba. Dejé volar mi fantasía e imaginé una simpática cabaña de troncos, con un hogar, un riachuelo con truchas al lado, mucho terreno alrededor y después, ya puesta a soñar, añadí una pista de aterrizaje a la lista; el aeropuerto estaba muy lejos así que, ¿por qué no?

Al día siguiente, la empleada de Correos, que sabía que deseaba una oficina, me habló de una preciosa cabaña que estaba a cinco minutos de su casa. Estaba situada junto a un río, me dijo, y tenía un hogar de piedra. A mí me pareció perfecta.

—Hay un solo problema —añadió, en tono pesaroso. Pero no quiso decírmelo. Me pidió que fuera a ver primero la cabaña. Yo me negué, rogándole que me dijera cuál era ese tremendo inconveniente. Por fin lo logré.

—Hay una pista de aterrizaje en la parte de atrás —me dijo.

No sólo me quedé con la boca abierta, también compré la bendita cabaña.

Ese verano, justo al año de haber adquirido la granja, me despedí de Escondido y me trasladé a Head Waters de Virginia, el 1 de julio de 1984. Mi hijo Kenneth condujo mi viejo Mustang hasta el otro lado del país. De los quince miembros del personal de Shanti Nilaya, catorce me siguieron hasta allí para continuar nuestro importante trabajo. La mayoría se marcharía al año siguiente, porque no se acostumbraron o no les gustaba ese estilo de vida más campestre. Mi intención era poner en marcha el trabajo terminando primero el centro de curación, pero mis guías me aconsejaron que comenzara por construir mi casa.

Yo no entendí el porqué de ese consejo hasta que llegó un pequeño ejército de voluntarios, en respuesta a la petición de ayuda que apareció en nuestra hoja informativa; llegaron equipados de herramientas, entusiasmo y también de necesidades especiales. Por ejemplo, entre cuarenta personas habría al menos treinta y cinco dietas diferentes. Uno de ellos no probaba los productos lácteos, otro era macrobiótico, otro no tomaba azúcar, algunos no podían comer pollo, otros sólo comían pescado. Di gracias a Dios por la advertencia de mis guías. Si no hubiera tenido la intimidad de mi casa por la noche, me habría vuelto loca. Necesité cinco años para aprender a servir sólo dos tipos de comida: un plato de carne y un plato vegetariano.

Poco a poco se fue rehabilitando la granja. Compré tractores y enfardadoras. Se araron, abonaron y sembraron los campos, se cavaron pozos. Lógicamente, lo único que volaba era el dinero. Fueron necesarios ocho años para ponerme al día, y eso sólo gracias a la venta de ovejas, vacas y madera. Pero las ventajas de vivir cerca de la tierra superaban con mucho los gastos.

La víspera del Día de Acción de Gracias estaba poniendo clavos junto con el capataz del equipo de construcción cuando tuve el presentimiento de que iba a ocurrir algo muy especial, algo bueno. No le permití marcharse a casa y lo mantuve despierto sirviéndole café y chocolates suizos. El hombre pensó que estaba loca. De todos modos le prometí que valdría la pena. Y sí, esa noche, ya tarde, cuando estábamos sentados conversando, un cálido resplandor inundó la sala. El trabajador me miró como preguntando «¿Qué pasa?».

—Espere —le dije.

Poco a poco se fue formando una imagen en la pared de enfrente. Inmediatamente quedó claro que era la imagen de Jesús. Nos dio su bendición y desapareció. Volvió a aparecer y desaparecer; luego regresó una vez más y me pidió que a mi granja le pusiera el nombre «Healing Waters Farm» (Granja de las Aguas Sanadoras).

—Es un nuevo comienzo, Isabel —me dijo.

Mi testigo me miró, incrédulo.

—La vida está llena de sorpresas —le dije.

Por la mañana salimos al aire fresco de la mañana y vimos que había caído una ligera nevada, y la blanca capa cubría los campos, colinas y casas.

Sí que parecía un nuevo comienzo.

El traslado a Healing Waters me revitalizó, dándome un sentido de misión, aunque no tenía idea de cuál podía ser esa misión, aparte de establecerme allí. Eso era suficiente para comenzar. Un día, cuando acababa de encender las luces al regresar de un viaje, llamó a la puerta una vecina, Paulina, una mujer buenísima, achacosa y mermada por la diabetes, el lupus y la artritis. No me sentí verdaderamente en casa hasta escuchar su agradable voz diciéndome:

—Hola, Elisabeth, bienvenida. ¿Te importaría que te trajera algo?

A los pocos minutos volvió con un pastel de manzanas casero. Cerca de casa vivían dos hermanos que me dijeron que con mucho gusto harían cualquier trabajo que les diera.

Encontré tanta sinceridad entre aquella gente que padecía tantas penurias en esa región pobre del país, personas con las que me identificaba, que eran ciertamente más reales que aquellas falsas que conocí en el sur de California, y me adapté a esas mismas largas jornadas, que incluían músculos doloridos y recompensas arduamente ganadas.

Y así podría haber continuado si no hubiera sido por la condenada eficiencia del servicio de Correos de Estados Unidos. ¿Eficiencia? Sí. Tal vez yo sería la primera persona que se quejara de ella.

Pero cuando llegué, la oficina de Correos, de una sola sala, sólo se abría un día a la semana. Le dije a la encantadora mujer que la llevaba que tal vez tendría que abrirla más a menudo porque mi correspondencia ascendía a un total de 20.000 cartas al mes.

—Bueno, ya veremos cómo va —me contestó.

Al mes ya abría los cinco días laborales, y las cartas se repartían con absoluta exactitud.

Esa primavera abrí una carta que influyó en mi vida más que ninguna otra. Escrita en media hoja de papel, y con conmovedora sencillez, decía:

Querida doctora Ross:
Tengo un hijo de tres años que tiene el sida. Ya no puedo cuidar de él. Come y bebe muy poco. ¿Cuánto cobraría por atenderle?

Continuarían llegando cartas similares. Ninguna historia ilustra mejor la trágica frustración de las enfermas de sida que la de una mujer de Dawn Place, Florida. Estaba en los últimos y dolorosos meses de su vida, buscando desesperadamente alguna organización que accediera a cuidar de su hija, que también estaba infectada por la enfermedad. Más de setenta organismos la rechazaron, y murió sin saber quién cuidaría de su hija después de su muerte. Recibí otra carta de una madre de Indiana que me pedía que me ocupara de su bebé infectado por el sida. «Nadie quiere tocarlo», decía.

Aunque me costó creerlo, mi indignación creció aún más cuando supe de un bebé de Boston infectado por el sida al que habían dejado abandonado en una caja de zapatos para que muriera.

Después de llevarlo a un hospital, lo pusieron en una cuna que para él sería lo que una jaula para un animal del zoológico. El personal del hospital le daba palmaditas y pellizcos diariamente, pero eso era todo lo que recibía. Jamás creó lazos afectivos con nadie. Jamás recibía un abrazo, ni era mecido en brazos ni se sentó en la falda de nadie. A los dos años el niño no sabía caminar, ni siquiera gatear, ni hablar. ¡Qué crueldad!

Trabajé febrilmente hasta que encontré a una pareja maravillosa que accedió con cariño a adoptar al niño. Pero cuando llegaron al hospital, no les permitieron verlo. Los administradores explicaron la negativa diciendo que estaba enfermo. Bueno, claro que estaba enfermo, ¡tenía el sida! Al final lo secuestramos y llegamos a un acuerdo con el hospital, después de amenazar con llevar el asunto a los medios de comunicación. Actualmente el niño está feliz esperando convertirse en adolescente.

Desde entonces comencé a tener pesadillas en las que veía a bebés muriendo de sida sin que nadie les proporcionara cuidados y cariño. Sólo se acabaron estas pesadillas cuando presté oídos a la sonora voz de mi corazón, que me ordenaba establecer en la granja un hogar para bebés con sida. Eso no entraba en los planes que había forjado para la granja, pero sabía que no debía discutir con el destino. Poco tiempo después ya me imaginaba una especie de paraíso estilo arca de Noé, un lugar donde los niños podrían jugar y saltar libremente entre caballos, vacas, ovejas, pavos y llamas.

Pero las cosas resultaron de modo muy diferente. El 2 de junio de 1985, cuando estaba dando una charla a alumnos del último curso del instituto Mary Baldwin de Staunton, comenté de paso mi proyecto de adoptar a veinte bebés infectados por el sida y criarlos en las dos hectáreas que tenía destinadas para construir el hogar. Los alumnos aplaudieron, pero mis comentarios fueron transmitidos después por la televisión local y aparecieron en los periódicos, provocando una indignada protesta entre los residentes del condado, quienes, movidos por el miedo y la ignorancia, muy pronto me consideraron una especie de Anticristo que deseaba llevar esa mortífera enfermedad a sus hogares.

Al principio yo estaba demasiado ocupada para enterarme de la tempestad que se estaba preparando a mi alrededor. Anteriormente había ido a visitar un maravilloso hogar para moribundos de San Francisco, donde los enfermos de sida recibían compasiva atención y apoyo. Eso me llevó a pensar en los enfermos de sida que estaban en las cárceles, donde había mucho abuso sexual y ciertamente no existía ningún tipo de sistema de apoyo organizado. Llamé a la cárcel de Washington D.C. para alertar a los funcionarios sobre esta epidemia, que se estaba propagando como un reguero de pólvora, e instarlos a prepararse. Se rieron de mi inquietud.

—No tenemos a ningún enfermo de sida en la cárcel —me dijo el funcionario.

—Tal vez ustedes no lo sepan todavía —insistí—, pero estoy segura de que tienen a muchos.

—No, no, tiene razón —contestó—. Teníamos a cuatro, pero fueron puestos en libertad. Todos los demás ya han salido.

Continué haciendo llamadas hasta que pude hablar con alguien que movió resortes y me consiguió comunicación con la cárcel de Vacaville, de California. Me dijeron que no tenían idea de cómo tratar a los enfermos de sida, de modo que si me interesaba verificar el problema, que por supuesto lo hiciera. A las veinticuatro horas ya estaba en el avión rumbo al oeste.

Las cosas que vi en la cárcel confirmaron mis peores temores. Eran ocho los presos que estaban muriendo de sida. Las condiciones en que vivían eran deplorables, cada uno aislado en una celda, donde carecían de las atenciones mínimas. Sólo dos de ellos eran capaces de levantarse y caminar un poco por la celda, los demás estaban tan débiles que ni siquiera podían levantarse de la cama. No tenían orinal ni urinario portátil, de modo que se veían obligados a orinar en las tazas para beber y a vaciarlas por la ventana.

Y había cosas aún peores. Un hombre que tenía el cuerpo lleno de las lesiones púrpura del sarcoma de Kaposi rogaba que le administraran radioterapia. Otro convicto tenía la boca tan cubierta por infecciones de hongos que le costaba muchísimo tragar, y vi las arcadas que le acometieron cuando el guardia le llevó el almuerzo: empanadillas de corteza dura acompañadas por salsa picante. «Supongo que tratan de mostrarse sádicos», pensé horrorizada.

El galeno de la cárcel era un médico rural retirado. Mis preguntas lo obligaron a reconocer que sus conocimientos sobre el sida no estaban al día, pero no ofreció ninguna disculpa.

Hice públicas las horrorosas condiciones que vi en

la cárcel en entrevistas y en mi libro *AIDS: The Ultimate Challenge* (El sida: el reto definitivo). De mis proyectos, éste fue uno de los que tuvieron más éxito. En diciembre de 1986, dos de mis mejores socios de California, Bob Alexander y Nancy Jaicks, comenzaron a hacer visitas semanales de apoyo a los convictos enfermos de sida de la cárcel de Vacaville. Sus trabajos impulsarían al Departamento de Justicia de Estados Unidos para investigar las condiciones en que vivían los convictos enfermos de sida en todas las cárceles del país. «Se ha logrado un comienzo», me escribió con optimismo Bob en agosto de 1987.

Eso era todo lo que necesitábamos. Cuando volví a la cárcel de Vacaville, diez años después de mi primera visita, comprobé que lo que antes había sido una situación tan inhumana había cambiado totalmente; estaba convertido en un hogar para enfermos de sida moribundos. Habían formado a delincuentes para que trabajaran de ayudantes. También servían comida adecuada, había atención médica, música agradable, orientación emocional y física, y sacerdotes, pastores y rabinos dispuestos a acudir allí a cualquier hora del día o la noche. Nunca en mi vida me había sentido tan conmovida.

Y con buenos motivos. Incluso en el triste ambiente de la cárcel, el trágico sufrimiento de los pacientes de sida había generado actos de compasión y cuidados.

Ésa era una importante lección para cualquiera que dudara del poder del amor para cambiar el estado de cosas.

CUARTA PARTE

«EL ÁGUILA»

35

SERVICIO PRESTADO

Durante mis viajes rara vez veía otra cosa que hoteles, salas de conferencias y aeropuertos, por eso no había nada más maravilloso que llegar de vuelta a casa. Después de un viaje de cuatro semanas por Europa, salí la primera mañana a disfrutar contemplando la exuberante animación que a aquella hora teníamos: unas ochenta ovejas, además de vacas, llamas, burros, gallinas, pavos, gansos y patos. Los campos habían producido gran abundancia de verduras. No podía imaginar un hogar mejor que mi granja para los niños seropositivos que no tenían a nadie que cuidara de ellos.

Pero había un problema importante: la gente que me rodeaba se oponía a nuestra empresa. Me llamaban por teléfono para insultarme. El buzón me esperaba lleno de cartas. Reflejando la opinión general, un anónimo decía: «Llévese a otra parte a sus bebés con sida. No nos infecte a nosotros.»

La mayoría de los habitantes del condado se consideraban buenos cristianos, pero no lograban convencerme de eso. Desde que anunciara mi proyecto de crear un hogar para bebés seropositivos, no habían dejado de protestar. No estaban muy bien informados respecto al sida y sus temores se inflamaban fácilmente. Durante mi ausencia, un obrero de la construcción al que había despedido recorrió las casas puerta por puerta difundiendo mentiras sobre la enfermedad y pidiendo a la gente que firmara una petición oponiéndose a mi plan. «Vote no si no quiere que esta mujer importe el sida a nuestro condado», les decía.

Hizo un buen trabajo. El 9 de octubre de 1985, fecha en que se organizó una reunión en la ciudad para discutir el asunto; la gente estaba tan indignada que amenazaba con realizar actos violentos. Para la reunión de esa noche, más de la mitad de los dos mil novecientos residentes del condado acudió a la pequeña iglesia metodista de Monterrey, la sede del condado, llenándola a rebosar. Antes de que anunciara mi proyecto de adoptar a bebés seropositivos, la gente de la región me saludaba con cariño y me respetaba como a una celebridad. Pero cuando entré en la iglesia, esas mismas personas me recibieron con abucheos y silbidos. Yo sabía que no tenía ninguna posibilidad de reconquistar su favor.

Pero de todos modos me puse frente a la tensa multitud y expliqué que los niños que pretendía adoptar eran de edades comprendidas entre los seis meses y dos años, «niños que van a morir del sida, que no tienen juguetes, no ven el sol, no reciben cariño ni abrazos ni besos y viven en un ambiente sin amor. Están literalmente condenados a pasar el resto de sus vidas en esos hospitales carísimos». Fue la súplica más sincera y emotiva que logré pronunciar. Sin embargo, la reacción fue un absoluto silencio.

Pero yo había convocado a otros oradores. Primero, el director del Departamento de Salud de Staunton, una persona muy formal, hizo una objetiva exposición acerca del sida, con datos concretos sobre cómo se transmite, lo que habría calmado los temores de cualquier ser humano de razonamiento normal. Después una mujer explicó, con voz conmovida, que uno de sus gemelos prematuros había contraído el sida debido a una transfusión de sangre infectada, y que aunque los niños dormían en la misma cuna, compartían los biberones y juguetes, sólo murió el niño infectado. El hermano continuaba siendo seronegativo. Finalmente, un patólogo de Virginia contó su experiencia como médico y como padre de un hijo único que murió de sida.

Lo increíble fue que abuchearon a cada una de estas personas. Esto me indignó; me hizo hervir de rabia ver esa ignorancia y odio. Comprendí que la única manera de obtener una reacción positiva de esa gente habría sido anunciar mi inmediata marcha del condado. Pero, como no estaba dispuesta a reconocer mi fracaso, pedí que me hicieran preguntas.

Pregunta: ¿Usted se cree Jesús?

Respuesta: No, no soy Jesús, pero deseo hacer lo que se nos ha enseñado durante dos mil años, que es amar a nuestro prójimo y ayudarlo.

Pregunta: ¿Por qué no instala el centro en un lugar donde su trabajo obtenga resultados más inmediatos? ¿Por qué ponerlo en esta región?

Respuesta: Porque yo vivo aquí, y aquí es donde trabajo.

Pregunta: ¿Por qué no se quedó donde estaba?

Ya era cerca de la medianoche cuando acabó la reunión. ¿Sentido? Ninguno. ¿Resultado? Mucha frustración y rabia. Me odiaban. Mis ayudantes, los oradores invitados y yo fuimos escoltados hasta la salida de la iglesia por varios policías, que después nos siguieron hasta mi granja.

—No tenía idea de que los policías fueran tan amables y atentos —le comenté a un amigo.

—No seas tonta —dijo él moviendo la cabeza incrédulo—, no es que sean atentos. Quieren asegurarse de que esta noche no va a ocurrir ningún linchamiento.

Después de eso fui un blanco fácil. Cuando iba de compras a la ciudad me gritaban «*nigger lover*» (amante de los negros). Diariamente recibía llamadas telefónicas amenazadoras. «Vas a morir igual que los bebés con sida que amas.» El Ku Klux Klan quemó cruces en mi césped. Otros disparaban balas a través de mis ventanas. Todo eso lo podía soportar; lo que más me fastidiaba era que me pincharan los neumáticos cada vez que salía en coche fuera de mi propiedad. Vivir en el quinto pino, ése era el verdadero problema. Era evidente que alguien saboteaba mi camioneta.

Finalmente, una noche me escondí en la alquería y desde allí vigilé la puerta principal, que era donde desinflaban los neumáticos de mi camioneta. Alrededor de las dos de la madrugada vi seis camionetas que pasaban lentamente junto a la puerta lanzando trozos de vidrio y clavos. Decidida a ser más lista que ellos, al día siguiente cavé un hoyo al final del camino de entrada y lo cubrí con una rejilla metálica, a fin de que los clavos y vidrios cayeran dentro de él. Eso puso fin al desinflamiento de neumáticos. Pero no hizo nada por mi popularidad, o falta de ella, en Head Waters.

Un día pasó una camioneta cuando yo estaba fuera trabajando; el conductor aminoró la marcha, me gritó una cosa horrible y aceleró. Yo alcancé a ver una pegatina que llevaba en el parachoque de atrás; decía: «Jesús es el Camino.» Ciertamente no se trata de ese camino, pensé, y, frustrada, no pude evitar gritarle: «¿Cuáles son los verdaderos cristianos aquí?»

Un año después renuncié a la lucha. Eran demasiadas las fuerzas que se oponían a mí. No sólo tenía en contra a la opinión popular; la administración del condado se negaba a aprobar las necesarias licencias de obras. Aparte de vender la granja, cosa que no iba a hacer, no se me ocurría qué decisión tomar y se me habían acabado los recursos y las energías. Una de las cosas más dolorosas que hice fue entrar en el dormitorio que había preparado para los niños llenándolo de animales de peluche, muñecas, edredones y jerseys tejidos a mano; parecía una tienda para niños. Lo único que pude hacer fue sentarme en una cama y llorar.

Pero pronto se me ocurrió un nuevo plan. En vista de que no podía adoptar niños seropositivos, buscaría a otras personas que pudieran hacerlo sin tantas dificultades. Para encontrarlas empleé mis considerables recursos, entre ellos los veinticinco mil suscriptores a mi hoja informativa Shanti Nilaya, repartidos por todo el mundo. Muy pronto mi oficina pareció una especie de agencia de adopción. Una familia de Massachusetts adoptó a siete niños. Finalmente encontraría a trescientas cincuenta personas humanitarias y amorosas de todo el país que adoptarían niños infectados por el sida.

Además, supe de personas que no podían adoptar niños pero que deseaban colaborar de alguna manera. Una anciana halló una nueva finalidad para su vida: comenzó a reparar muñecas viejas que recogía en los mercadillos de trastos y me las enviaba para que las regalara en Navidad. Un abogado de Florida me ofreció asesoría jurídica gratis. Una familia suiza envió 10.000 francos. Una mujer me contó con orgullo que una vez por semana preparaba comidas para un enfermo de sida al que conoció en uno de mis seminarios. Y otra mujer me escribió contándome que había superado su miedo y abrazado a un joven que estaba muriendo de sida. Le resultaba difícil saber cuál de los dos se había beneficiado más de ese acto, me decía.

La época estaba caracterizada por la violencia y el odio, y el sida se consideraba una de las peores maldiciones de nuestro tiempo. Pero yo también veía que constituía un inmenso bien. Sí, un bien. Cada uno de los miles de pacientes con quienes comenté sus experiencias de muerte clínica temporal recordaba haber entrado en la luz y oído la pregunta: «¿Cuánto amor has sido capaz de dar y recibir? ¿Cuánto servicio has prestado?» Es decir, se les preguntaba cómo habían asimilado la lección más difícil de toda la vida: el amor incondicional.

La epidemia del sida planteaba la misma pregunta. Generó ejemplos de personas que aprendían a ayudar y amar a otras personas. El número de hogares para moribundos se multiplicó. Supe de un niñito que iba con su madre a llevarles comida a dos vecinos homosexuales que no podían salir de su casa. Uno de los más hermosos monumentos a la humanidad que ha creado este país y el mundo fue aquel edredón de retazos que se confeccionó con los nombres de seres queridos muertos del sida. ¿Cuándo se habían oído tantas historias como ésta? ¿O visto tantos ejemplos?

En uno de mis seminarios, el ordenanza de un hospital contó la historia de un joven que se estaba muriendo del sida en su habitación. Se pasaba todo el día en la oscuridad, esperando, consciente de que se le acababa el tiempo, y deseando que su padre, que lo había echado de casa, le hiciera una visita antes de que fuera demasiado tarde.

Una noche el ordenanza vio a un anciano que vagaba sin rumbo por los pasillos, nervioso y con aspecto afligido. El ordenanza conocía a todas las personas que visitaban a sus pacientes, pero nunca había visto a ese hombre. Su intuición le dijo que ése era el padre del joven, de modo que cuando pasó junto a la habitación, le dijo:

—Su hijo está ahí.

—Mi hijo no —contestó el hombre.

Amable y comprensivo, el ordenanza entreabrió la puerta, y repitió:

—Ahí está su hijo.

En ese momento el anciano no pudo evitar asomarse y echar una rápida mirada al enfermo esquelético que yacía en la oscuridad.

—No, imposible, ése no es mi hijo —exclamó, retirando la cabeza de la puerta.

Pero entonces el enfermo, a pesar de su debilidad, logró decir:

—Sí, papá, soy yo. Tu hijo.

El ordenanza abrió la puerta y el padre entró lentamente en la habitación. Estuvo de pie un momento y después se sentó en la cama y abrazó a su hijo.

Esa misma noche, más tarde, murió el joven, pero murió en paz y no antes de que su padre aprendiera la lección más importante de todas.

No me cabía duda de que algún día la ciencia médica descubriría una cura para esta horrible enfermedad, pero esperaba que nos diera tiempo a que el sida hubiera erradicado aquello que aqueja el alma y el corazón de los seres humanos.

36

LA MÉDICA RURAL

Mi trabajo consistía en ayudar a las personas a llevar una vida más tranquila y apacible, pero por lo visto en la mía no había nada de serenidad. La intensa batalla por adoptar bebés seropositivos me había afectado más de lo que imaginaba. Después llegó un invierno muy duro, acompañado de lluvias e inundaciones que causaron daños en la propiedad. Luego hubo una sequía que nos arruinó una buena cosecha cuando tanto la necesitábamos. Y por si eso fuera poco, yo continuaba con mi programa de conferencias, seminarios, actividades para reunir fondos, visitas domiciliarias y a los hospitales.

No hice caso de las advertencias de mis amigos de que iba a arruinar mi salud si aceptaba una gira de seminarios intensivos y charlas por Europa. Pero al final de la gira me gratifiqué tomándome dos días libres para visitar a mi hermana Eva en Suiza. Llegué allí totalmente extenuada. Tenía un aspecto horroroso, necesitaba descanso y ella me rogó que cancelara mi viaje a Montreal y me quedara más tiempo.

Aunque eso era imposible, decidí aprovechar lo mejor posible mi corta visita disfrutando de la cena familiar que había organizado Eva en un excelente restaurante. Puesto que una reunión familiar era un acontecimiento excepcional, fue una verdadera fiesta, agradable y alegre.

—Esto es lo que deberían hacer las familias —comenté—. Celebrar mientras todos están vivos.

—Estoy de acuerdo —dijo ella.

—Tal vez las futuras generaciones celebrarán el que alguien pase al otro lado y no se lamentarán de un modo tan absurdo ante la muerte —continué—. En todo caso, la gente debería llorar cuando alguien nace, porque eso significa tener que comenzar de nuevo toda la tontería de vivir.

Veinticuatro horas más tarde, mientras me preparaba para irme a la cama, le dije a mi hermana que no hacía falta que se levantara por mí a la mañana, pues yo tomaría mi café, me fumaría un cigarrillo y me iría al aeropuerto. Cuando sonó mi despertador, bajé y vi que Eva no sólo no me había hecho caso sino que había sacado su elegante mantel blanco y había puesto un hermoso centro de mesa con flores frescas. Me senté a tomar café y me disponía a reprenderla por haberse molestado tanto cuando ocurrió lo que todo el mundo temía que ocurriera.

Todo el estrés y las cosas desagradables, el viaje, el café, los cigarrillos y el chocolate, en fin, todo el conjunto, de pronto acabó conmigo. Me invadió la extraña sensación de estar hundiéndome. Me sentí muy débil y el mundo comenzó a girar a mi alrededor. Dejé de ver a mi hermana y no podía moverme; sin embargo, sabía exactamente qué me estaba ocurriendo.

Me estaba muriendo.

Lo supe al instante. Después de haber asistido a tantas personas en sus últimos momentos, por fin mi muerte había accedido a llegar. Los comentarios que había hecho a mi hermana esa noche en el restaurante me parecieron proféticos. Al menos me iba a marchar con una celebración. También pensé en la granja, en los campos llenos de hortalizas que necesitarían ser envasadas, en las vacas, cerdos y ovejas y los animalitos recién nacidos. Entonces miré a Eva, que estaba sentada frente a mí. Ella me había ayudado tanto en mi trabajo en Europa y en la granja que deseé regalarle algo antes de morir.

Me pareció que no habría manera de hacer eso, ya que no sabía de qué me estaba muriendo; por ejemplo, si era la coronaria, podría irme en un instante. Entonces se me ocurrió una idea.

—Eva, me estoy muriendo —le dije—, y quiero hacerte un regalo de despedida. Te voy a explicar cómo es morir, desde el punto de vista del enfermo. Éste es el mejor regalo que puedo hacerte, porque nadie habla jamás mientras lo experimenta.

No esperé su reacción (la verdad es que ni siquiera observé si tenía alguna) y me lancé a un detallado comentario de lo que me estaba sucediendo.

—Está comenzando en los dedos de los pies. Los siento como si los tuviera en agua caliente. Es adormecedor, agradable. —A mí mi voz me sonaba como si estuviera hablando a la velocidad de un comentarista de carreras de caballos—. Me va subiendo por el cuerpo, las piernas, ahora me sube por la cintura. No tengo miedo; es tal como me lo imaginaba. Es un placer. Es una sensación francamente placentera.

Salí de mi cuerpo para mantener el ritmo.

—Estoy fuera de mi cuerpo —continué—. No lamento nada. Despídeme de Kenneth y Barbara. Sólo amor.

En ese momento me quedaban uno o dos segundos. Me sentí como si estuviera en lo alto de una pista de esquí preparándome para saltar por el borde. Delante de mí estaba la luz brillante. Extendí los brazos en un ángulo que me permitiera volar directamente hacia la luz. Recordé que para tomar impulso debía agacharme. Estaba totalmente consciente de que había llegado el glorioso momento final y disfrutaba de cada segundo de revelación:

—Voy a pasar al otro lado —le dije a mi hermana. Entonces miré la luz, sentí que me atraía y abrí los brazos—. ¡Allá voy! —grité.

Cuando desperté estaba tendida en la mesa de la cocina de Eva. El elegante mantel blanco estaba cubierto de salpicaduras de café. Las hermosas flores del centro de mesa estaban esparcidas por todas partes. Eva estaba peor aún, con los nervios de punta. Loca de terror, me sujetaba tratando de pensar qué podía hacer. Me pidió disculpas por no haber llamado a una ambulancia.

—No seas pesada —le dije—. No hay por qué llamarlos. Es evidente que no despegué. Sigo clavada aquí.

Eva insistía en hacer algo, así que hice que me llevara al aeropuerto, aunque eso iba en contra de lo que ella consideraba juicioso

—Al demonio con lo juicioso —me burlé yo.

Durante el trayecto, sin embargo, le pregunté qué le había parecido mi regalo, la explicación de cómo es morir. Ella me dirigió una mirada extrañada; por su expresión deduje que dudaba de si yo todavía seguía en la tierra. Lo único que me oyó decir fue «Me estoy muriendo», y después «¡Allá voy!» De lo que dije entre medio no oyó nada, aparte del ruido que hicieron los platos al salir volando cuando yo caí sobre la mesa.

Tres días después diagnostiqué que mi problema era una leve fibrilación cardíaca, tal vez algo más, pero nada grave. Me declaré sana. Pero no estaba bien. El seco verano de 1988 fue duro. Durante la época de más calor supervisé la terminación de las casas redondas del centro, hice un corto viaje a Europa y celebré mi sexagésimo segundo cumpleaños con una fiesta para las familias que habían adoptado bebés infectados por el sida. A finales de julio me sentía más cansada que de costumbre.

No hice caso de la fatiga. El 6 de agosto de ese año

iba conduciendo cuesta abajo por una escarpada colina de la granja acompañada por Ann, una amiga médica de Australia que estaba de visita, y mi ex ayudante Charlotte, enfermera, cuando de pronto sentí una contracción en la cabeza, una dolorosa punzada que me recorrió como una corriente eléctrica el lado derecho del cuerpo. Me cogí la cabeza con la mano izquierda y frené en seco. Poco a poco sentí que una gran laxitud invadía mi cuerpo, hasta que quedó completamente entumecido.

—Acabo de tener una embolia cerebral —le dije tranquilamente a Ann, que iba sentada a mi lado.

Ninguna de las tres sabía qué pensar en ese momento. ¿Estábamos asustadas? ¿Estábamos aterradas? No. Habría sido difícil encontrar a tres mujeres más capaces y tranquilas. No sé muy bien cómo me las arreglé para llevar la camioneta de vuelta a la alquería y frenar.

—¿Cómo te sientes, Elisabeth? —me preguntaron.

La verdad es que yo no lo sabía. Ya no era capaz de hablar con claridad, no podía mover bien la lengua, tenía la boca paralizada como si sus partes se hubieran cansado, y el brazo derecho ya no obedecía ninguna orden.

—Tenemos que llevarla al hospital —dijo Ann.

—Chorradas —conseguí decir—. ¿Qué pueden hacer para una embolia? No hacen nada fuera de observar.

Pero, consciente de que al menos necesitaba un reconocimiento, las dejé que me llevaran al Centro Médico de la Universidad de Virginia. Esa noche estuve sentada en la sala de urgencias. Allí era la única paciente que se moría de ganas de tomar una taza de café y fumar un cigarrillo. Lo mejor que se les ocurrió hacer fue enviarme a un médico que se negó a admitirme a menos que dejara de fumar.

—¡No! —exclamé.

Él se cruzó de brazos, con aire de gran autoridad, para demostrar que él era quien mandaba allí. Yo no tenía idea de que era el jefe de la unidad de apoplejía. Ni me importaba.

—Es mi vida —le dije.

Mientras tanto, un médico joven, divertido por la pelea, comentó que la esposa de un importante catedrático de la universidad había hecho uso de su influencia para que la ingresaran en una habitación privada donde pudiera fumar.

—Pregúntenle si le importaría tener una compañera de habitación —les pedí.

La señora estuvo encantada de tener compañía. Tan pronto como cerraron la puerta, mi compañera de cuarto, una simpática e inteligente señora de setenta y un años, y yo encendimos nuestros cigarrillos. Nos comportábamos como dos adolescentes traviesas. Apenas oíamos pasos, yo daba la señal y escondíamos cigarrillos.

Reconozco que yo no era una paciente fácil, pero de todas formas no me trataron bien. Nadie hizo un historial completo de mi caso, nadie me hizo un examen exhaustivo. Durante la noche, a cada hora venía una enfermera y me ponía una linterna encendida ante los ojos.

—¿Está durmiendo? —me preguntaba.

—¡Ya no! —gruñía yo.

La última noche que estuve en el hospital le pregunté a la enfermera si podían despertarme con música.

—No podemos hacer eso —contestó.

—¿Y entonando una melodía, cantada o silbada?

—Tampoco podemos hacer eso.

Eso fue lo único que oí: «No podemos hacer eso.»

Finalmente me harté. A las ocho de la mañana del tercer día, fui cojeando hasta el puesto de las enfermeras, seguida de cerca por mi compañera de cuarto, y me di el alta.

—No puede marcharse —me dijeron.

—¿Cuánto apostamos?

—Pero es que no puede.

—Soy médica.

—No, usted es una paciente.

—Los pacientes también tenemos derechos. Voy a firmar los papeles.

En casa me recuperé mejor y más rápido que lo que me habría recuperado en el hospital. Dormía bien y me alimentaba bien. Me inventé un programa de rehabilitación. Cada día me vestía y subía la extensa colina de detrás de mi granja. Aquello era naturaleza pura en su estado más salvaje, de modo que podía haber osos y serpientes al acecho detrás de los árboles y rocas. Al principio subía a gatas la pendiente, avanzando lenta y laboriosamente. Al final de la primera semana ya podía caminar apoyada en un bastón, iba recuperando las fuerzas. Durante mis excursiones cantaba a voz en cuello, lo que era un ejercicio fabuloso y, gracias a mi voz horrorosamente desentonada, el canto me servía también de protección contra los animales salvajes.

Al cabo de cuatro semanas, y a pesar del pesimismo de mi médico, ya era capaz de caminar y hablar bien. Afortunadamente había sido una embolia «leve», de modo que reanudé mis tareas en el jardín y la huerta, mis escritos y mis viajes, en fin, todo lo que hacía antes. Pero había sido un aviso muy claro de que debía aminorar el paso. ¿Estaba yo dispuesta a hacerlo? De ningún modo, como lo demostré en una charla que di en octubre a los médicos del hospital del que me había dado de alta yo misma dos meses antes.

—Me habéis curado —les dije en broma—. En dos días me quitasteis para siempre las ganas de estar hospitalizada a no ser que se trate de una superurgencia.

En el verano de 1989 recogimos la mejor cosecha que habíamos tenido hasta la fecha. Llevaba cinco años en mi granja, había trabajado en ella cuatro y estaba saboreando los frutos y verduras de mi ardua labor. Es cierto lo que dice la Biblia: se recoge lo que se siembra. A principios de otoño, cuando asomaban los primeros colores de la estación, terminé el envasado de las conservas y comencé a plantar en el invernadero las semillas para el año siguiente. La vida en la naturaleza me hacía valorar más nuestra dependencia de la Madre Tierra, y comencé a prestar más atención a las profecías de los indios hopi y del Apocalipsis.

Me inquietaba el futuro del mundo. A juzgar por las noticias de los diarios y de la CNN, se veía sombrío. Yo daba crédito a las personas que advertían que pronto el planeta se vería estremecido por terribles catástrofes. En mis diarios abundaban los pensamientos dirigidos a evitar ese dolor y ese sufrimiento. «Si consideramos que todos los seres vivos son dones de Dios, creados para nuestro placer y disfrute, para que los amemos y respetemos, y cuidamos de nosotros mismos con el mismo cariño, el futuro no será algo que haya que temer, sino apreciar.»

Desgraciadamente esos diarios fueron destruidos. Pero recuerdo algunas otras entradas:

- «Nuestro hoy depende de nuestro ayer, y nuestro mañana depende de nuestro hoy.»
- «¿Te has amado hoy?»
- «¿Has admirado y agradecido a las flores, apreciado los pájaros y contemplado las montañas, invadida por un sentimiento de reverencia y respeto?»

Ciertamente había días en que sentía mi edad, cuando el cuerpo dolorido me recordaba que no debería ser tan impaciente. Pero cuando planteaba los grandes interrogantes de la vida en mis seminarios me sentía tan joven, tan llena de vitalidad y esperanza, como cuando, cuarenta años atrás, hice mi primera visita domiciliaria como médica rural. La mejor medicina es la medicina más simple.

Comencé a acabar los seminarios diciendo: «Aprendamos todos a amarnos y perdonarnos, a tener compasión y comprensión con nosotros mismos.» Era un resumen de todos mis conocimientos y experiencias. «Entonces seremos capaces de regalar eso mismo a los demás. Sanando a una persona podemos sanar a la Madre Tierra.»

37

GRADUACIÓN

Después de siete años de trabajo, luchas y lágrimas, me alegró tener un buen motivo para hacer una celebración. Una luminosa tarde de julio de 1990, supervisé la magnífica inauguración oficial del Centro Elisabeth Kübler-Ross, acontecimiento que en realidad había comenzado hacía veinte años, cuando sentí el primer impulso de poseer una granja. Aunque ya veníamos utilizando las instalaciones para los seminarios, por fin habían terminado los trabajos de construcción.

Al contemplar los edificios, las cabañas, e incluso la bandera de Estados Unidos ondeando fuera del Centro, una parte de mí no podía creer lo que veía. Ese sueño había resistido mi divorcio, adquirido impulso cuando comencé Shanti Nilaya en San Diego y sobrevivido milagrosamente a mi crisis de fe con B. y mi batalla con la gente de la localidad, que habrían preferido que esta vieja, a la que llamaban amante del sida, cogiera el primer autobús que saliera de la ciudad.

Después de la bendición, impartida de modo conmovedor por mi viejo amigo Mwalimu Imara, hubo música country y espirituales negros, y suficiente comida casera para alimentar a los quinientos amigos que habían acudido, algunos desde lugares tan remotos como Alaska y Nueva Zelanda. También hubo mucha conversación y puesta al día con ex pacientes y familiares. Fue un día maravilloso que renovó mi fe en el destino. Es cierto que no podían estar presentes todas las personas a las que había asistido en mi vida y de las que tanto había aprendido, pero sólo hacía dos meses había recibido un inolvidable recordatorio de todas ellas, y de por qué podía considerarme afortunada. Decía:

Querida Elisabeth:

Hoy es el Día de la Madre y en este día tengo muchas más esperanzas de las que tenía hace cuatro años. Ayer regresé de Virginia, donde he asistido al seminario «La vida, la muerte y la transición», y siento la necesidad de escribirte para decirte cómo me ha afectado.

Hace tres años murió mi hija Katie, a los seis años, de un tumor cerebral. Poco después mi hermana me envió un ejemplar de la historia de Dougy, y las palabras que escribiste en esa hoja informativa me conmovieron profundamente. El mensaje de la oruga y la mariposa continúa dándome esperanzas y fue muy importante para mí escuchar tu mensaje el jueves pasado. Gracias por estar ahí y hablar con nosotros.

Sería muy difícil enumerar todos los dones recibidos durante esa semana, pero sí quiero concretarte algunos de los dones que recibí de la vida y la muerte de mi hija. Gracias a ti, entiendo más lo que significaron la vida y muerte de mi hija. Durante toda su vida nos unieron lazos muy especiales, pero esto lo vi con más claridad durante su enfermedad y muerte. Ella me enseñó muchísimo cuando murió y continúa siendo mi maestra.

Katie murió en 1986, después de una batalla de nueve meses contra un tumor maligno en el tronco encefálico. A los cinco meses de enfermedad perdió la capacidad de caminar y de hablar, pero no de comunicarse. La gente se sentía muy confundida cuando la veía en ese estado semicomatoso y cuando yo afirmaba que la niña y yo no parábamos de charlar. Ciertamente yo continué hablando con ella y ella conmigo. Insistimos en que le permitieran morir en casa, e incluso la llevamos a pasar unos días en la playa dos semanas antes de su muerte. Esos días fueron importantísimos para nosotros; había también sobrinas y sobrinos pequeños que durante esa semana aprendieron mucho sobre la vida y la muerte. Sé que recordarán durante mucho tiempo cómo nos ayudaron a cuidar de ella.

Katie murió a la semana de haber regresado a casa. Ese día comenzó como de costumbre, dándole sus medicamentos y comida, bañándola y conversando con ella. Esa mañana, cuando su hermana de diez años se iba a la escuela, Katie emitió unos sonidos (hacía meses que no lo hacía), y yo comenté que le había dicho «Adiós» a Jenny antes de que se marchara a la escuela. La noté muy cansada y le prometí que ya no la movería más ese día. Le dije que no tuviera miedo, que yo estaría con ella y que estaría muy bien. Le dije que no tenía por qué aferrarse a mí, y que cuando muriera se sentiría segura y rodeada por personas que la amaban, por ejemplo su abuelo, que había muerto hacía dos años. Le dije que la echaríamos mucho de menos, pero que estaríamos bien. Después me senté con ella en la sala de estar. Esa tarde, cuando volvió Jenny de la escuela, la saludó y después se fue a otra habitación a hacer sus deberes. Algo me dijo que fuera a ver a Katie y comencé a limpiarle el tubo por donde se alimentaba, que estaba goteando. Cuando la miré vi que se le ponían blancos los labios. Hizo dos inspiraciones y dejó de respirar. Le hablé; ella cerró y abrió los ojos dos veces, y murió. Yo sabía que no podía hacer nada, fuera de abrazarla, y eso hice. Me sentí muy triste, pero también con mucha paz. En ningún momento se me pasó por la mente practicarle la reanimación, cosa que sé hacer. Gracias a ti, entiendo por qué. Sabía que su vida acabó cuando tuvo que acabar, que había aprendido todo lo que vino a aprender, y que había enseñado todo lo que vino a enseñar. Ahora paso la mayor parte del tiempo tratando de comprender todo cuanto me enseñó durante su vida y con su muerte.

Inmediatamente después de que muriera, y aún hasta hoy día, experimenté una oleada de energía y sentí deseos de escribir. Escribí durante varios días, y continúan sorprendiéndome la cantidad de energía y los mensajes que recibo. En cuanto murió me llegó el mensaje de que tengo una misión en mi vida, que vivir significa acercarse y dar a los demás. «Katie vivirá eternamente, como todos nosotros. Hemos de compartir con los demás la esencia de lo que es más valioso. Amar, compartir, hablar, enriquecer la vida de otras personas, acariciar y recibir caricias, ¿hay otra cosa que esté a la altura de estos momentos?»

Así pues, a partir de la muerte de Katie me he embarcado en una nueva vida; comencé un curso de orientación que terminé en diciembre, empecé a trabajar con personas enfermas de sida, y a comprender cada vez más mis lazos espirituales con Katie y con Dios.

También me gustaría contarte un sueño que tuve varios meses después de la muerte de Katie. Este sueño me pareció muy real, y cuando desperté comprendí que era muy importante. Tu charla del jueves pasado me hizo ver con más claridad aún su significado:

En el sueño llegaba junto a un riachuelo que me

separaba de otro lugar. Me di cuenta de que tenía que ir a ese lugar. Vi un puente muy estrecho que cruzaba el riachuelo. Mi marido estaba conmigo y me siguió durante un rato; después tuve que llevarlo en brazos por el puente. Cuando llegamos al otro lado, entramos en una casa. Había allí muchos niños, cada uno llevaba una tarjeta con su nombre y dibujos. Vimos a Katie, y entonces comprendimos que ésos eran todos los niños que habían muerto y que teníamos permiso para hacerles una corta visita. Nos acercamos a Katie y le preguntamos si podíamos abrazarla. «Sí —nos dijo—, podemos jugar un rato, pero no puedo marcharme con vosotros.» Le dije que ya sabía eso. Estuvimos allí un rato y jugamos con ella, pero después tuvimos que marcharnos.

Desperté con la clara sensación de que había estado con Katie esa noche. Ahora sé que así fue.

Besos, M. P.

38

LA SEÑAL DE MANNY

No había otra manera de considerarlo; estaba rodeada de asesinos, personas que habían cometido algunos de los peores crímenes contra seres humanos de los que yo tuviera noticia. Tampoco había forma de escapar; todos estábamos encerrados entre rejas en una cárcel de máxima seguridad de Edimburgo. Y lo que yo les pedía a esos asesinos era una confesión, pero no de los terribles crímenes que habían cometido, no; lo que les pedía era algo mucho más difícil, mucho más doloroso. Deseaba que reconocieran el dolor interior que los había llevado al asesinato.

Ciertamente era un método de reforma nuevo, pero yo pensaba que ni siquiera una condena a cadena perpetua podía servir para que el asesino cambiara, a menos que exteriorizara el trauma que lo había impulsado a cometer ese cruel delito. Ésa era también la teoría que respaldaba mis seminarios. En 1991 propuse a numerosas cárceles, muchas de Estados Unidos, organizar un seminario entre rejas y sólo esa cárcel escocesa aceptó mis condiciones: que la mitad de los participantes en el seminario fueran reclusos y la otra mitad funcionarios de la cárcel.

¿Resultaría? Basándome en mi experiencia, no me cabía duda. Durante una semana entera, vivimos todos en la cárcel, comimos la misma comida de los reclusos, dormimos en los mismos camastros duros, todos se ducharon en las mismas duchas (yo no, prefería apestar que congelarme) y estuvimos encerrados con llave por la noche. Al final del primer día ya la mayoría de los reclusos había explicado por qué habían sido encarcelados, e incluso a los más empedernidos les corrían las lágrimas por las mejillas. Durante el resto de la semana casi todos contaron historias de infancias marcadas por abusos sexuales y emocionales.

Pero no eran los reclusos los únicos que contaban historias. Después de que la directora de la cárcel, mujer de aspecto frágil, contara ante los reclusos y los guardias un problema íntimo que había tenido en su juventud, un lazo de intimidad emocional se creó en el grupo. Pese a sus diferencias, de pronto nacieron entre ellos auténtica compasión, simpatía y cariño. Al final de la semana, todos reconocieron lo que yo había descubierto hacía mucho tiempo: que, como verdaderos hermanos y hermanas, todos estamos unidos por el dolor y sólo existimos para soportar penurias y crecer espiritualmente.

Mientras que los reclusos recibieron esa paz que les permitiría vivir el resto de su existencia entre rejas, yo fui recompensada con la mejor comida suiza que he probado en el extranjero y una conmovedora melodía de despedida tocada por un gaitero escocés; tal vez sería la única vez que los reclusos iban a oír música semejante dentro de esas paredes. Yo confiaba en que eso estimulara la instauración de programas similares en las superatiborradas cárceles de Estados Unidos, donde no se presta ninguna atención a la curación.

Aunque la gente se reía de esos objetivos, considerándolos poco realistas, sin embargo se daban muchos logros que parecían incluso más imposibles, de no haber sido por el hecho de que muchas personas se habían comprometido a cambiar la sociedad. Tal vez el mejor ejemplo de ello fue el de Sudáfrica, donde el represivo sistema del *apartheid* estaba siendo reemplazado por una democracia multirracial.

Durante años había declinado dar seminarios en Sudáfrica a menos que me garantizaran que habría participantes negros y blancos. Por fin, en 1992, dos años después de que Nelson Mandela, el líder del Congreso Nacional, fuera liberado de la cárcel, me prometieron una mezcla racial bajo el mismo techo, y entonces acepté ir. Aunque eso no era seguir exactamente los pasos de Albert Schweitzer, que hacía cincuenta y cinco años me había inspirado la idea de ser médico, de todos modos significó hacer realidad un sueño de toda mi vida.

Ese seminario, que constituyó un gran éxito al establecer una comprensión de la humanidad basada en las similitudes y no en las diferencias entre las personas, me demostró que había conseguido algo importante en mi vida. A mis sesenta y seis años había dirigido seminarios en todos los continentes del mundo. Después participé en Johannesburgo en una manifestación de apoyo a una transición pacífica a un gobierno multirracial. Pero era igual que estuviera en Johannesburgo o en Chicago, porque todo destino lleva por el mismo camino: crecimiento, amor y servicio. Estar ahí simplemente reforzaba mi sensación de haber llegado.

Pero después llegó un suceso triste, una despedida. Manny, que ya había sobrevivido a una operación de *bypass* triple, se sintió muy debilitado cuando comenzó a fallarle el corazón. Temiendo que no pudiera resistir otro duro invierno en Chicago, lo insté a trasladarse a Scottsdale, en Arizona, donde el clima es más templado. Afortunadamente me hizo caso. En octubre se mudó a un apartamento que yo le había alquilado, donde se sintió muy feliz. Habiendo ya superado el rencor que me había producido el modo en que acabó nuestro matrimonio, yo iba a verlo siempre que podía y le llenaba el refrigerador con comidas preparadas por mí. Ciertamente a Manny le encantaban mis platos. Recibió muchísimos cuidados.

No puedo decir lo mismo de las pocas semanas que pasó en el hospital después de que comenzara a fallarle un riñón. Aunque le fallaba la salud, cuando lo llevamos a casa le mejoró el ánimo. El día que resultó ser el último de su vida, yo tenía que volar a Los Ángeles para dar una charla sobre hogares para moribundos. Sabiendo que los moribundos tienen una gran intuición sobre cuánto tiempo les queda de vida, le propuse a Manny permanecer a su lado, pero él me dijo que deseaba pasar unos ratos a solas con otros miembros de la familia.

—Muy bien, iré a Los Ángeles —le dije—, y estaré de vuelta mañana.

Media hora antes de marcharme para el aeropuerto recordé el trato que quería hacer con él para el caso de que muriera mientras yo estaba en California. Si todas mis investigaciones sobre la vida después de la muerte eran correctas, quería que me enviara una señal desde el otro lado. Si no eran correctas, entonces no haría nada y yo continuaría investigando. Manny puso objeciones.

—¿Qué tipo de señal?

—Algo raro, especial. No sé exactamente qué, pero algo que yo sepa que sólo puede ser de ti.

Él estaba cansado y no se sentía con fuerzas para pensar en ello.

—No me voy hasta que no me lo confirmes con un apretón de manos —dije.

En el último minuto aceptó y yo me marché animada. Ésa fue la última vez que lo vi vivo.

Esa tarde Kenneth lo llevó a la tienda de comestibles. Era su primera salida después de estar tres semanas en el hospital. Cuando volvían a casa, Manny quiso pasar por la floristería a comprar una docena de rosas rojas de tallo largo para Barbara, que cumplía años al día siguiente. Después Kenneth lo llevó al apartamento. Allí Manny se acostó a dormir la siesta, y Kenneth guardó las cosas y se fue a su casa.

Una hora después volvió Kenneth a preparar la cena y encontró a Manny muerto en la cama. Había muerto mientras dormía la siesta.

Esa noche, cuando volví al hotel, ya muy tarde, vi la luz intermitente en el teléfono, señal de que había un mensaje. Kenneth había tratado de contarme lo de Manny mucho más temprano, pero sólo pudimos hablar a medianoche. Mientras tanto él había llamado a Barbara a Seattle, y le dio la noticia cuando ella volvió del trabajo; se habían pasado horas charlando. Al día siguiente, después de telefonear al resto de la familia, Barbara decidió sacar a pasear a su perro. Cuando volvió a casa se encontró ante la puerta la docena de rosas enviadas por Manny, enterradas bajo la nieve que había estado cayendo toda la mañana.

Yo me enteré de lo de las rosas el día del funeral de Manny en Chicago. Había hecho las paces con él y me alegraba de que ya no tuviera que sufrir más. Cuando estábamos alrededor de la tumba comenzó a nevar copiosamente. Vi muchas flores desparramadas alrededor de la tumba y me dio lástima que se quedaran allí desperdiciadas, de modo que recogí las preciosas rosas y las fui repartiendo a los amigos de Manny, a las personas que estaban auténticamente emocionadas y afligidas. A cada una le entregué una rosa. La última se la di a Barbara, porque era la niña de los ojos de su padre.

Recordé la conversación que tuvimos con Manny cuando Barbara tenía diez años. Habíamos estado enzarzados en una de esas discusiones sobre mis teorías de la vida después de la muerte, y él se volvió hacia ella y le dijo:

—De acuerdo, si es cierto lo que dice tu madre, entonces en la primera nieve que caiga después de mi muerte habrá rosas florecidas.

Con el tiempo esa apuesta se había convertido en una especie de chiste familiar, pero en esos momentos era realidad.

Me sentí henchida de alegría y mi sonrisa lo demostró. Levanté la vista al cielo gris y los remolinos de copos de nieve me parecieron confetis de celebración. Manny estaba allí arriba; sí, allí estaban mis dos más grandes escépticos, riendo juntos. Yo también me eché a reír.

—Gracias —dije, levantando los ojos hacia Manny—, gracias por confirmarlo.

39

LA MARIPOSA

En calidad de experta en enfrentarme a la pérdida de un ser querido, no sólo sabía las diferentes fases que atraviesa una persona al pasar por ese trance, sino que también las había definido: rabia, negación, regateo, depresión y aceptación. Esa escalofriante noche de octubre de 1994, cuando al volver de Baltimore me encontré con mi amada casa en llamas, pasé por cada una de esas fases. Me sorprendió la rapidez con que lo acepté. «¿Qué otra cosa puedo hacer?», le comenté a Kenneth.

Doce horas después, la casa seguía ardiendo con la misma intensidad con que ardía cuando la noche anterior llegué al camino de entrada con el letrero «Healing Waters» y vi el cielo negro iluminado por un espectral fulgor naranja. Pasado ese tiempo ya había considerado todo lo bueno que se me había otorgado, entre lo cual estaba la suerte de no haber tenido alojados allí a veinte bebés seropositivos. Yo estaba ilesa. La pérdida de posesiones era otra historia, eran cosas de mi vida, pero no mi vida. Se habían destruido los álbumes de fotos y diarios que había guardado mi padre, también todos mis muebles, electrodomésticos, objetos y ropa. Perdidos estaban el diario que guardaba de mi viaje a Polonia, que había cambiado mi vida; las fotos que tomé en Maidanek; los veinticinco diarios donde había registrado meticulosamente las conversaciones que tuviera con Salem y Pedro, más los centenares de miles de páginas de documentos, notas e investigaciones. Todas las fotos que había tomado a mis guías estaban destruidas, así como los innumerables álbumes de fotografías y cartas. Todo estaba convertido en cenizas.

Ese día, más tarde, tomé conciencia del desastre y me sentí conmocionada. Había perdido todo lo mío. Hasta la hora de acostarme permanecí sentada fumando, incapaz de hacer otra cosa. Al día siguiente salí del abismo. Desperté mucho mejor, sobria y realista. ¿Qué se puede hacer? ¿Renunciar? No. «Ésta es una oportunidad para crecer espiritualmente —pensé—. Uno no crece si todo es perfecto. Pero el sufrimiento es un regalo que tiene una finalidad.»

¿Cuál era la finalidad? ¿Una oportunidad para reconstruir la casa? Después de revisar los daños, le dije a Kenneth que ése era mi plan. Iba a reconstruirla, ahí mismo, encima de las cenizas.

—Es una bendición —afirmé—, ya no tendré que hacer maletas. Soy libre. Una vez que la reconstruya, puedo pasar la mitad del año en África y la otra mitad aquí.

A él no le cupo duda de que yo había perdido el juicio.

—No vas a reconstruirla —me dijo en tono perentorio—. La próxima vez te matarán de un balazo.

—Sí, probablemente lo harán. Pero eso será problema de ellos.

Mi hijo lo consideraba problema suyo también. Durante los tres días siguientes, que pasamos refugiados en la alquería, me escuchó pacientemente hablar del futuro. Una tarde fue a la ciudad diciendo que iba a comprarme algunas cosas esenciales, algo de ropa interior, calcetines y tejanos. Pero volvió cargado de alarmas de incendio, un detector de humo, extintores y aparatos de seguridad, de todo lo necesario para cualquier posible caso de emergencia. Pero eso no le calmó la inquietud que sentía por mí. Kenneth no quería que continuara viviendo sola allí, y punto.

Yo no tenía idea de que se proponía engañarme cuando me llevó a la ciudad para obsequiarme con una cena a base de langosta, una de las pocas cosas que yo jamás rechazaría. Pero en lugar de ir a un restaurante, acabamos en un avión rumbo a Phoenix. Kenneth se había trasladado a Scottsdale para estar más cerca de su padre, y ahora lo seguía yo.

—Te compraremos una casa en la ciudad —me dijo.

Yo no protesté demasiado, no tenía nada que trasladar, ni ropa, ni muebles, ni libros ni cuadros. Había perdido mi casa. En realidad, no me quedaba nada que me retuviera en Virginia. ¿Por qué no trasladarme?

Simplemente dije sí al dolor y éste desapareció.

En el río de lágrimas haz del tiempo tu amigo.

Varios meses después, un hombre de Monterrey comentaría en un bar que «se había librado de la señora del sida». En todo caso, las autoridades locales rehusaron hacer ninguna acusación. Los policías del condado de Highland me dijeron que no tenían pruebas suficientes. Yo no estaba dispuesta a luchar. ¿Y la granja? A pesar del dinero y sudores que había puesto en ella, sencillamente cedí el centro con el terreno de ciento veinte hectáreas a un grupo que trabajaba con adolescentes maltratados.

Eso es lo fabuloso de las propiedades. Yo tuve mi oportunidad allí. Había llegado la hora de que otros también intentaran sacarle provecho a la tierra.

Me trasladé a Scottsdale y encontré una casa de adobe en medio del desierto. Allí no había nada a mi alrededor. Por la noche me sentaba en la bañera llena de agua caliente, escuchaba los aullidos de los coyotes y contemplaba los millones de estrellas de nuestra galaxia. Allí se siente la infinitud del tiempo. Por las mañanas se tenía esa misma sensación, de engañoso silencio y quietud. En las rocas se escondían serpientes y conejos, y los pájaros hacían sus nidos en los elevados cactus. El desierto puede ser sereno y peligroso a la vez.

La noche del 13 de mayo de 1995, víspera del Día de la Madre, le comenté a mi editor alemán, que estaba alojado en mi casa, que estaba disfrutando de la oportunidad de reflexionar que me ofrecía el desierto. A la mañana siguiente oí sonar el teléfono, abrí un ojo y vi que eran sólo las siete. Ninguno de mis conocidos me habría despertado a esa hora, por lo tanto supuse que sería una llamada de Europa para mi editor. Cuando traté de incorporarme para coger el teléfono, me di cuenta de que algo iba mal. No pude moverme, mi cuerpo se negaba a moverse. El teléfono continuó sonando. Mi cerebro enviaba la orden de movimiento, pero mi cuerpo no obedecía. Entonces comprendí cuál era el problema. «Tienes otra embolia —me dije—, y esta vez es grave.»

Cuando el teléfono dejó de sonar sin que nadie contestara, deduje que mi editor había salido a dar un paseo, con lo cual yo estaba sola en casa. Por lo que logré discernir, la embolia me había producido parálisis, aunque sólo en el lado izquierdo del cuerpo. Aunque no tenía fuerzas, todavía podía mover el brazo y la pierna derechos. Decidí levantarme y salir al corredor, desde donde podría pedir auxilio. Tardé una hora en conseguir poner los pies en el suelo; mi cuerpo era como un trozo de queso que se fuera derritiendo lentamente. Lo único que me preocupaba era no caerme, ya que no quería quebrarme la cadera, lo que habría sido demasiado añadido a la embolia.

Cuando por fin estuve en el suelo, me llevó otra hora arrastrarme hasta la puerta, pero no la podía abrir, porque el pomo estaba demasiado alto. Después de otro largo rato logré entreabrirla, forcejeando con la nariz y el mentón, y me asomé al corredor. Desde allí oí que mi editor estaba en el jardín, demasiado lejos para que le llegara el débil sonido de mi voz pidiendo auxilio. Transcurridos tal vez otros treinta minutos, entró en la casa, oyó mis llamadas y me condujo a casa de Kenneth. Allí mi hijo y yo discutimos sobre si me llevaba o no al hospital. Yo no quería ir.

—Podrás fumar cuando salgas —me dijo.

En cuanto Kenneth aceptó que, pasara lo que pasara, yo podría salir del hospital a las veinticuatro horas, le permití que me llevara al Scottsdale Memorial. Incluso allí, aunque estaba paralizada del lado izquierdo, continué protestando, poniendo dificultades, quejándome y muerta de ganas de fumar un cigarrillo. Ciertamente no era la paciente ideal. Me hicieron una tomografía, una resonancia magnética nuclear y todos los demás exámenes necesarios, que confirmaron lo que yo ya sabía: que había padecido una embolia en el tronco encefálico.

Por lo que a mí se refiere, eso no era nada comparado con los sufrimientos que me causaba la atención médica del momento. Para empezar, me tocó una enfermera poco amistosa, y a eso siguió una franca incompetencia. Durante mi primera tarde allí, una enfermera trató de estirarme el brazo izquierdo, que estaba paralizado en posición doblada y me dolía tanto que no soportaba ni un soplido en él. Cuando me lo cogió, le asesté un golpe de kárate con el brazo derecho y ella salió a buscar a otras dos enfermeras para que me sujetaran.

—Cuidado, que es combativa —les advirtió.

Sólo se enteró de la mitad de mi combatividad, porque al día siguiente me di de alta. De ninguna manera iba a tolerar ese tipo de tratamiento. Desgraciadamente, a la semana siguiente tuve que volver al hospital con una infección del tracto urinario, consecuencia de la inmovilidad y de no beber suficiente líquido. Dado que tenía que orinar cada media hora, me vi obligada a depender de las enfermeras para que me pusieran la cuña. La segunda noche se cerró la puerta de mi habitación, el mando para llamar al personal se cayó al suelo y me olvidaron totalmente.

Hacía calor y el aire acondicionado estaba estropeado; tenía la vejiga a punto de explotar; la verdad es que no estaba pasando una buena noche. Entonces vi mi taza para el té en la mesa de noche; fue como un regalo del cielo; la utilicé para orinar.

A la mañana siguiente entró una enfermera, fresca como una rosa y con una ancha sonrisa en la cara.

—¿Cómo está esta mañana, cariño? —me preguntó.

Yo la miré con la simpatía de un clavo oxidado.

—¿Qué es esto? —preguntó mirando el interior de la taza.

—Mi orina. No vino nadie a verme en toda la noche.

—Ah —dijo sin pedir disculpas, y salió de la habitación.

La atención domiciliaria era un poco mejor. Era la primera vez en mi vida que utilizaba el servicio a domicilio de Medicare, que me enseñó muchísimo, de ello no mucho bueno. Se me asignó un médico al que no conocía, que resultó ser un famoso neurólogo. Kenneth me llevó en silla de ruedas hasta su consulta.

—¿Cómo está? —me preguntó.

—Paralizada —contesté.

En lugar de tomarme la presión arterial o examinarme las constantes vitales, me preguntó qué libros había escrito después del primero, y me dio a entender que le gustaría mucho tener un ejemplar del último, y mejor si era con mi autógrafo. Quise cambiar de médico, pero Medicare se opuso. En todo caso, un mes después tuve dificultades para respirar y necesité atención. Mi excelente fisioterapeuta llamó a mi médico tres veces sin obtener respuesta. Por último telefoneé yo misma. Me contestó su secretaria, que me dijo en tono triste que el doctor estaba muy ocupado.

—Pero puede hacerme cualquier pregunta —añadió alegremente.

—Si quisiera hablar con una recepcionista llamaría a una —contesté—. Pero quiero hablar con un médico.

Hasta ahí llegó mi relación con ese facultativo. Su reemplazante fue una fabulosa médica amiga mía, Gladys McGarey, que me atendió muy bien. Ciertamente se preocupaba. Me visitaba en casa, incluso los fines de semana, y me avisaba si iba a estar fuera de la ciudad. Me escuchaba. Era lo que yo esperaba de un médico.

La burocracia del sistema de atención sanitaria no estuvo a la altura de mis expectativas. Me asignaron asistentes sociales que no tenían la menor intención de trabajar. Una de ellas ni se molestó en contestarme cuando le pregunté acerca de qué cubría mi seguro, y dijo que de eso podía ocuparse mi hijo. Después hubo un problema aparentemente pequeño respecto a un cojín. Una enfermera había pedido un cojín para protegerme el cóccix, que me dolía por estar sentada quince horas al día. Cuando lo trajeron, vi que cobraban cuatrocientos dólares por una cosa que no valía más de veinte. Lo devolví por correo.

A los pocos días llamaron de la compañía de seguros para decirme que no estaba permitido devolver el cojín por correo. Debía recogerlo personalmente el servicio de reparto. Iban a mandar de vuelta el maldito cojín.

—Muy bien, envíenlo —les dije—, estaré sentada en él.

No había nada divertido en la asistencia sanitaria. Dos meses después de la embolia, aunque continuaba teniendo dolores y paralizada del lado izquierdo, la fisioterapeuta me dijo que la compañía de seguros había dejado de pagar el tratamiento.

—Lo siento, doctora Ross, pero no puedo continuar viniendo. No me lo pagan.

¿Puede haber una frase más terrible que ésa desde el punto de vista de la salud de una persona? Eso ofendió mortalmente mi sensibilidad de médica. Al fin y al cabo yo había sido llamada a la medicina, había considerado un honor tratar a las víctimas de la guerra, había atendido a personas consideradas desahuciadas, había dedicado toda mi carrera a enseñar a los médicos y enfermeras a ser más compasivos, atentos y humanitarios. En treinta y cinco años jamás había cobrado ni a un solo paciente. Y entonces van y me dicen: «No me lo pagan.»

¿Es ésta la asistencia médica moderna? ¿Decisiones tomadas por una persona sentada en una oficina y que no ve jamás a sus pacientes? ¿Es que el papeleo ha sustituido el interés por las personas?

En mi opinión, todos los valores están trastocados.

La medicina actual es compleja y la investigación es cara, pero los directores de las grandes compañías de seguros y de la Organización Mundial de la Salud ganan millones de dólares al año, mientras que los enfermos de sida no pueden costearse los medicamentos que les prolongan la vida; a los enfermos de cáncer se les niegan tratamientos porque son «experimentales»; se están cerrando salas de urgencia. ¿Por qué se tolera esto? ¿Cómo es posible que se le niegue a alguien la esperanza? ¿O la atención médica?

Había una época en que la medicina consistía en sanar, no en hacer negocio. Tiene que adoptar esa misión nuevamente. Los médicos, enfermeros e investigadores deben reconocer que son el corazón de la humanidad, así como los clérigos son su alma. Su prioridad debería consistir en atender a sus semejantes, sean ricos, pobres, negros, blancos, amarillos o morenos. De verdad, créanme, se lo dice alguien a quien se le ofreció «tierra polaca bendita» como pago, no hay mayor satisfacción que ayudar a los demás.

En la vida después de la muerte, todos escuchan la misma pregunta: «¿Cuánto servicio has prestado? ¿Has hecho algo para ayudar?»

Si esperamos hasta entonces para contestar, será demasiado tarde.

La muerte es de suyo una experiencia maravillosa y positiva, pero el proceso de morir, cuando se prolonga como el mío, es una pesadilla. Nos mina las facultades, sobre todo la paciencia, la resistencia y la ecuanimidad. Durante todo el año 1996 sufrí de constantes dolores y de las limitaciones impuestas por mi parálisis. Necesito atención las veinticuatro horas del día; si suena el timbre no puedo ir a abrir la puerta. ¿Y la intimidad? Eso es cosa del pasado. Después de quince años de total independencia, me resulta muy difícil aprender esta lección. La gente entra y sale. A veces mi casa se parece a la Estación Central. Otras veces es demasiado silenciosa.

¿Qué tipo de vida es ésta? Una vida desgraciada.

En enero de 1997, cuando escribo este libro, puedo decir sinceramente que estoy deseando pasar al otro lado. Estoy muy débil, tengo constantes dolores, y dependo totalmente de otras personas. Según mi Conciencia Cósmica, sé que si dejara de sentirme amargada, furiosa y resentida por mi estado y dijera «sí» a este «final de mi vida», podría despegar, vivir en un lugar mejor y llevar una vida mejor. Pero, puesto que soy muy tozuda y desafiante, tengo que aprender mis últimas lecciones del modo difícil. Igual que todos los demás.

A pesar de todo mi sufrimiento, continúo oponiéndome a Kevorkian, que quita prematuramente la vida a las personas por el simple motivo de que sienten mucho dolor o molestias. No comprende que al hacerlo impide que las personas aprendan las lecciones —cualesquiera que éstas sean—, que necesitan aprender antes de marcharse. En estos momentos estoy aprendiendo la paciencia y la sumisión. Por difíciles que sean estas lecciones, sé que el Ser Supremo tiene un plan. Sé que en su plan consta el momento correcto para que yo abandone mi cuerpo como la mariposa abandona su capullo.

Nuestra única finalidad en la vida es crecer espiritualmente. La casualidad no existe.

40

SOBRE LA VIDA Y EL VIVIR

Es muy típico de mí tener ya planeado lo que sucederá. De todas partes del mundo vendrán mis familiares y amigos, atravesarán en coche el desierto hasta llegar a un diminuto letrero blanco que, clavado en el camino de tierra, reza «Elisabeth», y continuarán su camino hasta detenerse ante el tipi indio y la bandera suiza que ondea en lo alto de mi casa de Scottsdale. Algunos estarán tristes, otros sabrán lo aliviada y feliz que estoy por fin. Comerán, contarán historias, reirán, llorarán, y en algún momento soltarán muchos globos llenos de helio que se parecerán a E.T. Lógicamente, yo estaré muerta.

Pero ¿por qué no hacer una fiesta de despedida? ¿Por qué no celebrarlo? A mis setenta y un años puedo decir que he vivido de verdad. Después de comenzar como una «pizca de 900 gramos» que nadie esperaba que sobreviviera, me pasé la mayor parte de mi vida luchando contra las fuerzas, tamaño Goliat, de la ignorancia y el miedo. Cualquier persona que conozca mi trabajo sabe que creo que la muerte puede ser una de las experiencias más sublimes de la vida. Cualquiera que me conozca personalmente puede atestiguar con qué impaciencia he esperado la transición desde el dolor y las luchas de este mundo a una existencia de amor completo y avasallador.

No ha sido fácil esta postrera lección de paciencia. Durante los dos últimos años, y debido a una serie de embolias, he dependido totalmente de otras personas para mis necesidades más básicas.

Cada día lo paso esforzándome por pasar de la cama a una silla de ruedas para ir al cuarto de baño y volver nuevamente a la cama. Mi único deseo ha sido abandonar mi cuerpo, como una mariposa que se desprende de su capullo, y fundirme por fin con la gran luz. Mis guías me han reiterado la importancia de hacer del tiempo mi amigo. Sé que el día que acabe mi vida en esta forma, en este cuerpo, será el día en que haya aprendido este tipo de aceptación.

Lo único bueno de acercarme con tanta lentitud a la transición final de la vida es que tengo tiempo para dedicarme a la contemplación. Supongo que es apropiado que, después de haber asistido a tantos moribundos, disponga de tiempo para reflexionar sobre la muerte, ahora que la que tengo delante es la mía. Hay poesía en esto, un leve drama, parecido a una pausa en una obra de teatro policíaca cuando al acusado se le da la oportunidad de confesar. Afortunadamente, no tengo nada nuevo que confesar. La muerte me llegará como un cariñoso abrazo. Como vengo diciendo desde hace mucho tiempo, la vida en el cuerpo físico es un período muy corto de la existencia total.

Cuando hemos aprobado los exámenes de lo que vinimos a aprender a la Tierra, se nos permite graduarnos. Se nos permite desprendernos del cuerpo, que aprisiona nuestra alma como el capullo envuelve a la futura mariposa, y cuando llega el momento oportuno podemos abandonarlo. Entonces estaremos libres de dolores, de temores y de preocupaciones, tan libres como una hermosa mariposa que vuelve a su casa, a Dios, que es un lugar donde jamás estamos solos, donde continuamos creciendo espiritualmente, cantando y bailando, donde estamos con nuestros seres queridos y rodeados por un amor que es imposible imaginar.

Por fortuna, he llegado a un nivel en el que ya no tengo que volver a aprender más lecciones, pero lamentablemente no me siento a gusto con el mundo del que me marcho por última vez. Todo el planeta está en dificultades. Ésta es una época muy confusa de la historia. Se ha maltratado a la Tierra durante demasiado tiempo sin pensar para nada en las consecuencias. La humanidad ha hecho estragos en el abundante jardín de Dios. Las armas, la ambición, el materialismo, la destrucción, se han convertido en el catecismo de la vida, en el mantra de generaciones cuyas meditaciones sobre el sentido de la vida se han desencaminado peligrosamente.

Creo que la Tierra castigará muy pronto estas fechorías. Debido a lo que la humanidad ha hecho, habrá terribles terremotos, inundaciones, erupciones volcánicas y otros desastres naturales jamás vistos. Debido a lo que la humanidad ha olvidado, habrá muchísimo sufrimiento. Lo sé. Mis guías me han dicho que hay que esperar cataclismos y convulsiones de proporciones bíblicas. ¿De qué otro modo puede despertar la gente? ¿Qué otra manera hay de enseñar a respetar la naturaleza y la necesidad de espiritualidad?

Como mis ojos han visto el futuro siento una gran compasión por las personas que quedan aquí. No hay que tener miedo; no hay ningún motivo para tenerlo si recordamos que la muerte no existe. En lugar de tener miedo, conozcámonos a nosotros mismos y consideremos la vida un desafío en el cual las decisiones más difíciles son las que más nos exigen, las que nos harán actuar con rectitud y nos aportarán las fuerzas y el conocimiento de Él, el Ser Supremo. *El mejor regalo que nos ha hecho Dios es el libre albedrío, la libertad.* Las casualidades no existen; todo lo que nos ocurre en la vida ocurre por un motivo positivo. *Si cubriéramos los desfi-*

laderos para protegerlos de los vendavales, jamás veríamos la belleza de sus formas.

Cuando estoy en la transición de este mundo al otro, sé que el cielo o el infierno están determinados por la forma como vivimos la vida en el presente. *La única finalidad de la vida es crecer. La lección última es aprender a amar y a ser amados incondicionalmente.* En la Tierra hay millones de personas que se están muriendo de hambre; hay millones de personas que no tienen un techo para cobijarse; hay millones de enfermos de sida; hay millones de personas que sufren maltratos y abusos; hay millones que padecen discapacidades. Cada día hay una persona más que clama pidiendo comprensión y compasión. Escuche esas llamadas, óigalas como si fueran una hermosa música. Le aseguro que las mayores satisfacciones en la vida provienen de abrir el corazón a las personas necesitadas. La mayor felicidad consiste en ayudar a los demás.

Realmente creo que mi verdad es una verdad universal que está por encima de cualquier religión, situación económica, raza o color, y que la compartimos todos en la experiencia normal de la vida.

Todas las personas procedemos de la misma fuente y regresamos a esa misma fuente.

Todos hemos de aprender a amar y a ser amados incondicionalmente.

Todas las penurias que se sufren en la vida, todas las tribulaciones y pesadillas, todas las cosas que podríamos considerar castigos de Dios, son en realidad regalos. Son la oportunidad para crecer, que es la única finalidad de la vida.

No se puede sanar al mundo sin sanarse primero a sí mismo.

Si estamos dispuestos para las experiencias espirituales y no tenemos miedo, las tendremos, sin necesidad de un guru o un maestro que nos diga cómo hacerlo.

Cuando nacimos de la fuente a la que yo llamo Dios, fuimos dotados de una faceta de la divinidad; eso es lo que nos da el conocimiento de nuestra inmortalidad.

Debemos vivir hasta morir.

Nadie muere solo.

Todos somos amados con un amor que trasciende la comprensión.

Todos somos bendecidos y guiados.

Es importante que hagamos solamente aquello que nos gusta hacer. Podemos ser pobres, podemos pasar hambre, podemos vivir en una casa destartalada, pero vamos a vivir plenamente. Y al final de nuestros días vamos a bendecir nuestra vida porque hemos hecho lo que vinimos a hacer.

La lección más difícil de aprender es el amor incondicional.

Morir no es algo que haya que temer; puede ser la experiencia más maravillosa de la vida. Todo depende de cómo hemos vivido.

La muerte es sólo una transición de esta vida a otra existencia en la cual ya no hay dolor ni angustias.

Todo es soportable cuando hay amor.

Mi deseo es que usted trate de dar más amor a más personas.

Lo único que vive eternamente es el amor.

ÍNDICE